王建国 / 主编
王新涛　郭志远　易雪琴 / 副主编

郑州建设

国家中心城市战略研究

The Strategic Research on the Construction of The National Central City in Zhengzhou

中国经济出版社
CHINA ECONOMIC PUBLISHING HOUSE
北 京

图书在版编目（CIP）数据

郑州建设国家中心城市战略研究 / 王建国主编 .

北京：中国经济出版社，2018. 6

ISBN 978-7-5136-5106-6

Ⅰ. ①郑… Ⅱ. ①王… Ⅲ. ①城市建设—研究—郑州 Ⅳ. ①F299. 276. 11

中国版本图书馆 CIP 数据核字（2018）第 038417 号

责任编辑　张　户

责任印制　巢新强

封面设计　华子图文

出版发行　中国经济出版社

印 刷 者　北京九州迅驰传媒文化有限公司

经 销 者　各地新华书店

开　　本　710mm×1000mm　1/16

印　　张　17

字　　数　300 千字

版　　次　2018 年 6 月第 1 版

印　　次　2018 年 6 月第 1 次

定　　价　88. 00 元

广告经营许可证　京西工商广字第 8179 号

中国经济出版社 **网址** www. economyph. com **社址** 北京市西城区百万庄北街 3 号 **邮编** 100037

本版图书如存在印装质量问题，请与本社发行中心联系调换（联系电话：010-68330607）

前　言

2005年，中华人民共和国住房和城乡建设部编制《全国城镇体系规划》时，首次提出建设国家中心城市的概念，它改变了中国传统的直辖市、省会城市、地级市、县级市的城镇体系格局，使“国家中心城市”在全国城镇体系中居于最高层级，成为城镇体系金字塔的“塔尖”，并在政治、经济、文化、对外交流等方面，发挥全国性引领、辐射、集散的功能和作用。

国家中心城市是现代化的发展范畴，是居于国家战略要津、体现国家意志、肩负国家使命、引领区域发展、跻身国际竞争领域、代表国家形象的特大型都市。从主要特征分析，国家中心城市是国家参与国际分工合作和竞争的代表，是国家或国家主要经济区域内经济活动组织和资源配置的中枢，是国家科技文化创新中心，也是国家综合交通和信息网络枢纽，发挥配置国家资源、主导经济社会发展和连接国内外的重要作用。国家中心城市的建设发展状况，不仅关乎城市自身地位的巩固和提升，直接影响区域的协调发展，而且关系国家经济社会发展大局，关系国家的国际竞争力和国际地位。

2016年12月26日，国家发展改革委印发的《促进中部地区崛起“十三五”规划》中提出：支持郑州建设国家中心城市；2016年12月28日，国务院正式批复《中原城市群发展规划》，再一次明确指出：支持郑州建设国家中心城市，由此郑州和北京、天津、上海、广州、重庆、成都、武汉、西安一起正式进入国家中心城市建设行列。2017年1月22日，国家发展改革委出台了《关于支持郑州建设国家中心城市的指导意见》，明确提出：郑州市要努力建设具有创新活力、人文魅力、生态智慧、开放包容的国家中心城市，在引领中原城市群一体化发展、支撑中部崛起和服务全国发展大局中做出更大贡献。由此揭开了郑州国家中心城市建设的序幕。

郑州建设国家中心城市，要做到知己知彼，既要知道自己的优势是什么，更要清楚自身的不足在哪里。郑州作为中原城市群的核心城市，区位优势明显，腹地市场广阔，人力资源丰富，文化底蕴厚重，建设国家中心城市具有良好条件和巨大潜力。但郑州经济发展体量较小、科技创新水平不高、辐射带动能力不强也十分明显，因此，迫切需要抢抓机遇、勇担使命，实现更大作为。

郑州建设国家中心城市，是引领全国新型城镇化建设的重要抓手，也是完善对外开放格局的重要举措。建设过程中要坚持改革创新、提升功能、开放引领、区域联动、生态优先、文化传承的原则，全面贯彻党的十八大、十九大精神，深入学习贯彻习近平新时代中国特色社会主义思想，按照统筹推进“五位一体”总体布局和协调推进“四个全面”战略布局的要求，牢固树立和贯彻落实创新、协调、绿色、开放、共享发展理念，积极把握引领新常态，深入推进供给侧结构性改革，以改革开放促发展、以全面创新促转型，着力发展枢纽经济，着力提升科技创新能力，着力增强综合经济实力，在引领中原发展、支撑中部崛起、服务全国大局中发挥更大作用。

同时，要明确任务，壮大先进制造业集群，提升服务业发展水平，加快培育发展新经济，夯实产业基础；突出改革创新，深入推进政府职能转变，改革优化创新政策制度，加快聚合创新要素资源，打造创新创业发展平台；发挥区位优势，着力增强航空枢纽作用，巩固提升全国铁路枢纽功能，建设多式联运国际物流中心；提升“一带一路”节点作用，构筑双向开放大平台，大力发展口岸经济，增强辐射带动功能，构筑内陆开放型经济高地；构建郑州大都市区，营造美丽宜居环境，彰显中原文化魅力，推动城乡统筹发展，建设国际化现代都市。

郑州建设国家中心城市是一项复杂的系统工程，也是一个长期的过程。郑州国家中心城市的建设过程，是城市外部功能与城市内在价值统一的过程，要以挖掘、放大和实现国家发展大局，特别是城市体系中的核心价值作为郑州建设国家中心城市的战略抓手，要科学设定建设国家中心城市的战略时间点和战略步骤，各级干部和群众要牢固树立国家中心城市的责任意识、竞争意识和机遇意识，一步一个脚印向前推进，争取尽早实现郑州建设国家中心城市的目标。

目 录

第一章　城市和国家中心城市

城市是人类社会发展到一定阶段的产物，是人类群居生活的高级形式，也是人类走向成熟和文明的标志。随着城镇化的推进，城市逐步形成了一个完整的大中小协调发展的体系，不同层级的城市具有不同的性质和职能。在城镇体系中，国家中心城市作为现代化的发展范畴，改变了中国传统的直辖市、省会城市、地级市、县级市的城镇体系格局，它处于城镇体系最高位置的城镇层级，并在一定范围发挥引领、辐射、集散的功能和作用。

第一节　城市的产生和发展

一、城市的含义

城市是“城”与“市”的组合词。“城”主要是指为了防卫，用城墙等围起来的地域。《管子·度地》说：“内为之城，内为之阔”。“市”则是指进行交易的场所，《易经·系辞下》说：“日中为市”。这二者都是城市最原始的形态，严格地说都不是真正意义上的城市。城市是一个纷繁复杂的社会生态系统，不同学科从各自不同侧面对城市的质的规定性做出了不同的阐释。

经济学认为，城市是具有相当面积、经济活动和住户集中，以致在私人企业和公共部门产生规模经济的连片地理区域；是一个坐落在有限空间地区内的各种经济市场，如住房、劳动力、土地、运输等相互交织在一起的网络系统。

按照社会学的传统，城市被定义为具有某些特征的、在地理上有界限的社会组织形式。其显著特征是人口相对较多，密集居住，并有异质性；至少有一些人从事非农业生产，并有一些是专业人员；城市具有市场功能，并且至少有部分制定规则的权力；城市显示了一种相互作用的生存方式。其中，个人并非是作为一个完整的人而为人所知，这就意味着至少有一些相互作用是在并不真正相识的人之间发生的；城市要有一种超越家庭或家族之上的“社会联系”，更多的是指合理的法律。

地理学上的城市，是指地处交通方便环境的、覆盖有一定面积的人群和房屋的密集结合体。

《城市规划基本术语标准》定义为：城市是以非农业产业和非农业人口集聚为主要特征的居民点。在中国，城市包括按国家行政建制设立的市、镇。

在《辞源》一书中，城市被解释为人口密集、工商业发达的地方。

综上所述，城市也叫作城市聚落，是以非农业产业和非农业人口集聚形成的较大居民点。人口较稠密的地区称为城市，一般包括住宅区、工业区和商业区并具备行政管辖功能。城市的行政管辖功能涉及更为广泛，其中有居民区、街道、医院、学校、公共绿地、写字楼、商业卖场、广场、公园等公共设施。

二、城市的演变

城市的出现，是人类群居生活的高级形式，也是人类走向成熟和文明的标志。城市的起源从根本上来说，有因“城”而“市”和因“市”而“城”两种类型，因“城”而“市”就是城市的形成先有城后有市，市是在城的基础上发展起来的，这种类型的城市多见于战略要地和边疆城市，例如：天津起源于天津卫；因“市”而“城”则是由于市的发展而形成的城市，即是先有市场后有城市，这类城市比较多见，是人类经济发展到一定阶段的产物，其本质是人类的交易中心和聚集中心。城市的形成，无论多么复杂，都不外乎这两种形式。

早期，人类居无定所，随遇而栖，三五成群，渔猎而食。但是，在对付个体庞大的凶猛动物时，三五个人的力量显得单薄，只有联合其他群体，才能获得胜利。随着群体力量的强壮，收获也就更加丰富，捕获的猎物不便携带，便找地方贮藏起来，久而久之便在固定地方定居下来。大凡人类选择定居的地方，都是水草丰美，动物繁盛的处所。定居下来的先民，为了抵御野兽的侵扰，便在驻地周围扎上篱笆，形成了早期的村落。

随着人口的繁盛，村落规模也不断地扩大，猎杀一只动物，整个村落的人倾巢出动显得有些多了，且不便分配，于是，村落内部便分化出若干个群体，各自为战，猎物在群体内分配。由于群体的划分是随意进行的，那些老弱病残的群体常常抓获不到猎物，只好依附在力量强壮的群体周围，获得一些食物。而收获丰盈的群体，不仅消耗不完猎物，还可以把多余的猎物与其他群体换取自己没有的东西，于是，早期的“市场”便形成了。

《世本·作篇》记载：颛顼时“祝融作市”。颜师古注曰：“古未有市，若朝聚井汲，便将货物于井边货卖，曰市井。”这便是“市井”的来历。与此同时，在另一些地方，生活着同样的村落，村落之间常常为了猎物发生械斗。于是，各村落为了防备其他村落的侵袭，便在篱笆的基础上筑起城墙。

《吴越春秋》一书有这样的记载：“筑城以卫君，造郭以卫民。”城以墙为界，有内城、外城的区别。内城叫城，外城叫郭。内城里住着皇帝高官，外城里住着平民百姓。这里所说的“君”，在早期应该是指猎物和收获很丰富的群体，而“民”则是收获贫乏、难以养活自己、依附在收获丰盈的群体周围的群体。

学术界对于城市的起源有三种说法：一是防御说，即建城郭的目的是为了不受外敌侵犯；二是集市说，即随着社会发展，人们手里有了多余的农产品、畜产品，需要有集市进行交换，进行交换的地方逐渐固定，聚集的人多了，就有了市，后来就建起了城；三是社会分工说，即随着社会生产力不断发展，一个族群内部出现了一部分人专门从事手工业、商业，一部分人专门从事农业。从事手工业、商业的人需要有场地集中起来进行生产、交换，所以，才有了城市的产生和发展。

城市是人类文明的主要组成部分，城市也是伴随着人类文明与进步而发展起来的。农耕时代，人类开始定居；伴随着工商业的发展，城市崛起且城市文明开始传播。其实在农耕时代，城市就已经出现，但其作用是军事防御和举行祭祀仪式，并不具有生产功能，只是消费中心。那时城市的规模很小，因为周围的农业生产规模有限。

学者们普遍认为，真正意义上的城市是工商业发展的产物。例如：13世纪的地中海沿岸，米兰、威尼斯、巴黎等地，都是重要的商业和贸易中心，其中威尼斯在繁盛时期，人口超过20万人。工业革命之后，城市化进程大大加快，由于大量农民不断涌向新的工业中心，城市得到前所未有的发展。到第一次世界大战前夕，英国、美国、德国、法国等国绝大多数人口都已生活在城市。这不仅是物质发达的标志，更是文明进步的象征。

三、城市的分类

（一）按规模分类

随着城镇化的推进，无论从世界范围看或是从一个国家一个地区看，城市之间逐步形成了一个完整的大中小协调发展的体系。衡量城市大小的是数量概念，包括城市人口规模与城市地域规模两种指标，通常人口规模是衡量城市规模的决定性指标，各国的具体分级标准不尽一致。联合国将2万人作为设定城市的人口下限，10万人作为设定大城市的下限，100万人作为设定特大城市的下限。

由于城市的地理界线和行政界线的不一致，以及城市具有不同空间尺度的概念，因此，一个城市可能会有几个不同的城市规模，使用时需要加以区别。例如，1980年纽约的市区人口为707万人，纽约标准大都市统计区人口为912万人，纽约—纽瓦克—泽西市标准联合统计区人口为1612万人，以纽约市为中心的城市化地区（包括31个县）人口为1559万人。这几个人口统计数字均可以作为纽约的人口规模。

1980年，我国首次对1955年国家建委《关于当前城市建设工作的情况和几个问题的报告》中城市划定标准做出改变，将城市规模分为四个等级：城市人口达到100万人以上为特大城市，50万人以上到100万人为大城市，20万人以上到50万人为中等城市，20万人及20万人以下为小城市。

1984 年 1 月 5 日国务院发布了《城市规划条例》。《条例》第一章的第二条指出："本条例所称城市，是指国家行政区域划分设立的直辖市、市、镇，以及未设镇的县城。城市按照其市区和郊区的非农业人总数，可划分为三级：大城市是指人口达到 50 万人以上的城市；中等城市是指人口达到 25 万以上不足 50 万人的城市；小城市是指人口不满 20 万人的城市。" 1990 年 4 月 1 日，《城市规划条例》随着《中华人民共和国城市规划法》的实施而被废止。

1989 年制定的《中华人民共和国城市规划法》规定，大城市是指市区和近郊区非农业人口达到 50 万人以上的城市；中等城市是指市区和近郊区非农业人口达到 20 万人以上、不满 50 万人的城市；小城市是指市区和近郊区非农业人口不满 20 万人的城市。但是这部规划法已于 2008 年 1 月 1 日废止，而同时实施的《中华人民共和国城乡规划法》没有设定城市规模的条文，即目前我国尚未从立法的层面对大中小等城市规模概念进行定义。

2010 年，由中国中小城市科学发展高峰论坛组委会、中小城市经济发展委员会与社会科学文献出版社共同出版的《中小城市绿皮书》指出，城乡人口流动频繁，农业人口、非农业人口之间的界限模糊化，城市人口规模迅速膨胀，许多县级城市（包括县级建制市和规模较大的县的中心城镇）的市区常住人口已经达到或超过 20 万、50 万的临界值。城市化的高速发展使原有的城市划分标准已经不适应现实的需要，建议将城市规模划分标准调整为：50 万~100 万人的为中等城市，100 万~300 万人的为大城市，300 万~1000 万人的为特大城市，1000 万人以上的为巨大型城市。

2013 年 7 月，国家对广泛征求意见并抓紧修改完善的"国家中长期新型城镇化规划"关于城市规模划定标准进行了重新设定。2014 年 11 月 21 日，《关于调整城市规模划分标准的通知》明确指出，新的城市规模划分标准以城区常住人口为统计口径，将城市划分为五类七档：城区常住人口 50 万人以下的城市为小城市，其中 20 万人以上、50 万人以下的城市为Ⅰ型小城市，20 万人以下的城市为Ⅱ型小城市；城区常住人口达到 50 万人以上、100 万人以下的城市为中等城市；城区常住人口达到 100 万人以上、500 万人以下的城市为大城市，其中 300 万人以上、500 万人以下的城市为Ⅰ型大城市，100 万人以上、300 万人以下的城市为Ⅱ型大城市；城区常住人口达到 500 万人以上、1000 万人以下的城市为特大城市；城区常住人口达到 1000 万人以上的城市为超大城市。

（二）按商业魅力分级

2017 年 5 月 25 日，第一财经·新一线城市研究所举办“新一线城市峰会暨 2017 中国城市商业魅力排行榜发布仪式”，并发布了最新一期的城市商业魅力榜单。这份 2017 年最新的城市商业魅力排行榜按照商业资源集聚度、城市枢纽性、城市人活跃度、生活方式多样性和未来可塑性 5 个维度，评估了中国城市的商业魅力。

最新的城市商业魅力排行榜沿用了上一年度的商业资源集聚度、城市枢纽性、城市人活跃度、生活方式多样性和未来可塑性 5 个维度作为评判指标，但在分析算法方面做出了一些调整：邀请新一线城市研究所专家委员会为五大指标的权重赋值，以专家打分法的方式计入评分体系，并在二级指标以下的数据中分析采用了主成分分析法客观赋权。

以此综合计算得到的结果如下：

一线城市（4 个）：北京市、上海市、广州市、深圳市。

新一线城市（15 个）：成都市、杭州市、武汉市、重庆市、南京市、天津市、苏州市、西安市、长沙市、沈阳市、青岛市、郑州市、大连市、东莞市、宁波市。

二线城市（30 个）：厦门市、福州市、无锡市、合肥市、昆明市、哈尔滨市、济南市、佛山市、长春市、温州市、石家庄市、南宁市、常州市、泉州市、南昌市、贵阳市、太原市、烟台市、嘉兴市、南通市、金华市、珠海市、惠州市、徐州市、海口市、乌鲁木齐市、绍兴市、中山市、台州市、兰州市。

三线城市（71 个）：潍坊市、保定市、镇江市、扬州市、桂林市、唐山市、三亚市、眉山市、湖州市、呼和浩特市、廊坊市、洛阳市、威海市、盐城市、临沂市、江门市、汕头市、泰州市、漳州市、邯郸市、济宁市、芜湖市、淄博市、银川市、柳州市、绵阳市、湛江市、鞍山市、赣州市、大庆市、宜昌市、包头市、咸阳市、秦皇岛市、株洲市、莆田市、吉林市、淮安市、肇庆市、宁德市、衡阳市、南平市、连云港市、丹东市、丽江市、揭阳市、延边朝鲜族自治州、舟山市、九江市、龙岩市、沧州市、抚顺市、襄阳市、上饶市、营口市、三明市、蚌埠市、丽水市、岳阳市、清远市、荆州市、泰安市、衢州市、盘锦市、东营市、南阳市、马鞍山市、南充市、西宁市、孝感市、齐齐哈尔市。

四线城市（89 个）：乐山市、湘潭市、遵义市、宿迁市、新乡市、信阳市、滁州市、锦州市、潮州市、黄冈市、开封市、德阳市、德州市、梅州市、鄂尔多斯市、邢台市、茂名市、大理白族自治州、韶关市、商丘市、安庆市、黄石市、六安市、玉林市、宜春市、北海市、牡丹江市、张家口市、梧州市、日照市、咸宁市、常德市、佳木斯市、红河哈尼族彝族自治州、黔东南苗族侗族自治州、阳江市、晋中市、渭南市、呼伦贝尔市、恩施土家族苗族自治州、河源市、郴州市、阜阳市、聊城市、大同市、宝鸡市、许昌市、赤峰市、运城市、安阳市、临汾市、宣城市、曲靖市、西双版纳傣族自治州、邵阳市、葫芦岛市、平顶山市、辽阳市、菏泽市、本溪市、驻马店市、汕尾市、焦作市、黄山市、怀化市、四平市、榆林市、十堰市、宜宾市、滨州市、抚州市、淮南市、周口市、黔南布依族苗族自治州、泸州市、玉溪市、通化市、宿州市、枣庄市、内江市、遂宁市、吉安市、通辽市、景德镇市、阜新市、雅安市、铁岭市、承德市、娄底市。

五线城市（129 个）：克拉玛依市、长治市、永州市、绥化市、巴音郭楞蒙古自治州、拉萨市、云浮市、益阳市、百色市、资阳市、荆门市、松原市、凉山彝族自治州、达州市、伊犁哈萨克自治州、广安市、自贡市、汉中市、朝阳市、漯河市、钦州市、贵港市、安顺市、鄂州市、广元市、河池市、鹰潭市、乌兰察布市、铜陵市、昌吉回族自治州、衡水市、黔西南布依族苗族自治州、濮阳市、锡林郭勒盟、巴彦淖尔市、鸡西市、贺州市、防城港市、兴安盟、白山市、三门峡市、忻州市、双鸭山市、楚雄彝族自治州、新余市、来宾市、淮北市、亳州市、湘西土家族苗族自治州、吕梁市、攀枝花市、晋城市、延安市、毕节市、张家界市、酒泉市、崇左市、萍乡市、乌海市、伊春市、六盘水市、随州市、德宏傣族景颇族自治州、池州市、黑河市、哈密市、文山壮族苗族自治州、阿坝藏族羌族自治州、天水市、辽源市、张掖市、铜仁市、鹤壁市、儋州市、保山市、安康市、白城市、巴中市、普洱市、鹤岗市、莱芜市、阳泉市、甘孜藏族自治州、嘉峪关市、白银市、临沧市、商洛市、阿克苏地区、海西蒙古族藏族自治州、大兴安岭地区、七台河市、朔州市、铜川市、定西市、迪庆藏族自治州、日喀则市、庆阳市、昭通市、喀什地区、怒江傈僳族自治州、海东市、阿勒泰地区、平凉市、石嘴山市、武威市、阿拉善盟、塔城地区、林芝市、金昌市、吴忠市、中卫市、陇南市、山南市、吐鲁番市、博尔塔拉蒙古自治州、临夏回族自治州、固原市、甘南藏族自治州、昌都市、阿里地区、海南藏族自治州、和田地区、克孜勒苏柯尔克孜自治州、海北藏族自治州、那曲地区、玉树藏族自治州、黄南藏族自治州、果洛藏族自治州、三沙市。

（三）城市的其他分类

除上述分类外，按不同的划分方法，城市的类型可以多种多样，一般可以按下列方法进行城市分类：

按城市综合经济实力和世界城市发展的历史，可以将城市分为集市型、功能型、综合性、城市群等类别，这反映了城市的发展阶段，其中任何城市都必须经过集市型阶段。

按城市的行政级别可将城市划分为直辖市、地级市（省辖市）和县级市。

按职能划分，城市大致分为三种类型：一是具有综合职能的城市，即政治、经济、文化中心，例如：首都北京、各省级行政中心城市等。二是以某种经济职能为主的城市。第一种情况是以工业生产为主，按工业部门可分为：多种工业城市，例如：株洲市、常州市等；单一工业为主的城市，例如：全国的钢都——鞍山市、煤都——大同市、石油城——大庆市、森林工业城——伊春市、陶瓷工业城——景德镇市。还有以交通运输为主的交通港口城市，按其交通运输方式可分为：铁路枢纽城市，例如：

徐州市、鹰潭市；港口城市，例如：秦皇岛市、湛江市等；河港城市，例如：九江市、芜湖市等。三是具有特殊职能的城市，例如：旅游城市桂林市，革命历史名城延安市、遵义市等。

第二节　城市的性质和职能

一、城市的性质

城市的性质是城市在一定地区、国家乃至更大范围内的政治、经济、与社会发展中所处的地位和所担负的主要职能，是城市在国家或地区政治、经济、社会和文化生活中所处的地位、作用及其发展方向。城市的性质由城市的主要职能决定。

一个城市只有一种性质，而城市职能可以多个并存。在单一职能的城市中，城市性质与职能一致。多职能的城市性质较难辨别，需要进行多方面分析论证才能确定。城市性质对于一个城市的发展方向，对其生产、生活及其本身的发展与建设有深远影响。

城市性质具有以下特征，一是动态特征，城市地位与职能不是一成不变的。城市性质所描述的主要是城市未来的职能与地位，和城市现状职能可能存在一定的区别，甚至是较大的差别。二是多元化特征，作为城市发展目标的一部分，城市性质中所描述的城市职能通常是多元的，常常与多个具体的城市发展目标相对应。三是纲领性特征，作为描述城市发展战略目标的一种方式，城市性质是对城市定位与职能的高度概括，具有指导城市建设的战略性意义。四是主客观相结合的特征，对现状的准确把握和实事求是的科学预测是恰当地确定城市性质的基础。

确定城市性质的意义在于，为城市发展战略和总体规划的制定，以及城市合理规模的确定提供科学依据，明确城市部门结构，保护和改善城市环境，合理利用城市土地资源，提高城市土地利用率。

城市性质可以从两个方面确定。一是城市在国民经济中所承担的职能。城镇体系规划是确定城市性质的主要依据。城市的国民经济和社会发展规划对城市性质的确定也有重要的作用。二是从城市形成与发展的基本因素中研究认识城市形成与发展的主导因素。确定城市的性质要坚持全局与局部相结合、区域内各城市合理分工、城市现状和未来发展相结合、详尽地占有和分析资料相结合的原则。

从方法上讲，城市性质确定的一般方法是采用“定性分析”与“定量分析”相结合，以定性分析为主的方法。定性分析就是全面分析说明城市在政治、经济、文化生活中的作用和地位。定量分析就是在定性分析的基础上对城市职能，特别是经济职能用一定的技术指标，从数量上分析自然资源、劳力资源、能源交通及主导的经济产业部门，说明现有和潜在优势。其中，经济职能的定量分析从以下三方面着手：一是分析主要产业部门在全国或地区的地位和作用；二是分析主要部门经济结构；三是分析用地结构的主次，以用地所占比重的大小来定量分析。

二、城市的职能

城市职能是指城市在一定地域内的经济、社会发展中所发挥的作用和承担的分工，是城市对城市本身以外的区域在经济、政治、文化等方面所起到的指导作用。但也有一些学者认为，城市职能应该包括城市本身的服务活动，即城市中进行的各种生产、服务活动均属于城市职能范畴。

城市职能随社会、经济、自然条件变化。现代化大城市常具有多种职能，小城镇或欠发达地区城镇职能则相对简单。城市的工业、交通运输、商业、行政、文化、教育、科学等是城市职能形成的基础。

城市职能按照其作用分为一般职能与特殊职能：一般职能指每一城市必备的职能，例如：为本城市居民服务的商业、服务业、建筑业、食品加工业及城市公用事业、行政机关等；特殊职能指只有部分城市必备的职能，例如：采矿业、各种加工工业、旅游业、科学研究等。

城市职能按城市成长的基础可以分为基本职能和非基本职能两种。一是基本职能，也称基本活动，主要为本市以外地区提供货物和服务的活动及其相应的工业、商业、交通运输业、文化教育和科研、行政、旅游业，其均为城市形成、发展的基本因素，并相应地产生城市的基本职能；二是非基本职能，又称非基本活动，主要指为本市范围服务的活动，凡是由于城市形成、发展而建立的主要为本市提供货物和服务的活动及其相应的企业、事业，则属非基本因素，并相应也产生城市的非基本职能。分清这两种不同概念，对于研究确定一个城市的性质和将来的发展规模极为重要。

城市的性质和发展规模，主要取决于其基本职能。在城市经济分析中，常使用基本—非基本比率，即城市基本活动与非基本活动之比，用两类活动的经济收入或就业人口之比求得，它是表明城市职能结构的一种形式。

城市职能是随社会经济发展或自然资源、交通运输、供水、用地等建设条件的改变而变化的。例如，当前中国的省（区）政府机关所在地城市以及沿海、沿江港口和铁路枢纽城市，在历史上的主要职能仅是行政中心或交通运输和商业中心。随着国民经济的发展，这些城市兴建了许多工业企业、大专院校、科研机构，对外交通条件也有很大改善，使原来的行政中心成为具有多种职能的综合性城市。

由于城市职能复杂多样，相互交织，大部分城市兼有若干种城市职能类型。但总体看来，中国城市职能体系分为两大类：一类是以综合职能为主的综合性城市，这类城市按城市行政等级形成城市管理等级网络，共同构成满足各种社会需求的综合职能体系。但是在综合性城市中，职能类型组合也存在较大差异。第二类是由于资源开发、交通位置或某种专业化产业发展而形成的专业化城市。

三、城市职能体系

（一）行政中心城市体系

中国历史长期稳定的中央集权统治形成了具有严格等级层次的行政管理系统，并由此而形成多级行政中心城市。中国行政中心城市体系，按行政区划分为 4 个等级层次：首都、省会城市、地区级中心城市、县城和县级市。中国城市现代行政职能的地域划分格局在相当程度上是历史的延续，是一种较为稳定的行政管理网络，不同等级城市之间有界线分明的从属关系。

第一级行政中心——首都。首都是全国的政治中心、行政管理中心、对外国际交往中心。北京作为首都是世界著名的文明古都和现代文化名城，丰富的历史遗迹与现代科学文化教育事业相融合，构成北京特有的文化职能。北京的金融职能、信息中心职能不断加强，各种金融机构、大型投资公司不断汇集。北京还是全国最大的交通和通信枢纽，是国际、国内人流、物流和信息流的集散中心。

第二级行政中心——省会城市。省会城市是中国各省区的行政管理中心。大部分省会城市都具有悠久的历史，历史上也多为行政管理中心。省会城市由于其行政职能产生强大的辐射力和向心力，形成与其行政职能相一致的经济职能；大部分省会城市都是省域最大的综合性产业城市和省域文化中心。省会城市集政治、经济、文化为一体的特征，体现了中国城市政治、经济、文化高度集中的规律。各个省会城市作为省域行政中心，其行政职能等级是相同的，但是不同省会城市由于自然环境、发展历史、社会文化背景的差异，其经济职能类型和规模有较大差异。

第三级行政中心——地区级行政中心城市和地级市。地区级行政中心城市是省会城市以下的次级行政管理中心城市，同时也是省域次级经济、文化中心。在地区级行政中心城市中，大部分是由传统的州府发展而来的，是历史行政区划的延续。这类城市历史悠久，长期以来是地区政治、经济、文化中心。其城市职能多样，多为综合性城市，与周围地区有密切的传统联系，有较大的人口和经济规模，综合服务职能较强。地级市是由于某种专业化产业部门的发展而聚集了一定的人口、设施、资金，或借助于国防建设而发展起来的，属新兴工业城市。有的地级市一方面是地区级行政管理中心，同时又是某一经济部门职能较强的专业化城市。

第四级行政中心——县城和县级市。县城是县域政治、经济、文化中心，是中国城乡经济的结合点。县城是农副产品集散中心，初级加工中心，是国家对农业地区执行具体行政领导的中心，长期以来为农业服务是县城的主要职能。

（二）交通中心城市体系

按交通方式，中国城市体系的交通中心职能可以分为 4 类，即铁路枢纽、港口城市、航空中心、口岸中心。许多交通枢纽城市都是具有区域意义的综合性中心城市，同时兼有若干种交通职能，是综合性运输枢纽。

铁路枢纽城市。铁路枢纽城市，既是铁路运量的集中地和列车交接站，又是组织铁路运输生产的中心环节。它们大多数形成具有全国、大区和省区意义的政治、经济中心、工业基地和水陆联运中心。这些城市与国家铁路网结合，共同形成了中国自近代以来比较完整的新型交通中心体系。

港口城市。港口城市分为海港城市和河港城市。港口城市是中国对外开放的窗口，在交通中心城市体系中具有特殊的职能，并且形成与铁路交通干线相衔接的腹地范围，在中国城市体系中占有重要地位。

航空交通中心城市。航空运输是城市综合运输体系的重要组成部分，在长距离和国际客运、货运方面具有重要作用。

口岸城市。口岸是国家对外开放的前沿，是城市体系职能结合的重要组成部分。口岸城市与其运输网络系统相结合形成口岸城市交通职能体系。按出入境运输方式，口岸分为水运口岸、空运口岸和陆运口岸，其中海运口岸是中国进出口运输的主要方式。

（三）工业城市体系

在现代城市职能的构成中，工业职能是内部构成最复杂、分类难度最大的职能系统；同时，工业职能也是进行城市职能分类的主要依据。城市工业职能分类的主要指标是：工业专业化部门的类型、规模和职能强度。中国各级行政职能城市大多数为综合性城市，这些城市虽然也有主导的产业部门，但一般工业门类齐全，没有突出的职能强度很高的专业化部门。但也有相当一部分城市受特殊因素影响，某种或数种产业部门在城市职能组合中占突出地位，形成专业化城市。

能源（煤炭、水电）工业城市。中国能源资源以煤炭为主体，水力资源十分丰富。新中国成立后，能源工业成为中国国民经济发展的基础和最重要的部门之一，相应形成了一批以煤炭、水电开发为支撑的能源工业城市。

石油和化学工业城市。中国石油工业是新中国成立以后才发展起来的，在石油开采和加工的基础上形成了一批专业化石油城市。除专业化石油城市外，中国一些大中城市的石油加工工业在城市职能体系中也占重要地位。化学工业常与其他工业部门组成联合企业，例如：石油—化工、钢铁—煤化工、有色冶金—基本化工、煤炭—煤化工等类型，所以化学工业在中国大型工业城市中占有重要地位，但专业化程度较高的化工城市数量较少。

冶金工业城市。冶金工业城市包括钢铁工业城市和有色金属工业城市。中国专业化冶金工业城市与相应的矿产资源分布相对一致。除专业化冶金工业城市外，中国大型钢铁联合企业和大型有色金属冶炼企业主要位于大型综合性工业城市，虽然其产值在城市工业总产值中所占比重较低，不是专业化职能很强的产业部门，但在全国同类工业中却占有相当重要的地位，是全国性生产基地，其职能规模大于或相当于专业化冶金工业城市。

机械、电子工业城市。中国城市中机械工业占较大比重，这些城市大都是中国大型综合工业基地，不属于以机械工业为主的专业化工业城市。

轻工业城市。轻工业城市主要有纺织工业城市、食品工业城市、造纸工业城市、皮革工业城市、森林工业城市。其中纺织工业城市是中国传统的而且分布特别广泛的轻工业城市。

（四）旅游中心城市体系

旅游中心城市是中国旅游业的管理、交通、服务中心和旅游景点集中分布区。随着中国重点旅游区的开发和旅游配套设施的大规模建设，迅速形成了一批以旅游业为支柱产业的专业旅游城市。不同区域层次的旅游职能城市共同构成中国旅游活动组织网络。

第三节　国家中心城市的提出和建设

一、国家中心城市的提出①

2005 年，中华人民共和国住房和城乡建设部编制《全国城镇体系规

① 蔡如鹏．国家中心城市争夺战［J］．中国新闻周刊，总第 796 期．

划》时，首次提出建设国家中心城市这一概念，并将北京、天津、上海、广州确定为国家中心城市。2010 年 2 月，中华人民共和国住房和城乡建设部城镇体系规划课题组所编制的《全国城镇体系规划（2010—2020 年）（草案）》提升了对区域中心城市的要求，并将原先区域中心城市的范围概念由省区扩大到跨省区地理大区，这样区域中心城市的概念突破了原来的行政区划范围，把作为区域中心城市的省会城市及副省级市调整为中国地理大区的区域中心，而非省级区域的区域中心，在这一规划中明确了建设北京、天津、上海、广州、重庆五大国家中心城市的规划和定位。

进入“十三五”以后，《全国城镇体系规划（2016—2030）》最终确定北京、广州、上海、深圳 4 个全球城市和天津、重庆、沈阳、南京、武汉、成都、西安、杭州、青岛、郑州、厦门共 11 个国家中心城市。建设国家中心城市成为 2017 年全国两会的热门话题，3 月 9 日，西安市委书记王永康在发言中提出建议国家将西安列入国家中心城市，带动引领西北的发展。河南代表团则提出在郑州建设国家中心城市，可以对周边城市起到极大的辐射带动作用，促进周边地区的经济社会发展，而且可以对全国乃至全世界发挥更为强大的区位优势和吸引力。

从实际来看，除了北京、上海、天津、广州、重庆外，被正式文件明确建设国家中心城市的还有成都、武汉、郑州和西安。2016 年 4 月 27 日，国家发展改革委和住房城乡建设部、联合颁布《成渝城市群发展规划》提出：“以建设国家中心城市为目标，增强成都西部地区重要的经济中心、科技中心、文创中心、对外效中心和综合交通枢纽功能。”2016 年 12 月 26 日，国家发展和改革委印发的《促进中部地区崛起“十三五”规划》明确提出支持武汉、郑州建设国家中心城市。2018 年 2 月 2 日国家发展改革委、住房城乡建设部联合颁布《关中平原城市群发展规划》提出“建设西安国家中心城市。”至此，确定建设国家中心城市的共有 9 个城市，未来究竟还有哪些城市进入国家中心城市的建设行列，还有待国家相关部门的确定。

二、国家中心城市及特征

中心城市，是指在一定区域和社会经济活动中处于重要地位、具有综合功能或多种主导功能、起着枢纽作用的大城市或特大城市。一般而言，我国对中心城市的评判和考察可以依据以下七大指标，即综合经济能力、科技创新能力、国际竞争能力、辐射带动能力、交通通达能力、信息交流能力、可持续发展能力。西方国家的中心城市，通常指在一组相互接近、联系密切、不同规模的城镇群体中，选取一、二个规模最大或位置适中的城市，其在经济、社会、文化等方面发挥主导作用。中心城市是经济区域生产和交换的集中地，对周边地区产生较强的经济辐射作用，它们承担着组织和协调区域经济活动的重任：一是进行生产分工、协作和扩散；二是通过流通，互通有无，促进竞争，形成优势；三是通过财政、金融、税收等经济手段和人才培训等促进地方经济发展。因此，中心城市必须适当超前发展，同时需要区域经济的发展和一定的城镇体系作保证，形成以中心城市为核心、各城镇有专业分工的各具特色的城镇体系。中心城市也是形成开放式、多层次、网络型的经济区的核心与基础。

国家中心城市是现代化的发展范畴，是居于国家战略要津、体现国家意志、肩负国家使命、引领区域发展、跻身国际竞争领域、代表国家形象的特大型都市。住房和城乡建设部编制的《全国城镇体系规划》把国家中心城市定义为处于城镇体系最高位置的城镇层级。国家中心城市在全国具备引领、辐射、集散功能的城市，这种功能表现在政治、经济、文化、对外交流等多方面。它改变了中国传统的直辖市、省会城市、地级市、县级市的城镇体系格局，使之成为全国城镇体系金字塔的“塔尖”。

国家中心城市集中反映了一个国家国际化和现代化的水平，其功能特征主要体现在以下几个方面①。

一是经济集聚功能，主要体现为经济增长能力和商贸集聚能力。经济发展是城市发展的重要标志之一，国家中心城市首先应该是经济发达的地

① 田美玲，方世明．国家中心城市的内涵与判别［J］．热带地理，第35卷，第3期．

区，具有强大的经济增长和带动能力。这种能力源于各种资源（人流、物流和信息流等）的组织和流动，通过对周边资源的吸引和利用，国家中心城市发挥着强大的商品集聚和资源配置功能。

二是空间辐射功能，主要体现为区域辐射能力、信息枢纽能力和交通枢纽能力。国家中心城市是全国性的核心城市，具有中心引导作用，在自身发展的同时，要通过资源外溢来辐射带动周边地区的发展；随着信息化的高速发展，国家中心城市应该成为国家通信网络的主要节点，发挥信息决策和协调服务的重要作用；虽然现代通信技术的进步缩短了地理空间的距离，但是传统的交通方式依然具有不可替代的作用，国家中心城市作为区域物流资源的集散地，便利的交通区位是其社会经济发展必不可少的条件。

三是对外开放功能，主要体现为国际贸易能力和国际交流能力。对外开放是国家中心城市区别于区域中心城市的重要特征。国家中心城市是国家对外开放的平台与载体，要代表国家参与国际竞争与合作，需要与世界各国建立广泛的经济贸易合作和政治文化交流。

四是文化创新功能，主要体现为科技创新能力和文化影响能力。国家中心城市不仅是全国的经济中心，也是文化创新中心。创新是经济发展的原动力，高新技术的使用必将推动经济的跨越式发展；同时，良好的文化氛围也是促进城市发展的必要基础。

五是管理服务功能，主要体现为行政管理能力和社会服务能力。国家中心城市的集聚发展使其吸引了众多的行政组织与国际机构、跨国公司总部和国家级经济技术开发区等，这就需要其具备较强的行政管理能力；同时，完善的社会服务体系也是城市发展的重要基础，包括高度发达的金融、法律等生产服务设施和健全的医疗、教育、娱乐等生活服务设施。

六是生态保护功能，主要体现为资源节约能力和环境保护能力。生态环境是城市发展的重要因素，良好的生态环境可以为城市吸引更多的高端人才、科学技术和大型企业等资源，为城市的发展创造更多的有利条件，因此良好的生态环境是国家中心城市发展所必备的。

综上所述，国家中心城市是指那些在全国城镇体系中具有核心控制作用，在全球城市网络体系中具有重要的功能节点作用的特大中心城市。其兼具国内与国际的双重使命，是全国政治、经济、文化、环境、服务等综合发展水平的最高代表，对周边地区的发展有着长远的带动和辐射作用；同时，是全球资源的集散地和决策中心，是国家对外开放的门户和载体。

三、国家中心城市的选择①

选择和确定国家中心城市应该坚持以下原则：

一是坚持与国家战略布局相统一。国家中心城市是居国家城镇体系最顶端的城市，肩负着带动周边大区域发展、代表国家参与国际竞争等重任，除了与自身发展基础相匹配，还要符合国防安全、经济发展以及政权统治等战略布局因素。

二是坚持与全国区域发展相协调。目前，国家层面制定的区域发展战略，已逐渐由20世纪80年代的以深圳特区为代表的非均衡发展战略，转变为20世纪90年代末期的以西部大开发、中部崛起、振兴东北老工业基地、东部地区率先发展为代表的均衡协调发展战略。均衡协调发展战略的实施，必然伴随着全国产业、人才、基础设施等要素自东向西的转移和扩散，国家中心城市通过自身综合实力的大幅提升，集聚周边区域优势资源，辐射带动更大范围区域的发展，形成东、中、西三大区域协调发展的格局。

三是坚持区域分工合作、产业互补的原则。任何一个国家的中心城市都不是孤立的，必须与周边地区密切合作，按照分工合作、产业配套、产业链互补的集群发展模式进行功能划分，形成城市集群效应，而中心城市成为该集群的“领头羊”。例如：上海国际化大都市的打造，要与宁波、杭州、苏州、南京等城市形成规模庞大、产业互补、同生共赢的大城市群。

国家中心城市位居国家城镇体系顶端，在选择上也应按照城市功能的完善程度或是未来发展中综合服务功能的提升潜力这一标准进行。按照我

① 李林，赵文丹．国家中心城市的选择与功能定位［J］．学术交流，总第217期，第4期．

国各类城市发展实际，结合国际上通用的评判标准，我国中心城市应当至少具备以下五个标准。

一是国家中心城市应该成为区域性经济中心。国家中心城市在经济实力上，应当在所在的国家或地区内部属于“佼佼者”，对周边地区的技术、人才、资金等具有超强的集聚能力，成为聚集周边发展要素的“聚合体”。

二是国家中心城市应当成为区域性服务中心。服务业涵盖金融、商贸物流、旅游、法律、文化传媒、中介服务、电子信息网络等领域，是生产和生活中最为重要的领域。发达国家和地区的发展实际表明，国际化程度的高低与服务业的发展密切相关，在一般意义上，国际化程度高的城市，服务业在其 GDP 中所占的比重都在 70%以上。从我国实际来看，第三产业比重较高的是香港 82%，北京 75.5%，广州 61%，上海 59.4%，与国际上公认的标准存在差距。但在特定的历史条件和空间范围内，我国国家中心城市服务业占 GDP 比重的标准可以适当降低。

三是国家中心城市应当成为总部汇集地。各类国际总部和区域性总部的多少是一个城市国际地位高低的象征，在一定程度上反映该城市在国际社会中影响力的强弱。此外，国际组织和区域性总部的“落户”，带来的不仅是大量资金的流入，同时也往往伴随着大型国际会议、展览等各类国际型或区域性活动，这给所在城市带来巨大的经济效益。

四是国家中心城市应当成为创新中心。在知识经济的时代里，国家中心城市往往是高校和科研力量的集中地，也是全球或地区的创新之源。涵盖知识创新、技术创新、产业创新、环境创新、管理创新、制度创新和文化创新等在内的综合创新能力已成为衡量一个国家或一座城市国际地位的重要指标之一。

五是国家中心城市应当成为宜居城市。一是要具备良好的生态环境，包括清新的空气、洁净的水源、充足的绿化和优美的自然景观等，这是宜居的基本条件；二是要具备完善的物质基础，包括城市公共设施、交通、住房、安全、减灾、就业、就医、福利等方面，这是宜居城市的硬件设施；三是要具备和谐的人文氛围，包括社会秩序、道德风尚、教育程度、文化底蕴和娱乐功能等，这是宜居城市的精神体现。

第二章　郑州建设国家中心城市的现实基础

郑州地处中原，区位交通优势明显，经济社会发展迅速。近年来，随着中原经济区、郑州航空港经济综合实验区、郑洛国家自主创新示范区、河南自贸区、中原城市群等一系列国家战略在郑州实现叠加，为郑州发展带来了更多的优惠政策和经济社会资源，郑州迎来了全面发展的黄金时期。当前，郑州经济总量在全国排名第 17 位，在中部地区仅次于武汉和长沙位居第 3 位，并且有不断加速赶超的趋势，在全国区域经济版图中的地位愈发突出。此外，郑州经济、人口、城市规模的不断扩大，辐射带动能力逐渐加强，以郑州为核心的郑州大都市和中原城市群建设成果逐渐显现，这些都为郑州向国家中心城市迈进提供了更加坚实的基础。

第一节　国家重要经济中心地位

一、经济发展水平不断提高

郑州的前身是一座不起眼的县城——郑县，20 世纪初，卢汉、汴洛两条铁路的建设，使当年的郑县一举成为繁华商埠，也给郑州赢得了“火车上拉来的城市”的称号。在中部地区，与武汉、长沙这样在中国近现代历史上具有重要地位和影响的城市相比，郑州起步较晚，底子薄弱。但改革开放以来，郑州立足自身基础和优势，奋发图强不断赶超，经济社会发展迅速，地区经济总量不断增长，在全国各大城市中的排名和地位逐渐上升。2016 年，郑州地区生产总值为 7994.2 亿元，位居全国第 17 位，中部第 3 位，全市人均地区生产总值达到 82872 元。

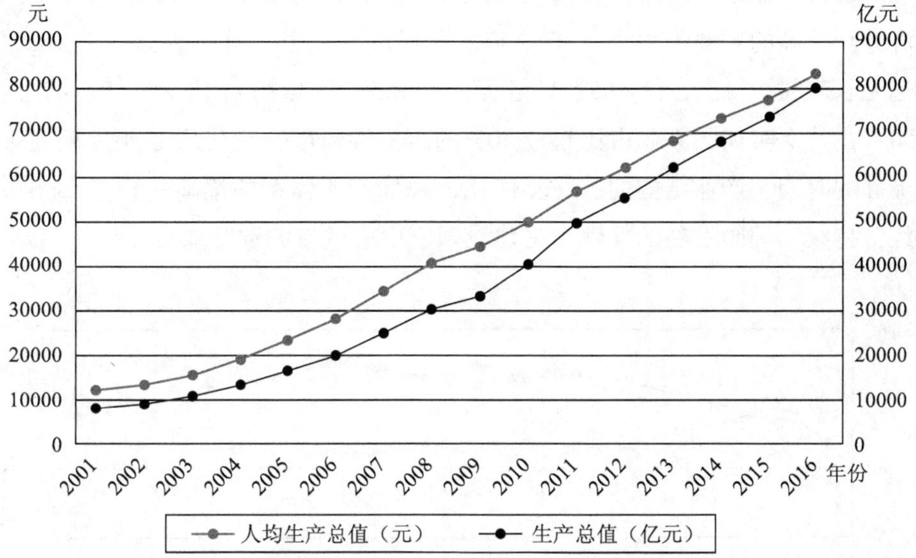

图 2-1　郑州 2001—2016 年地区生产总值和人均生产总值

数据来源：郑州市统计局。

尽管郑州的经济发展受制于起步较晚、基础差等因素，且与武汉、长沙等中西部地区城市相比经济规模依然不足，但近年来，受益于中原经济区、郑州航空港经济综合试验区、中原城市群、郑洛新国家自主创新示范区、河南自贸区等国家战略的深入实施，郑州的经济一直保持着快速增长的良好势头。“十二五”期间，地区生产总值年均增长 11.2%，在全国居于领先水平。经济总量的快速增长也带动了人均产值的不断提高，日益增长的经济实力为以郑州为核心的中原城市群以及国家中心城市建设奠定了坚实的经济基础。

二、现代产业体系逐渐完善

产业是城市形成和发展的基础，是推进城镇化的关键，也是国家中心城市建设的重要支撑。长期以来，郑州市都非常重视产业结构的调整，主动淘汰落后产能，大力引进高新技术产业，积极弥补第三产业的发展短板，通过产业结构调整优化当地经济结构。当前，积极适应经济发展新常态，加快产业结构调整，提高经济发展质量，仍是郑州市委市政府加快经济社会发展的重要着力点。2016 年，郑州市三次产业增加值分别为 156.4 亿元、3780.7 亿元和 4057.1 亿元，三次产业结构占比为 2.0：47.3：50.7，首次实现服务业占比超过 50%的历史性跨越，现代服务业发展迎来最好的时期。产业结构的进一步优化，现代产业体系的逐渐完善是郑州市经济持续、健康发展的保障，是建设国家中心城市的重要基石。

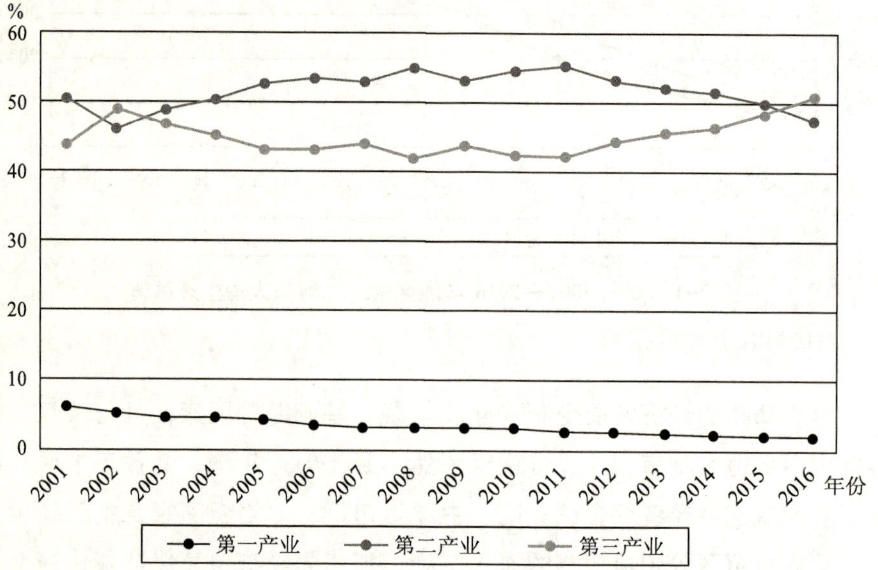

图 2-2　2001—2016 年郑州市三次产业结构发展趋势

数据来源：郑州市历年统计年鉴。

一是都市型生态农业蓬勃发展。随着郑州市第二、三产业的快速发展，农业在整个国民经济中的比重逐渐降低，过去那种以粮食为主的大田农业的生产方式逐渐消失，取而代之的是都市型生态农业的蓬勃发展。郑州市结合当地农业自然资源条件、区位优势和产业基础，围绕优质粮种、绿色蔬菜、现代渔业、花卉、大枣、石榴、草莓、休闲观光和山地特色农业等主导产业，建立了省内首家草莓工程技术研究中心和蔬菜新品种研发中心，形成了好想你红枣产业集群、雏鹰生猪产业集群、三全食品生猪养殖基地、河南花花牛集团奶牛牧场等产业化集群，现代农业呈现集群化发展的良好态势。顺应产业融合发展的趋势，以产业化为核心，不断延伸产业链条，农林牧渔业与种养加工、现代物流、休闲娱乐、涉农服务等产业呈现深度融合的良好态势。以三全、思念、白象、好想你、雏鹰等为代表的冷冻食品、面制品、枣制品、肉制品等种养加工型产业在国内外赢得了良好的口碑和市场。

二是新型工业体系逐渐完善。当前，郑州市经济发展处于工业化后期阶段，通过第二产业的大调整，现代工业体系快速建立，工业企业覆盖工业大类的比重达到92.7%。“十二五”期间，郑州高新技术产业增加值在生产总值中的比重由16.5%提高到24%，工业中战略性新兴产业比重由36.5%提高到49.4%。郑州围绕化解产能过剩和实施创新驱动，努力改造传统产业，积极发展高新技术产业。在经济发展步入新常态的背景下，郑州市深入践行开放创新双驱动战略，狠抓重大项目建设，突出战略性企业培育，努力稳增长，着力调结构，汽车及装备制造业、电子信息工业、新材料产业、生物及医药产业、铝及铝精深加工产业、现代食品制造业、家居和品牌服装制造业七大主导产业雏形渐现，形成了宇通、日产、三全、好想你、雏鹰农牧、汉威电子、安图生物等一批规模大、竞争力强的工业企业。2016年，规模以上工业企业完成增加值3215.4亿元，较上一年增长6%，其中高新技术产业完成增加值449.8亿元，较上一年增长13.6%；七大主导产业完成增加值2294.9亿元；规模以上工业主营业务收入超10亿元的企业有183家，超百亿元的企业有7家，超千亿元的企业有1家。

三是现代服务业快速发展。长期以来，第三产业发展滞后一直是制约郑州经济转档升级的一大因素。从历史上来看，批发零售、餐饮住宿等传统服务业曾经为郑州经济社会发展做出了重要贡献，但是近年来，受互联网、电子商务等新型业态的冲击，传统服务产业越来越难以为继。为扭转这一局面，郑州市委市政府从当地实际出发，瞄准未来产业发展方向，不断加大对第三产业发展扶持力度，形成了第二产业和第三产业双轮驱动经济增长、传统服务业和现代服务业齐头并进的格局，为郑州市经济健康、快速、可持续发展注入了新活力。特别是随着电子信息技术和现代物流业的发展，郑州市传统服务业不断升级，形成了网上商店和实体商店相互补充的批发零售业格局，线上交易和线下体验协调发展的住宿餐饮业业态，信息集成和管理智能深度融合的现代物流业体系，为郑州市传统服务业的转型升级发展奠定了坚实的基础。此外，房地产业、金融业、文化创意旅游业等现代服务业发展速度惊人，成为构建现代服务业产业体系的重要组成部分，极大提升了全市服务业整体发展质量。2016 年，郑州市顺利实现服务业在经济中的比重超过工业且工业中战略性新兴产业比重超过传统资源高耗能产业两大历史性转型，经济发展的质量和效益显著提升。

三、财政收入与固定资产投资实力雄厚

地方财政公共预算收入是地方政府财力的重要组成部分，是保障和改善民生、进行基础设施建设、维持政府运转的重要保障。随着郑州市经济规模的不断扩大，地方财政公共预算收入也快速提升。如图 2-3 所示，2016 年，郑州市地方财政公共预算收入首次突破千亿元大关，达到 1011 亿元，是 2010 年的 2. 6 倍，2001 年的 19. 5 倍，在全国 288 个地级以上城市中位列第 14 位，省会城市排名第 6 位。快速增长的财政收入为郑州市未来加快国家中心城市和中原城市群建设打下了坚实的基础。

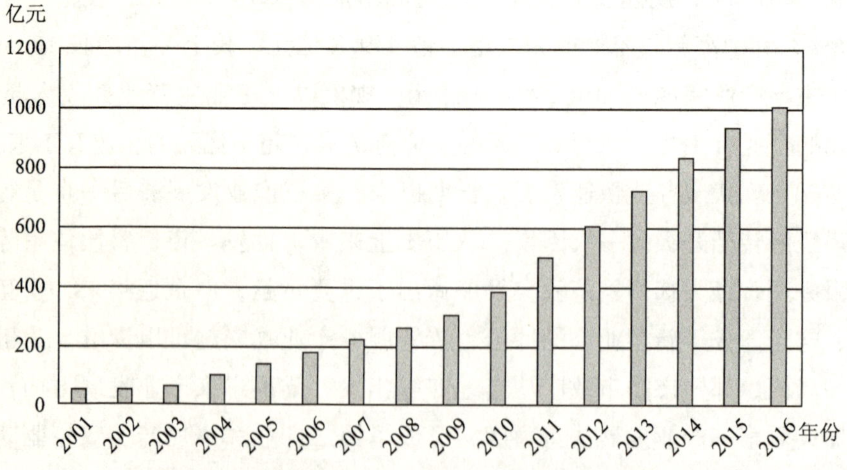

图 2-3 郑州市 2001—2016 年地方财政公共预算收入

数据来源：郑州市历年统计年鉴。

固定资产投资是城市基础设施建设的重要保障，也是城市经济社会发展的基础。新世纪以来，随着郑州市固定资产投资力度不断加大，城市面貌日新月异，经济发展速度不断加快。如图 2-4 所示，2016 年，郑州市完成全社会固定资产投资 7076 亿元，是 2010 年的 2.6 倍，是 2001 年的 23.9 倍。其中，基础设施投资完成 1254 亿元，产业集聚区完成固定资产投资 2426.1 亿元，房地产开发投资完成 2778.9 亿元。快速增长的固定资产投资为郑州进行大规模基础设施建设和经济快速发展提供了重要保障，为国家中心城市建设打下了牢固的物质基础。

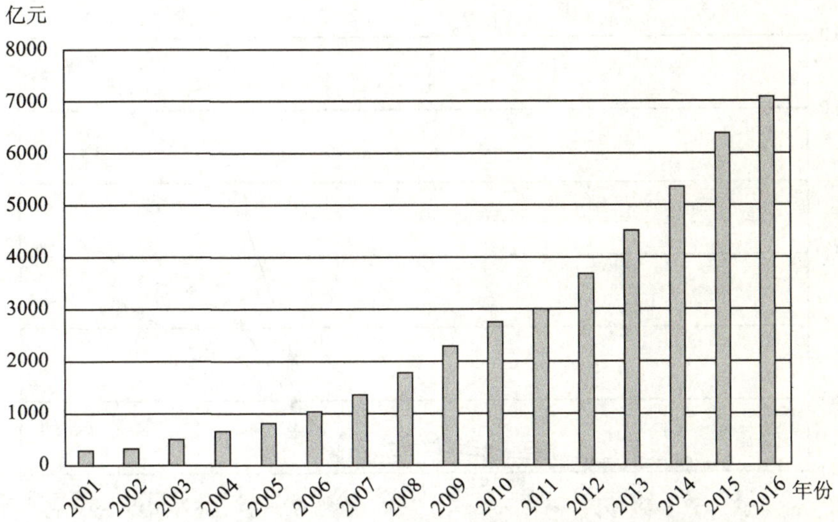

图 2-4　2001—2016 年郑州市全社会固定资产投资

数据来源：郑州市历年统计年鉴。

四、国际竞争能力日渐增强

郑州地处中部，不靠海、不临江，经济发展外向度一向不高，进出口水平较低。但近年来，随着郑州航空港经济综合实验、郑欧班列、E 贸易等对外开放交流平台的大力建设，尤其是富士康落户郑州以后，郑州的进出口规模呈现爆发式增长，经济外向度得到快速提升。如图 2-5 所示，2016 年，郑州市进出口总额达到 550.3 亿美元，是 2010 年的 10.7 倍，2001 年的

55.4倍。其中，进口总额233.3亿美元，是2010年的13.7倍，是2001年的69.4倍；实现出口317亿美元，是2010年的9.2倍，是2001年的48.2倍。在出口总额中，一般贸易出口38.9亿美元，下降1.7%；加工贸易出口275.8亿美元，增长1.9%；机电产品出口293.2亿美元，增长2.2%；高新技术产品出口276.4亿美元，增长2.5%。快速增长的进出口贸易为郑州市的产业发展提供强大的动力支持，尤其随着郑州—卢森堡空中丝绸之路建设、郑欧班列等众多开放平台的构建、开放元素的汇聚，更有助于郑州在未来更好地融入全球市场，让郑州开放型经济发展活力更足、实力更强。

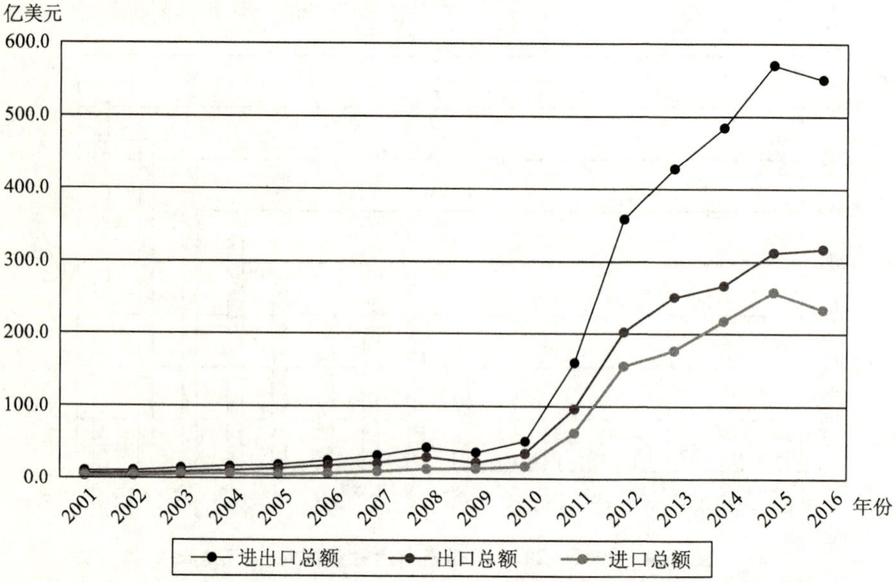

图2-5　郑州市2001—2016年进出口情况

数据来源：郑州市统计局。

2009年金融危机之后，国际以及沿海产业加快了向内地转移的步伐，郑州抢抓机遇、开放发展，走在内陆“变身”前沿。尤其是随着中原经济区、郑州航空港经济综合实验区、中国（郑州）跨境电商综试区、郑洛新国家自主创新示范区、河南自贸区等国家战略在郑州已形成了政策叠加优势，区域吸引力和竞争力大大增强，郑州利用外资水平和规模快速增长。

如图 2-6 所示，“十二五”以来，郑州利用外资水平稳中有升，从 2010 年的 19 亿美元增长到 2016 年的 40.3 亿美元。2016 年全年新批外资企业 72 个，比上年增加 14 个，增幅 24%。快速增长的外资注入，不仅推动了郑州国际商都的建设进程，使郑州与世界更紧密地联系在一起，同时也反映出郑州作为我国内陆开放高地所具有的强大吸引力。

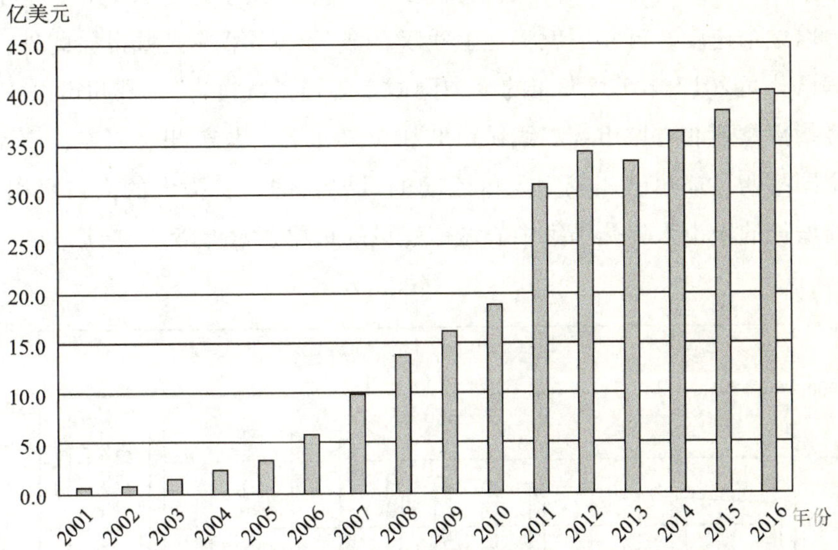

图 2-6　郑州市 2001—2016 年实际利用外资情况

数据来源：郑州市统计局。

第二节　社会人口文化凝聚能力

一、人口吸引力逐渐增强

即使与武汉、南京、长沙等这些二线城市相比，郑州在经济总量方面并无优势，但是其周边巨大的农业人口数量，和作为省会城市、铁路交通中心所拥有的得天独厚的优势，使其产生了巨大的吸引力。根据百度地图发布的《2017 年第一季度中国城市研究报告》，我国主要城市人口吸引力排行前10位分别是深圳、北京、广州、上海、东莞、重庆、苏州、成都、杭州、郑州。郑州城市人口在全国省会城市中，排名第4位。由图2-7可知，新世纪以来，郑州市常住人口持续增长，年均增长近20万人。根据河南人口发展报告，在“十二五”期间，郑州为省内唯一人口净流入地区，外省流入河南人口的37%和省内流动人口的60%均流入郑州。近几年，郑州市净流入人口185万人，仅比深圳少1万人，在全国各大城市中排第7位，以这个速度，五年后就将追上武汉，成为中部第一大城市。此外，根据腾讯公司2017年5月发布的《中国城市年轻指数报告》，郑州市以82的年轻指数拿下北方城市和二线城市双榜单第1名，与苏州、三亚、广安并列全国第四。郑州已经成为人口流动的重要目的地，强大的人口吸引力、不断增长的城市人口是国家中心城市建设的重要要素保障。

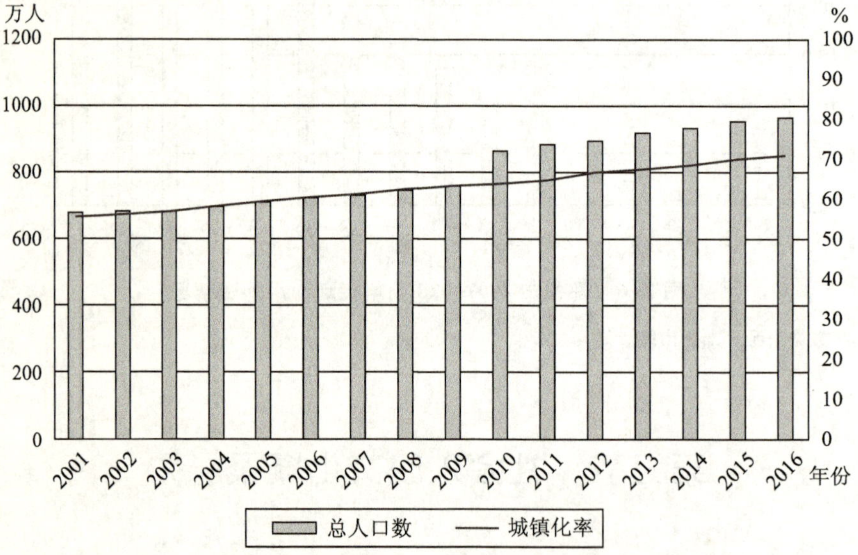

图2-7　2001—2016年郑州市总人口及城镇化率演变趋势

数据来源：郑州市统计局。

作为传统的农业大省和人口大省，河南的城镇化率一直低于全国平均水平10个百分点左右，虽然郑州的城镇化水平在全省处于领先地位，但放在全国省会城市中来看，还处于倒数行列。为改变这一落后局面，缩小与全国平均水平的差距，河南省委、省政府坚持把新型城镇化作为重要的战略任务，积极探索符合河南实际的新型城镇化道路，先后制定实施了关于科学推进新型城镇化的指导意见、新型城镇化规划和三年行动计划等一系列政策措施，新型城镇化发展成果丰硕。在工业化和城镇化的快速推进的带动下，郑州市的城镇化水平也在不断提升，2016 年，全市城镇人口超过 690 万人，城镇化率达到 71%。在郑州的城镇化过程中，起步于 2000 年的郑东新区在承载人口推动城镇化方面发挥了巨大的作用，截止到 2015 年底，郑东新区建成区面积突破 115 平方公里，入住人口已经超过 115 万人。

二、教育文化事业繁荣发展

教育资源实力雄厚。当今，经济的竞争已经转化为人才的竞争，人才之争的关键是教育资源的竞争。教育资源对一个地区的经济社会发展，在某种程度上发挥着决定性作用。作为河南省的省会，郑州拥有全省最优质的教育资源，拥有郑州大学、河南财经政法大学、河南农业大学等普通高等院校 56 所，招生 27.9 万人；2016 年在校学生 88.9 万人；毕业 23.4 万人。拥有中等职业技术教育学校 118 所，招生 10.9 万人，在校学生 28.8 万人，毕业 8.6 万人。中学教育方面，全市有普通高中 122 所，招生 6.5 万人，在校学生 18.8 万人；普通初中 306 所，在校学生 34.4 万人。全市有普通小学 932 所，在校学生 83.2 万人，小学适龄儿童入学率达 100%。幼儿园在园幼儿 36.8 万人。全市共有专任教师 16.0 万人，其中高等学校 4.6 万人，普通中等职业学校 1.1 万人，普通中学 4 万人，普通小学 3.8 万人，幼儿园 2.4 万人。

河南省最主要的高等教育资源都集中在郑州，其中实力最强、最有代表性的是郑州大学、河南农业大学和河南财经政法大学。郑州大学是由原郑州大学、郑州工业大学和河南医科大学三校合并组而来，是国家“211 工程”重点建设高校、国家“中西部高校提升综合实力计划”入选高校、国家“双一流”建设高校、河南省人民政府与教育部共建高校。郑州大学拥有凝聚态物理、材料加工工程、中国古代史、有机化学、化学工艺、病理学与病理生理学国家重点（培育）学科 6 个；化学、临床医学、材料科学、工程4个学科（领域）ESI排名进入全球前1%。拥有21个一级学科博士点、3个独立设置的二级学科博士点、55个一级学科硕士点；1个博士专业学位授权点、21个硕士专业学位授权点、24个博士后科研流动站；有霍裕平、吴养洁、申长雨、马蒂4位中国科学院院士，刘炯天、杨胜利、王复明3位中国工程院院士；现有全日制普通本科生5.6万人、各类在校研究生1.5万人，以及来自60余个国家和地区的留学生1600余人。河南农业大学是农业部与地方省政府共建的第一所省属农业高校，学校建有国家"2011计划"河南粮食作物协同创新中心、国家小麦工程技术研究中心、省部共建小麦玉米作物学国家重点实验室、新农村发展研究院、郑州国家玉米改良分中心、教育部作物生长发育调控重点实验室、农业部农村可再生能源重点开放实验室、国家烟草栽培生理生化研究基地等34个国家和省部级研究中心、重点实验室、研究基地。拥有1个一级学科国家重点学科，16个一级学科省部级重点学科；6个博士后科研流动站，5个博士学位一级学科授权点，25个博士点，80个硕士点，30个专业学位硕士点，84个本科专业，各类在校生32000多人。河南财经政法大学由原河南财经学院和原河南省政法管理干部学院于2010年3月合并组建而成，是河南省重点支持建设的骨干高校之一，是河南省博士学位授予权立项建设单位；现有65个本科专业，有理论经济学、应用经济学、管理科学与工程、工商管理、农林经济管理、法学、哲学、地理学8个硕士学位授权一级学科；有金融学、会计学、工商管理、国际经济与贸易4个国家级特色专业，财政学、工商管理2个国家级专业综合改革试点，全校现有全日制在校学生30000余人。

表2-1　2001年以来郑州市各类学生在校生人数　　单位：人

名称 年份	普通本专科在校生数	普通中等专业学校在校学生数	普通中学在校学生数	普通小学在校学生数生数
2001	164469	95803	482140	724355
2002	217940	102026	532561	677540

续表

年份＼名称	普通本专科在校生数	普通中等专业学校在校学生数	普通中学在校学生数	普通小学在校学生数生数
2003	270471	229888	570962	618297
2004	332055	257603	575152	576194
2005	427079	276062	562399	549890
2006	495864	268143	532980	545297
2007	503443	296491	503970	552018
2008	570401	301600	477004	568676
2009	607830	306977	452496	586001
2010	649410	302556	438534	609846
2011	665100	296600	440770	641700
2012	698190	276743	452955	672962
2013	747637	240756	460887	705194
2014	783240	258041	493070	751208
2015	824152	278432	511934	791010
2016	889329	287641	532350	831919

数据来源：郑州市统计局。

文化事业和产业快速发展。郑州是国家历史文化名城，是华夏文明重要发祥地之一，为中华人文始祖轩辕黄帝的故里，历史上曾五次为都、八代为州，是“中国八大古都”之一和世界历史都市联盟成员，诞生了列子、韩非子、杜甫、白居易等一大批思想家、文学家，作为郑州主要文化组成的嵩山文化、黄河文化、皇帝文化、商都文化为中华文化的形成和发展、华夏文明的创立与辉煌做出了突出的贡献。全市现有世界文化遗产 2 项 15 处，全国重点文物保护单位 38 处 43 项，拥有黄帝故里、商城遗址、天地之中等众多历史人文景观。近年来，郑州以满足人民精神文化需求为出发点和落脚点，以提升市民素质和城市文明程度为基础，以深化文化体制机制改革创新、构建现代公共文化服务体系为主体，培育与国际大都市相适应的多元包容文化。基层公共文化设施和公共文化服务体系不断完善，截至2016年末，全市共有艺术表演团体16个，公共图书馆15个，文化馆14个，博物馆31个，综合档案馆13个，已开放各类档案58.7万卷（件）。现有广播电台2座，电视台2座，全市广播、电视人口覆盖率达100%，有线电视用户197.6万户。郑州将文化产业作为重点培育的支柱性产业，加强领导，加大投入，全力推进，文化产业加速发展。“十三五”期间，郑州将重点围绕“一带四区”，即沿黄文化旅游带、中牟国际时尚创意文化旅游区、登封华夏历史文明传承创新示范区、新郑黄帝故里历史文化园区和郑州航空港对外文化贸易区，努力建设成河南文化高地、现代文化产业创新发展示范区、华夏历史文明传承创新核心城市和“一带一路”文化枢纽城市。

三、科技创新能力日益增强

创新是引领发展的第一动力。习近平总书记多次强调：“创新是一个民族进步的灵魂，是一个国家兴旺发达的不竭源泉，也是中华民族最鲜明的民族禀赋。”《国家“十三五”规划纲要》将创新放在与协调、绿色、开放和共享并列的五大发展理念之首。为影响中央号召，顺应发展趋势，郑州坚持把推动科技开放合作作为提高综合竞争力的一项重要战略举措，采取多种形式拓宽对外开放渠道，集聚国内外科技资源，协同创新能力得到大幅提升。2016年，全市专利申请量达到37411件，增长41.7%；授权量17884件，增长10.9%。全年共签订技术合同6768份，增长47.2%；技术合同成交金额达150.2亿元，增长15.4%。2016年末全市共有研究生培养单位9个，招生8265人，比上年增长5.5%；在校研究生23274人，比上年增长5.5%；毕业3824人，比上年增长11.9%。

近年来，郑州市委市政府贯彻中央和省委战略部署，深入实施开放创新双驱动战略，转变发展方式，优化产业结构，不断加大研发投入，提高自主科技创新能力，郑州国家自主创新示范区建设加快推进，为加快郑州市经济社会发展提供了强有力支撑。2016年，全社会研发经费内部支出达到142.0亿元，较上年增加25.3亿元，增长21.7%，研发投入强度也呈逐年上升趋势，达到1.78%，比上年增加0.18个百分点。创新载体平台建设成果丰硕，构建了中原经济区大型科学仪器共享协作网；组建了郑州高端装备与信息产业技术创新研究院、郑州市物联网产业技术创新研究院、郑州大学产业技术创新研究院；拥有4个国家重点实验室、6个国家工程技术研究中心、6个国家科技企业孵化器、1个国家创新型产业集群试点、109个省级以上科研院所、69个院士工作站。这些载体已经成为推动全市创新发展的重要基础。

企业作为研发投入主体的地位进一步巩固，2016年，郑州市企业投入研发资金120.4亿元，较上年增长28.4%，占全社会研发经费的84.8%。2016年，郑州市调查企业7361家，其中：工业企业2897家，建筑业企业1106家，服务业企业3358家；开展产品创新、工艺创新、组织创新和营销创新活动的企业达2446家，占全部企业比重33.2%。郑州不断强化服务体系建设，积极打造创新创业政策支撑体系，创新创业环境持续改善，推动形成了大众创业、万众创新的新态势。郑州大力营造支持“双创”发展的政策环境，出台了《中共郑州市委郑州市人民政府关于引进培育创新创业领军人才（团队）的意见》《郑州市人民政府关于加快发展众创空间推进大众创新创业的实施意见》《关于鼓励人才和大学生在郑创新创业的若干政策》等政策措施。郑州的多层次创新创业载体初步形成，政府主导建设的20个创新创业综合体快速推进，各类孵化器和众创空间达78家，在孵企业5500余家，科技服务机构达260家，科技创新创业者突破3万人；郑州完善“苗圃+孵化+加速+园区”的孵化服务链条，打造创新链，融合资金链，支撑产业链，带动就业链。

第三节 服务全国交通物流中心功能

一、全国铁路交通枢纽地位愈发突出

铁路枢纽地位更加巩固。郑州号称“火车拉来的城市”，这就把郑州与铁路的渊源清晰地展现出来。铁路建设在郑州的发展历程中有着特殊的意义。20世纪初，卢汉、汴洛两条铁路在此交汇，使当年的郑县一

举成为繁华商埠。此后，伴随着京广、陇海两条铁路的交会延伸，郑州更是一跃成为中国铁路交通的“大十字路口”，自此奠定了郑州作为全国交通枢纽的战略地位。郑州铁路枢纽是京广铁路、陇海铁路交汇节点，长期以来承担着全国客货运输集疏中转的重要任务，素有“中国铁路心脏”和“中国交通十字路口”之美誉，具有辐射全国的区位优势和良好的交通基础条件。今天的郑州拥有亚洲解编作业功能最完善的列车编组站郑州北站、中国最大的零担货物转运站圃田西站和高铁十字枢纽站郑州东站。

米字型高铁逐渐成形。新中国成立以来，河南省及郑州市特别注重铁路枢纽建设，尤其是在我国高速铁路的大发展过程中，河南省委、省政府抢抓机遇、加紧谋划，提出围绕郑州构建米字型高速铁路网。米字型高速铁路网是在京广和徐兰“一纵一横”客运专线的基础上，以郑州为中心，规划建设郑州至万州、郑州经周口至合肥、郑州经濮阳至济南、郑州经焦作至太原4条放射线高速铁路。河南的米字型高铁得到了包括习近平总书记、李克强总理为代表的中央的高度认可，也得到了铁路部门大力支持和沿线地区的积极合作。目前，米字形高速铁路网规划取得突破性进展，京广客专、郑徐客专已经建成投用，郑州至万州、郑州至合肥高速铁路开工建设，郑州至济南、郑州至太原铁路也将相继启动。未来，依托高速铁路和城际铁路网，郑州将建成以郑州为中心的半小时核心圈、1小时紧密圈和一个半小时合作圈。米字型高速铁路网建设，对改善沿线群众出行条件、促进传统农区开放发展、加速沿线城镇现代化进程，形成贯穿我国东北至西南、西北至东南的高效便捷的铁路大通道，完善国家路网结构，优化全国经济发展布局，确保国防战略运输安全具有重要意义。依托米字型高铁网，辐射八方的城镇发展轴带正在形成，也构成了郑州国家中心城市重要的支撑。

轨道交通加快建设。由于郑州市发展迅速，人口、经济指标均早已达到建设地铁的要求。早在2000年9月，郑州市就开始编制城市轨道交通线网规划，到2001年底，规划编制工作基本完成。现在，地铁1号线、2号线均已投入运行，地铁3、4、5号线正在加快建设中，开工建设的

6、7、8、9、10号线也将在2020年前建成投用。城际轨道交通既是干线铁路服务的补充和完善，又是城市交通服务的延伸和提高。城际铁路在国外大城市的应用已经有了上百年的历史，虽然在我国起步较晚，但是发展迅速，目前我国的京津冀、长三角、珠三角等较发达成熟的大都市区城际铁路已经有了较为完善的布局。城际铁路的出现，大大缩小了城市间的距离，为人们的出行和交流提供了便利。为实现中原城市群区域一体化发展的目标，加快推进河南城镇化进程，同时缓解区域交通紧张状况、完善综合运输结构，河南省提出打造中原城市群城际轨道交通网络，随着郑开、郑焦城际建成投用，郑州迎来了轨道交通建设的快速发展期，这也是建设国家中心城市的重要标志和基础。

二、全省公路交通网络核心日益成熟

郑州长期以来一直是河南省及中原地区的公路网络中心、国家级公路运输枢纽，京港澳、连霍高速公路以及国道107线、310线在此交汇，形成国家公路“双十字”交交叉。近年来，河南省按照“核心带动、轴带发展、节点提升、对接周边”的总体要求，以“网络化、向心化”为发展方向，不断加大公路基础设施投资，以郑州为中心的周边地区路网密度进一步增加，路网运行的空间联系网络进一步强化和优化。

2014年以后，根据《河南省普通省道网规划调整方案（2013—2030年）》，全省路网全面改造升级。当前，以郑州为中心，以京港澳高速郑州段、连霍高速郑州段、郑云高速、郑卢高速、郑民高速、机场高速为放射线，以G107、G107复线、郑开大道、郑汴物流通道、S316、郑新（新密）快速通道等若干联络线为补充的高密度、多层次的公路网初步形成。截止到2014年底，郑州国家中心城市内公路通车里程达到51323公里，高速公路通车里程达到1522公里，郑州至开封、洛阳、新乡、焦作、许昌五市之间的快速通道网络逐步建成，中心城区到周边城市一级公路快速通道加快建设，以郑州为中心、辐射周边的快速通道网络基本形成。

三、连接全球重要的航空枢纽功能更加完善

航空运输业在整个综合交通运输体系中发挥着不可替代的作用，特别是在地理环境不便地区的中、长距离高速客运中占有非常重要的地位，航空运输业的发展水平是一个地区或国家经济现代化程度的重要衡量指标。郑州市区内的航空运输重任主要由新郑国际机场来承担，新郑国际机场位于郑州市航空港区内，坐落于郑州市区东南方向，距离郑州市区 25 公里。新郑国际机场是国内干线运输机场、国家一类航空口岸、全国八大区域性枢纽机场之一。

近年来，随着河南省综合实力的提升、居民收入水平的提高、消费结构的升级以及对外经济联系的日益紧密，尤其是在省委省政府坚持民航优先发展的战略下，机场设施服务能力显著提升，航线网络更加完善，客货运量实现跨越式增长，河南的航空运输业迎来快速发展时期。2013 年 7 月，国务院批复《郑州航空港经济综合实验区发展规划（2013—2025 年）》，郑州航空港经济综合试验区上升为国家战略，按照“建设大枢纽、发展大物流、培育大产业、塑造大都市”的总体思路，郑州举全省之力加快推进建设，航空港试验区引领开放、带动发展的作用日益彰显。河南航空运输业务规模快速增长，基础设施建设加快，航空运输网络不断完善，航空运输业取得了长足发展。2016 年，郑州新郑国际机场全年完成货邮吞吐量 45. 7 万吨，比上年增长 13. 2%；旅客吞吐量 2076. 3 万人次，增长 20%。

通用航空产业作为现代民航业的两翼引擎之一，是现代航空产业体系的重要基础支撑产业，其普及与发达程度，是衡量一个国家和地区航空业特别是民航业发展水平的重要标准。2016 年 5 月 13 日，国务院办公厅出台《关于促进通用航空业发展的指导意见》，提出到 2020 年，建成 500 个以上通用机场，全国迎来了通用航空业的大发展。郑州的通用航空业也进入快速发展期，《郑州都市区通用航空机场布局规划》编制工作已经启动，其中提出努力将通航产业打造成上街区的支柱产业，把通航试验区打造成航空港实验区的重要组成部分，把郑州上街机场打造成中原经济区通航枢

纽机场，把郑州市打造成全国通用航空经济发展领军城市。根据《河南省通用航空发展规划（2014—2020）》，“十三五”期间还将规划建设登封市、焦作云台山、新乡原阳、许昌等通用机场。通用航空业的快速发展对郑州国家中心城市意义重大，将极大完善大中原城市群和全省范围航空运输体系，有力助推郑州航空枢纽地区建设。

四、信息枢纽地位日渐显现

随着经济社会发展不断加快，近年来，以互联网为代表的信息技术席卷全球，郑州全市邮电业务总量也在快速上升，电信业务所占比重飞速提高。如图 2-8 所示，郑州市 2016 年全年完成邮电业务总量 427. 1 亿元，比上年增长 61. 5%。其中，邮政业务总量 86. 9 亿元，增长 36. 4%；电信业务总量 340. 2 亿元，增长 69. 5%；快递业务总量 42375 万件，增长 46. 5%。2016 年末，全市移动电话用户达到 1373. 4 万户，比上年增长 2. 1%，互联网用户 358. 2 万户，比上年增长 49. 3%。

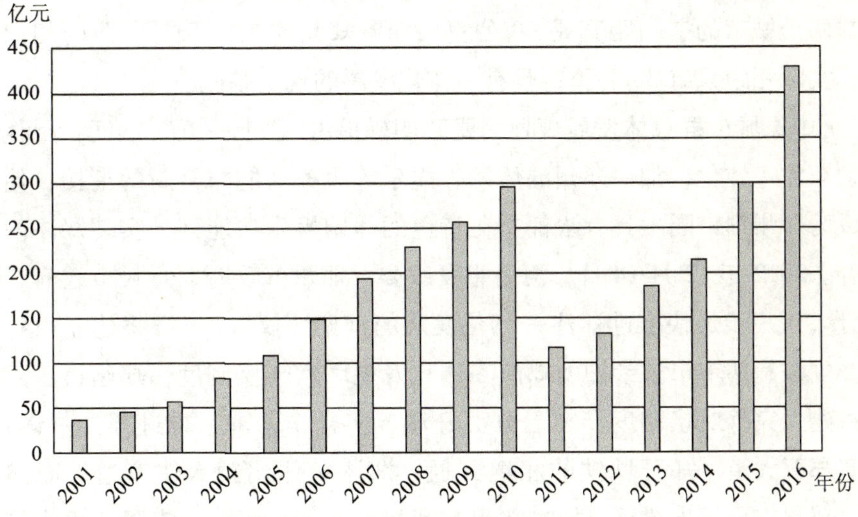

图 2-8　2001—2016 年郑州市邮电业务发展趋势（注：2010 年以后邮电业务收入不包括邮政银行）

数据来源：郑州市统计局。

第四节 辐射周边带动能力

一、郑汴一体化向纵深推进

随着经济全球化的深入推进，强调合作共赢的区域经济一体化逐渐成为国家间、地区间经济关系的发展趋势之一。对于河南这样经济欠发达的内陆地区来说，一些专家学者又提出了“组合城市”的概念，即在特定的区域范围内，依托一定的自然环境条件，借助发达的综合交通和通信系统，综合运用各种手段，对两个以至多个城市进行组合，形成以地缘经济为基础，以产业链为核心的城市组合体，人为再造一个“大都市”。在这种背景下，郑汴一体化逐渐进入学者和政府的视野。郑汴一体化可以实现两者之间的优势互补：郑州可以借助开封相对丰富的土地资源和人力资本，打造中原城市群增核心增长极；开封则需要吸引来自郑州的产业转移和投资，培育新的增长点，为当地经济发展注入新的动力和活力。郑州至开封两个城市的空间距离是60公里，随着郑州向东、开封向西的相向发展，实际相距只有38公里，具有一体化发展的现实基础。

《中原城市群总体发展规划纲要》明确提出，“十一五”期间，要优先推动郑汴一体化，加快郑州的休闲、娱乐等服务功能与开封的衔接，使开封成为郑州都市圈中具有浓郁文化特色的休闲娱乐功能区，实现郑汴两市互补。2012年12月14日，河南省发改委、郑州市政府、开封市政府三方签订《进一步加快推进郑汴一体化发展的框架协议》。三方将建立由省发改委主任和两市市长参加的郑汴一体化发展联席会议制度，郑州市、开封市将建立完善对接制度，在七方面开展务实合作，携手推进郑汴一体化。随着郑开大道、郑开城铁的相继开通，郑汴一体化驶入快车道。面向未来，郑州市也提出要重点推进郑州与开封、许昌、新乡、洛阳、焦作等周边城市的产业对接和融合发展；开封市提出了郑汴一体化升级版总体方案，将深入推进郑州开封“五同城一共享”，即金融同城、电信同城、交通同城、产业同城、生态同城和资源共享。郑汴一体化对于郑州拓展发展空间、增强综合经济实力、建设国家中心城市具有重要的战略意义。

二、郑新融合发展渐入佳境

随着郑汴一体化的推进，与郑州隔河相望的新乡也不甘落后，同样想共享郑州快速发展的成果。郑州与新乡隔河相望，直线距离仅 80 公里，具备实现融合的良好基础和条件。不管是郑州还是新乡，随着经济社会发展和城市规模的不断扩大，对接发展的愿望都在不断增强。国务院《关于支持河南省加快建设中原经济区的指导意见》指出，中原经济区空间布局按照“核心带动、轴带发展、节点提升、对接周边”的原则，形成放射状、网络化空间开发格局，“核心”指郑州，“轴带”是指陇海发展轴和京广通道，新乡正处在这一发展轴带上。2013 年，收费 26 年的郑州黄河公路大桥免费，打开了郑州和新乡融城发展的“大门”，郑州和新乡两市地缘上更加接近，有助于黄河两岸经济发展和城市的拓展，促进郑州和新乡城市带的形成，扩大郑州都市区的核心，提高郑州都市区核心带动作用，对郑州新乡两地融城发展意义重大。2014 年，原河南省委书记郭庚茂在新乡调研时指出：“新乡市要发挥优势、抢抓机遇，借助郑州优势，加快推进郑新融合发展，为中原崛起河南振兴富民强省做贡献。”2015 年，新乡市政府专门印发了推进郑新融合发展工作的指导意见。

随着郑州“东扩北进”战略与新乡“东移南扩”战略的实施，两座城市在黄河岸边自然相撞，顺势融合。近年来，随着郑州航空港的崛起和新乡平原示范区的快速发展，两座城市在区域发展合作中关系日渐紧密，郑新融合发展成果丰硕。新乡市为寻求新的发展优势，积极主动对接郑州，形成“借势航空港、共建大都市、承担大功能、形成大合力”的思路，将“三区一带”作为对接郑州的前沿地带。近年来，新乡市承接产业转移项目的 1/4 来自郑州，多数都位于这一区域。“三区一带”即平原示范区、原阳产业集聚区、亢村专业园区和三者之间的连接带。成立于 2010 年的平原示范区，从诞生之初就打上了深刻的郑新融合的烙印——依托郑州、错位发展、优势互补，是新乡与郑州实现无缝对接的重要节点。原阳县依托产业聚集区，集群式承接郑州产业转移，截止到 2015 年底，原阳产业集聚区的 175 个工业项目中，有 135 个都来自郑州。金水（获嘉）产业新城，是全省首个“飞地产业园”，其发展势头良好。郑州和新乡的融合发展，对于郑州跨越黄河，增强对黄河北岸地区经济社会发展的带动能力具有重要的现实意义。

三、郑焦融合发展深入推进

郑州、焦作之间仅一河之隔，市区相距仅 70 公里，两市对于一体化发展的愿望和需求均十分强烈。焦作市作为资源枯竭型城市，产业结构矛盾突出，传统优势产业支撑力明显下降，新的经济增长点还没有形成规模，迫切需要借力发展，尽早完成转型升级。郑州正在加快建设国际商都，努力向国家中心城市迈进，但自身发展空间受限，黄河以南的空间已经十分拥挤，迫切需要跨过黄河向北发展。随着郑云高速（郑州—云台山）的开通、郑焦城际铁路的运行和迎宾路南延黄河大桥的建设，郑州与焦作联系更加紧密，在人流、物流、信息流等方面，在推进郑焦经济联动发展方面，在基础设施建设、产业空间布局方面，都有了一定程度的融合发展。

郑焦两市的主要产业分别处于产业链的不同位置，优势各异，产业的上下游配套能力较强，融合互补发展的优势明显。焦作市按照产业链条延伸、产业相互依存的要求，以产业集聚区为平台载体，积极主动承接郑州市的辐射，加快发展与郑州市的产业协作配套。武陟县作为焦作对接郑州的最前沿和“桥头堡”，已经全面融入郑州“一刻钟经济圈”。产业方面，抢抓郑州市改造、市内企业外迁的难得机遇，集群引进磨料磨具、机械装备和汽车及零部件等一批重点项目；教育方面，成功引进郑州交通职业学院落户武陟。与武陟紧邻的温县也不甘落后，积极对接郑州发展，2015 年，温县县情说明会暨项目签约仪式直接在郑州召开，2016 年与郑州市金水区成功签订飞地经济项目合作框架，成为解决两地发展瓶颈制约的重要举措。

四、郑许昌一体化发展积极推进

许昌与郑州相距 86 公里，与航空港毗邻，许昌下辖的长葛距新郑国际机场 20 公里，其中北区边界距机场仅 15 公里，区位优势明显。作为中原城市群紧密层内两个重要的城市，近年来，郑州、许昌在规划、交通、产业分工与合作等方面联动发展取得了显著成效。

郑州与许昌两市在空间规划上已经实现全面对接。随着郑州市区不断向东向南扩展，对许昌市的辐射带动作用也显著增强；而许昌市围绕推进与郑州空间对接，依托107国道，在京广铁路和京珠高速之间规划了许（昌）长（葛）城乡统筹试验区；围绕航空港实验区，许昌规划了150平方公里的航空经济承接区。两市之间的交通联系也在逐步加强。郑州与许昌之间现有京珠高速、京广铁路、107国道相连，石武客专、安信公路（新107），许昌至新郑机场城际轨道交通正在规划建设中，两市间交通联系进一步增强。郑州与许昌之间的产业分工协作日益密切：郑州的汽车、装备制造等先进制造业和高新技术产业具备一定的基础，许昌市依托许昌新区，重点发展以电力装备、汽车零部件为主的现代装备制造业和以食品、纺织服装生产为主的都市轻型工业。随着产业集聚区和重大项目建设的加速推进，两市产业错位发展和分工协作更加密切。郑州和许昌之间的强强联合必将极大增强郑州的综合实力和影响力，为国家中心城市建设提供强大的支撑。

第三章　郑州建设国家中心城市的时代背景

国家层面出台支持郑州建设国家中心城市，对于郑州、河南全省、中原城市群乃至全国的空间开发格局优化、区域协调发展、“一带一路”倡议实施都具有深远的历史意义。郑州建设国家中心城市，既面临难得的机遇和有利条件，也要妥善应对一些不利因素和挑战。郑州必须按照国家中心城市的要求，着眼新一轮的国家城镇体系与经济格局大调整，服务好全国区域协调发展大格局，落实好国家战略意图，积极代表中西部地区和全国参与国际竞争与合作。

第一节　战略意义

一、有利于引领中原城市群发展

从“八五”计划开始，河南决策层和专家学者就对构建中原城市群的可能性和必要性进行探索。2003 年明确提出由 9 个省辖市构成中原城市群，随着国家区域发展战略的调整、河南发展阶段和发展基础的变化、交通通信技术的进步，中原城市群的空间范围也在不断调整，逐步扩展至涵盖中原经济区 30 个省辖市的空间范围。2014 年，《国家新型城镇化规划》将中原城市群定位为中西部地区推动国土空间均衡开发、引领区域经济发展的四个重要增长极之一。2016 年，国家发展和改革委印发《中原城市群发展规划》，要求把中原城市群建设成为经济发展新增长极、重要的先进制造业和现代服务业基地、中西部地区创新创业先行区、内陆地区双向开放新高地和绿色生态发展示范区，构建网络化、开放式、一体化的发展新格局。但是，中原城市群虽然有综合实力强、交通区位优越、城镇体系完整、自然禀赋优良、文化底蕴深厚等优势条件，却面临着一些突出矛盾和问题。例如：我国经济继续由东向西梯度推进，东中西格局总体没有改变，但地区经济走势分化、南北差异加大现象比较突出，中原城市群所处的中部地区比较典型；中心城市国际化程度低，国际门户枢纽功能和高端要素服务功能不足；城区人口百万以上的大城市数量不多，中小城市现代化水平不高；科技教育发展不均衡，自主创新能力总体不强，高素质、高层次人才短缺；资源环境约束加剧，部分城市雾霾天气、水资源短缺等问题较为突出；城市间一体化协调发展体制机制有待进一步完善。

其中，中原城市群和长三角、珠三角、京津冀等其他国家级城市群相比，最明显的短板就是中心城市的辐射带动能力不强。例如，2016 年，郑州实现地区生产总值为 7920 亿元，不仅低于北京、上海、广州、深圳、成都、重庆、武汉等生产总值过亿元的国家中心城市，而且低于长沙等中部地区省会城市。同时，2016 年，郑州地区生产总值占全省的比重为 19.9%，而同期成都、武汉、沈阳、西安占各省的 GDP 比重都在 30% 以上。虽然南京、杭州、青岛、厦门地区生产总值占各省的比重也不足 20%，但是南京、杭州、青岛、厦门所在省份均为经济双（多）核中心城市省份。例如：江苏的经济中心是苏州、南京、无锡，浙江省的经济中心是杭州、宁波，山东省的经济中心是青岛、济南，福建省的经济中心是福州、泉州、厦门，双城或多城作为区域经济中心共同辐射带动区域发展效果明显。而城市首位度较高的成都、武汉、沈阳、西安 4 市，同郑州一样，所在省份是单核中心城市省份，其对各省的经济贡献和辐射带动作用明显，呈现一枝独秀态势，是“强核”牵引。只有郑州一市，既处于单核中心城市省份，城市首位度又不高，对周边区域的辐射带动能力有限。

加快把郑州建设成为国家中心城市，有利于郑州围绕管理、信息、文化、创新、流通五大功能，明确未来要发挥什么作用，发展什么产业，吸纳什么层次的人才，与周围腹地形成相辅相成、要素双向流动的互补关系，加快转型、扩量、提质、增效的协调推进，最终带动中原城市群健康持续发展，从而在全国“两横三纵”城市化战略格局中发挥关键支点作用。

二、有利于支撑中部地区崛起

改革开放以来，我国在区域发展上先后实施了东部地区率先发展战略、西部大开发战略、振兴东北地区等老工业基地战略、促进中部地区崛起战略。其中，促进中部地区崛起战略在《2004年政府工作报告》首次提出，此后，我国先后出台了《中共中央国务院关于促进中部地区崛起的若干意见》《促进中部地区崛起规划》《国务院关于大力实施促进中部地区崛起战略的若干意见》等一系列意见和规划，对促进中部地区崛起的支持政策日趋完善，针对性日益加强，支持力度日益加大。例如，《中共中央国务院关于促进中部地区崛起的若干意见》主要提出了“三个基地、一个枢纽”建设，政策较为宏观。《促进中部地区崛起规划》提出进一步细化和全面落实《关于中部地区比照实施振兴东北地区等老工业基地和西部大开发有关政策的实施意见》，以及完善财税、金融、投资、土地等支持政策，政策体系逐步完善。《国务院关于大力实施促进中部地区崛起战略的若干意见》提出了扶持粮食主产区经济发展、落实节约集约用地政策、加大财税和金融政策支持力度、加强投资和产业政策支持与引导、完善生态补偿政策、完善并落实好“两个比照”等系统性政策措施，政策更加具体、更加系统、针对性也更强。

随着一系列促进中部地区崛起政策的实施、政策效应的发挥，中部崛起战略取得了较为明显的成效。但从总体上看，已有区域政策的支持力度不够，法律支撑体系还不完善，中部地区与东部地区相比，还存在较大的差距。以城镇化为例，2016年，全国常住人口城镇化率为57.4%，中部地区平均城镇化率低于全国约5个百分点，除了湖北超过全国平均水平外，河南、江西、湖南、山西、安徽五个省份均低于全国平均水平，其中，河南仅为48.45%，低于全国平均水平约9个百分点。为此，2016年12月，国务院常务会议审议通过了《促进中部地区崛起规划（2016—2025年）》，在继承原有“三基地、一枢纽”定位的基础上，根据新形势新任务新要求，提出了“一中心、四区”的战略定位，即全国重要先进制“造业中心”、全国新型城镇化重点区、全国现代农业发展核心区、全国生态文明建设示范区、全方位开放重要支撑区。其中，中部地区处于城镇化中期的快速发展阶段，加之人口相对密集，大量农村人口需要转移，城镇化发展基础良好且潜力巨大。特别是中部地区是我国外出农民工的主要流出地，是落实全国 3 个 1 亿人城镇化战略中就地城镇化战略的主要区域。

支持郑州建设国家中心城市，有利于郑州与武汉南北呼应、共同带动中部地区崛起，成为全国的核心增长极和支撑全国经济发展的新空间。从强化交通支撑能力看，郑州与武汉的联动发展，有利于在中部地区形成两个多种运输方式紧密衔接、交通基础设施完备、相关配套设施健全的全国性交通枢纽城市，有利于充分发挥中部地区在全国综合运输大通道中的作用，强化综合交通运输枢纽地位。从统筹区域协调发展来看，郑州、武汉作为沿长江经济带、沿陇海经济带、沿京广经济带的关键节点城市，其联动发展将在中部地区形成东引西进、南北贯通的增长区域，有利于与长三角、珠三角和京津冀等东部发达地区的对接，密切联系成渝、关中—天水等西部重点开发地区，形成支撑中部崛起、促进东中西协调发展的核心增长极。

三、有利于深化供给侧结构性改革

2015 年 11 月，中央财经领导小组第十一次会议强调，在适度扩大总需求的同时，着力加强供给侧结构性改革，着力提高供给体系质量和效率，增强经济持续增长动力，推动我国社会生产力水平实现整体跃升。2016 年 12 月，中央经济工作会议明确指出，2017 年是供给侧结构性改革的深化之年，重点仍然是去产能、去杠杆、去库存、降成本、补短板，推进“三去一降一补”五大任务，力图通过一系列政策举措，特别是推动科技创新、发展实体经济、保障和改善人民生活的政策措施，解决我国经济供给侧存在的问题。

加快把郑州建设成为国家中心城市，有利于从以下几个方面深化供给侧结构性改革。第一，有利于弥补城市基础设施和公共服务设施发展的短板。虽然，近年来的郑州城市建设取得了突飞猛进的成果，但是和发达国家的城市、我国东部地区发达城市相比，郑州的基础设施水平仍然落后。以人均道路面积为例，2015年，武汉、沈阳、长沙这样的东中部城市分别达到16.7、17、14.4平方米，同期郑州仅为13.7平方米；从城市建成区绿化覆盖率看，天津、石家庄、武汉、沈阳分别达到41.7%、44.4%、42.6%、44%，同期郑州仅为32.4%，相差都在10个百分点左右。加快把郑州建设成为国家中心城市，有利于郑州加大对城市基础设施和公共服务设施的投入，这样做不仅可以改善居民生产生活环境、提高城市综合承载能力，而且可以加大投资、拉动内需、稳定增长。第二，将推动产业结构的优化升级。郑州加快建设国家中心城市，将根据自身的功能定位，加快发展中高端生产性服务业和消费服务业，例如：信息与互联网产业、教育与培训产业、体育与娱乐产业、健康与养老产业、文化与智慧产业、服务平台与社会化服务产业等将面临难得的发展机遇。第三，将有利于提升郑州的创新引领功能。国家中心城市必须具备较强的创新能力，其表现在观念创新、科技创新、制度创新、文化创新等方面。加快建设国家中心城市，有利于郑州集聚各种创新资源，提升吸收创新能力，并在引进国内外先进技术和向周边扩散的过程中，发挥承上启下、承外启内、合理嫁接、消化创新的作用，从而带动中原城市群的发展，实现增长动能的转换。

四、有利于服务“一带一路”倡议

2013年9月，习近平主席在哈萨克斯坦纳扎尔巴耶夫大学发表演讲时表示：为了使各国经济联系更加紧密、相互合作更加深入、发展空间更加广阔，我们可以用创新的合作模式。共同建设“丝绸之路经济带”，以点带面，从线到片，逐步形成区域大合作。2013年10月，习近平主席在印尼国会发表演讲时表示：中国愿同东盟国家加强海上合作，使用好中国政府设立的中国—东盟海上合作基金，发展好海洋合作伙伴关系，共同建设21世纪“海上丝绸之路”。2017年6月，习近平主席在会见卢森堡首相贝泰尔时强调，中方支持建设郑州—卢森堡“空中丝绸之路”。“空中丝绸之路”与“新丝绸之路经济带”和“21世纪海上丝绸之路”共同构成了全球最具合作空间、最具发展潜力的宏大战略构想，同时也给河南深度融入世界经济、打造内陆开放高地提出了新要求。

作为“一带一路”重要的节点城市，郑州加快建设国家中心城市将从以下几个方面服务于“一带一路”倡议的实施。第一，有利于在我国中部地区加快形成服务“一带一路”的国际性综合交通枢纽。就全国范围来看，以郑州新郑国际机场为中心，一个半小时航程内覆盖全国2/3的主要城市、3/5的人口。就国际视角来看，以郑州新郑国际机场为中心，二个小时航程内覆盖亚洲人口数量相对最多。目前，依托郑州新郑国际机场，基本形成了分别以郑州和卢森堡为亚欧为中心，“一点连三洲，一线串欧美”的航空国际货运网络。“空中丝绸之路”核心区的建设，一方面将会进一步增强中国中部至欧洲、美洲、亚洲、澳洲以及非洲等地区的航线，形成五大洲全覆盖的枢纽航线网络；同时，通过郑州航空港到正在建设的郑州高铁南站之间的快速连接线路，建设“铁、公、机”三网联合的多式联运体系，形成贯通南北、连接东西的现代立体交通网络，有利于打造郑州服务于“一带一路”建设的国际综合性交通枢纽。第二，有利于形成中部地区对外开放的高地和战略平台。郑州加快建设国家中心城市的过程，必然是产业结构优化的过程，必将吸引高端要素特别是人才资源在中原大地集聚，推动智能终端制造业、高端数控装备制造业、飞机制造维修业、现代医药制造业、现代金融等服务业集聚发展，逐步推动河南乃至中部地区北部板块深度融入全球生产供应链和消费供应链，从而形成我国内部地区扩大开放的平台和载体。第三，有利于形成华夏文明传承创新高地。华夏历史文化传承创新区是中原经济区的核心功能之一，郑州作为中原经济区的核心城市，加快国家中心城市建设，也是强化文化引领作用、发挥文化引领功能的必然要求。郑州拥有丝绸之路节点城市的品牌效应，又具有航权和网权，对外经贸与文化交流的独特优势，将发挥历史文化资源集聚优势，持续传承和弘扬丝绸之路友好合作精神，广泛开展文化交流、合作办学、旅游合作、体育交流等活动，打造形成我国丝路文化重要的对外合作交流和创新中心。

五、有利于优化国土空间开发格局

改革开放以来，我国经济保持了较快的增长速度，各项事业均取得了很大成就，但地区差距、城乡差距明显。随着国家逐步加大对中西部地区发展的支持力度，地区发展差距扩大的趋势或将逐渐变缓，但是从发展趋势看，东部与中西部地区间人均 GDP 的绝对差距还没有出现逐步缩小的趋势。全国要进一步形成东中西部互动协调、优势互补、相互促进、共同发展的局面，必须建立沟通的桥梁与纽带。因此，需要在一定空间范围内，以城镇体系为依托，以充分发挥市场对资源配置的决定性作用为基础，从具备较强聚集、辐射、带动和综合服务能力的特大城市中来选择国家中心城市，以便于至少能够在 300 公里半径内对区域发展起到支撑、示范、关联作用，从而引导国家经济社会快速发展。

综上，选择国家中心城市必须考虑优化国土空间开发格局，这是国家在统筹布局国家中心城市宏观布局时所考虑的最关键的因素之一。郑州的发展腹地，可以依次扩展为河南全省、中原城市群（中原经济区）、中部地区和“一带一路”延伸到的国内外区域。其中，就中原城市群（中原经济区）的发展腹地看，5 个省份、30 个城市、28.9 万平方公里、1.8 亿人口，都在郑州的辐射范围之内，经济、政治中心流向比较明显，在交通区位优势的综合作用下，发展腹地持续扩大，郑州可以辐射带动 500 公里半径以内的 3.6 亿人口。类似郑州这样的枢纽城市，加快建设成为国家中心城市，将有利于形成大市场、大流通网络，增强承载、驾驭、整合国内、国际两种市场资源的能力，成为高端创新要素、高端市场要素的配置枢纽，从而带动中部地区北部板块增长，推动我国区域协调发展。

六、有利于加快河南新型城镇化进程

从新中国成立至改革开放前，河南城镇化进程同全国一样，受政治、经济、社会制度等多重因素影响，经历了一个曲折的发展过程，1949—1977 年近 30 年间城镇化水平仅提高了 7.2 个百分点。改革开放后，河南经济和城镇化建设才真正步入持续稳定的发展阶段，城镇化进程不断加快，到2016年，河南常住人口城镇化率达到48.5%，中原城市群实力日益增强，成为国家重点培育发展的中西部地区三大城市群之一。郑州航空港经济综合实验区建设全面展开，郑州国家区域性中心城市地位进一步强化。郑汴一体化深入发展，实现了电信、金融同城，中心城市辐射带动能力进一步提升，组团式发展深入推进，县城承载能力不断增强。到2015年底，全省城区人口规模超过20万人的城市达到39个，建制镇达到1103个，初步形成以城市群为主体形态、大中小城市和小城镇协调发展的新格局。但是，与全国相比，河南常住人口城镇化率仍低于全国平均水平9个百分点，且常住人口城镇化率与户籍人口城镇化率与全国平均水平差距更加明显。"十三五"时期，河南作为全国推进新型城镇化的重点区域之一，每年需要有序推进200万农业人口转移到城镇，并要实现农业转移人口的市民化，新型城镇化任务繁重，迫切需要通过发挥中心城市的带动作用，构建现代城镇体系，推进基础设施互联互通，深化产业体系分工合作，加强生态环境同治共保，促进公共服务共建共享，推动城乡统筹协调发展，从而加快新型城镇化进程。

郑州加快建设国家中心城市，第一，有利于实施中心城市带动战略。郑州与武汉、长沙等其他省会城市相比，2016年的经济首位度仅为19.9%，分别低于武汉、长沙16.9和9.9个百分点，但是和中原城市群副中心城市洛阳相比，经济总量是洛阳的2倍，仍然具有绝对优势。同时，在高速公路、高速铁路、城际轨道交通等大运量、高速度、零换乘、无缝衔接的现代综合交通运输体系下，中心城市的辐射带动能力既和经济总量、人口规模有关，也和与次一级中心城市和周边城镇的联系便利性、通勤时间有更大关系。加快建设国家中心城市，将推动郑州提质增效发展，从而增强对全省城镇化的带动能力。第二，有利于优化城镇体系。在现行经济社会政治体制下，由于郑州是河南的省会城市，行政力量强化了核心城市集聚资源的优势，导致公共资源过于集中在大城市，引起城市之间的两极分化。以建设国家中心城市为契机，推动郑州与毗邻的新乡、焦作、开封、许昌等城市融合发展，打造郑州大都市区，形成带动周边、辐射全国、联通国际的核心区域，有利于郑州按照有所为有所不为的方针，实现与其他城市的错位发展，优化城镇空间布局和职能分工。第三，有利于全面提升城镇化质量。河南常住人口城镇化率仍然低于全国平均水平 9 个百分点，低于中部地区平均水平 5 个百分点。从户籍人口城镇化率看，户籍人口城镇化率低于常住人口城镇化 20 个百分点，不完全城镇化现象严重。可以说，城镇化质量不高是河南经济社会发展的最大症结，其基本状况没有得到根本改变。郑州按照国家中心城市的标准来建设，将示范引领城镇化发展理念从“以城为本”向“以人为本”的转变，发展方式实现从粗放向集约的转变，从而提高城镇化质量和水平。

表 3-1　1978—2016 年全国与河南常住人口城镇化率比较　　%

年份	全国	河南	年份	全国	河南	年份	全国	河南
1978	17.9	13.6	1991	26.9	15.9	2004	41.8	28.9
1979	19	13.8	1992	27.5	16.2	2005	43	30.7
1980	19.4	14	1993	28	16.5	2006	44.3	32.5
1981	20.2	14.2	1994	28.5	16.8	2007	45.9	34.3
1982	21.1	14.4	1995	29	17.2	2008	47	36
1983	21.6	14.6	1996	30.5	18.4	2009	48.3	37.7
1984	23	14.7	1997	31.9	19.6	2010	50	38.8
1985	23.7	14.8	1998	33.4	20.8	2011	51.3	40.6
1986	24.5	15	1999	34.8	22	2012	52.6	42.4
1987	25.3	15.1	2000	36.2	23.2	2013	53.73	43.8
1988	25.8	15.3	2001	37.7	24.4	2014	54.77	45.2
1989	26.2	15.4	2002	39.1	25.8	2015	56.1	46.85
1990	26.4	15.5	2003	40.5	27.2	2016	57.35	48.45

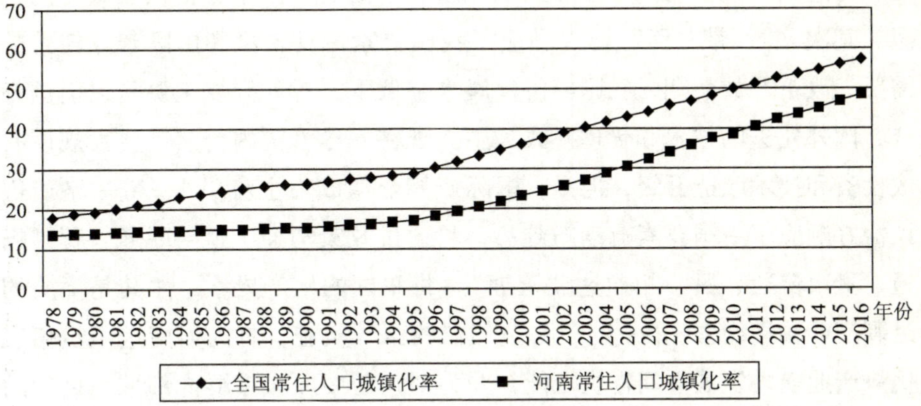

图 3-1　1978—2016 年河南与全国常住人口城镇化率比较

第二节　机遇和有利条件

一、“一带一路”倡议深入实施

“一带一路”倡议的实施，意味着我国对外开放进入新的发展阶段，具有极其深远的意义。首先，“一带一路”的战略构想顺应了我国对外开放区域结构转型的需要。改革开放初期，我国先后建立了包括深圳在内的 5 个经济特区，开发和开放了 14 个沿海港口城市，相继开放了 13 个沿边、6 个沿江和 18 个内陆省会城市，建立了众多的特殊政策园区。但是，对外开放重点在东南沿海，广东、福建、江苏、浙江、上海等省市成为“领头羊”和受益者，广大的中西部地区始终扮演着“追随者”的角色，这在一定程度上造成了东、中、西部的区域失衡。“一带一路”由中西部地区作为新的牵动者承担开发与振兴占国土面积 2/3 的广大区域的重任，与东部地区一起承担着中国走出去的重任。尤其是对河南这样一个“不沿海、不沿边、不沿江”的内陆省份来说，积极参与“一带一路”，将会推动连接东西、沟通南北区位优势的进一步发挥，给郑州加快建设国家中心城市和现代化国际商都、发挥郑州航空港经济综合实验区内陆对外开放门户功能、打造国际航空物流中心和亚欧大宗商品商贸物流中心提供了难得的机遇。其次，“一带一路”倡议顺应了我国要素流动转型和国际产业转移的需要。改革开放初期，我国经济发展水平低下，对外开放主要是以引进外资、国外先进的技术和管理模式为主。现在，尽管国内仍然需要大规模有效投资和技术改造升级，但是，国际产能合作成为主流。“一带一路”倡议恰好顺应了中国要素流动新趋势，将通过政策沟通、道路联通、贸易畅通、货币流通、民心相通这“五通”，将我国的生产要素，尤其是优质的过剩产能输送出去。“一带一路”倡议的深入实施，将为河南进一步拓展优势产业境外发展空间提供可能，并为郑州与中原城市群内部城市之间的产业整合提供机遇，从而加快郑州在建设国家中心城市过程中的产业转移。

二、中部地区崛起新十年规划制定实施

2006年，中共中央、国务院印发了《关于促进中部地区崛起的若干意见》，经过10年发展，中部地区在全国的地位进一步巩固提升。中部地区崛起新十年规划，在继承原有定位的基础上，研究提出了“一中心、四区”的战略定位，即全国重要先进制造业中心、全国新型城镇化重点区、全国现代农业发展核心区、全国生态文明建设示范区、全方位开放重要支撑区。中部地区崛起新十年规划，首先给郑州带来的重大机遇就是明确提出支持郑州加快建设国家中心城市，并在具体规划中，进一步明确推动郑州建设国家中心城市，进一步提升郑州的综合交通枢纽地位和综合服务功能，加快建成连通全球的国际物流中心；实现与周边城市群的高效衔接和互动发展，在整个中部地区，与武汉南北呼应，共同支撑中部崛起战略目标的实现。中部地区崛起新十年规划制定实施，将推动郑州建设智能终端产业基地、新能源汽车生产基地、生物医药基地；推动郑东新区金融集聚核心功能区建设，加快建设郑州跨境电子商务综合试验区，加快郑州国家知识产权服务业集聚区建设；强化综合交通运输枢纽地位，加强机场建设，增强区域枢纽功能，新增一批支线机场，加快通用机场建设，拓展航空运输网络；支持郑州建设全国性综合交通枢纽，完善枢纽综合服务功

能，优化中转设施和集疏运网络，强化客运零距离换乘和货运无缝化衔接等。这有利于郑州加快建设成为国际性现代化综合立体交通枢纽、中西部对外开放门户、全国重要的先进制造业基地，国际物流中心、国家区域性现代金融中心、具有国际竞争力的中原创新创业中心，实现华夏历史文明传承创新中心的“一枢纽一门户一基地四中心”目标，打造河南经济社会发展的强劲引擎，更好地带动区域经济社会发展。

三、城市发展思路更加清晰

《中共中央国务院关于进一步加强城市规划建设管理工作的若干意见》正式发布，这是推进我国“十三五”乃至未来一段时间城市发展的“时间表”与“路线图”，从五个方面对河南城市发展的总体思路进一步具体化、清晰化。在城市发展观念上，强调认识、尊重、顺应城市发展规律，端正城市发展指导思想，要求发展必须兼顾融合经济、产业、空间、社会等多个领域；在城市发展方向上，强调更加尊重人本和自然，推进以人为本的新型城镇化，城市的规划、建设、管理都要更加人性化；强调城市发展的再生态化过程，让城市发展更自然、更生态；在城市发展蓝图上，强调要着力塑造城市特色风貌，守护城市记忆，减少随意性、盲目性，以系统思维进行城市规划建设，预防与杜绝“千城一面”的现象；在推进城镇化的主体形态上，强调以城市群作为主体形态，努力依托基础设施网络体系形成点、线、面结合的网络化城镇空间结构，改变过去依靠单一点状城市的发展模式，增强对区域发展的辐射带动作用；在城市工作的系统性上，强调坚持集约发展，框定总量、限定容量、盘活存量、做优增量、提高质量，着力提高城市土地、水、生态等资源的集约节约利用程度，着力优化城市土地利用结构，更多地将资源向改善城市居民生产生活环境方面倾斜，从而增强城市发展持续性、宜居性。中央的指导使郑州的城市发展目标和发展思路更加清晰，指明了郑州建设国家中心城市的方向和重点，有利于郑州坚持目标导向、问题导向，从人民群众最关注、发展中最迫切的领域做起，推动城市转型发展取得良好效果。

四、国家战略规划平台叠加

自1954年河南省会从开封迁至郑州以来，到2017年初，郑州面临着诸多国家战略叠加的历史机遇。对于郑州来讲，国家支持郑州建设国家中心城市，既是赋予郑州一个新的国家战略，也是诸多国家战略规划和战略平台融合叠加的必然结果，是郑州在全国区域格局功能与作用的集中体现。国家战略叠加效应将给郑州建设国家中心城市带来新的综合性红利：一是改革红利，利用国家战略所赋予的先行先试政策，在重点领域和关键环节聚焦突出问题深化改革、克难攻坚，形成体制机制和政策制度新优势；二是创新红利，利用郑洛新国家自主创新示范区等国家战略，推动技术创新、产业创新、业态创新、协同创新、模式创新等全方位的创新体系构建；三是开放红利，以河南自贸区和郑州航空港经济综合试验区为代表的国家战略，将进一步拓展开放发展的广度和深度，提高开放型经济发展水平，塑造对外开放新优势；四是载体红利，即有利于郑州建设国家中心城市过程中集聚优势资源、培育发展新动能。

表3-2　郑州在十大国家战略中的功能定位

战略名称	年份	主要功能定位
中原经济区	2011	郑州是中原经济区的中心城市，要加快发展成为立足中原的国际化大都市，着力强化科技创新和文化引领，促进高端要素聚集，完善综合服务功能，增强辐射带动中原经济区和服务中西部发展的能力，提升国家区域性中心城市地位
郑州航空港经济综合实验区	2013	郑州航空港区是郑州经济发展的新板块和中原经济区的龙头，郑州要依托航空港经济综合实验区，力争建设成为一座联通全球、生态宜居、智慧创新的现代航空大都市。郑州的战略定位是国际航空物流中心、以航空经济为引领的现代产业基地、内陆地区对外开放重要门户、现代航空都市、中原经济区核心增长极
中原城市群	2016	把支持郑州建设国家中心城市作为提升城市群竞争力的首要突破口，强化郑州对外开放的门户功能，提升综合交通枢纽和现代物流中心功能，集聚高端产业，完善综合服务，推动与毗邻城市融合发展，形成带动周边、辐射全国、联通国际的核心区域

续表

战略名称	年份	主要功能定位
中国（河南）自贸区	2016	建设以郑州为主体的河南自贸区，建设与打造贯通南北、连接东西的现代立体交通体系和现代物流体系相结合，以促进流通国际化和投资贸易便利化为重点，以国际化多式联运体系、多元化贸易平台为支撑，打造对外开放高端服务平台，发展成为“一带一路”战略核心腹地
国家跨境电商综合试验区	2016	郑州积极承担探索构建中国特色跨境电子商务发展新模式、新规则的使命，尽快建立“政府部门主导，电商平台主体，龙头电商主力，科研院校主角”的“四主”跨境电子商务新规则研究工作体系，加快创建电子商务院系、科研院所，贴近跨境电商企业需要，定期发布分析报告，提供标准法规和质量、市场服务，推动创新，优化结构，促进转型升级；针对进口跨境贸易电子商务的特征，抓紧建立完善相关技术性贸易措施，提高市场准入门槛，维护国家安全、国门安全、公共利益和消费者权益
国家大数据综合试验区	2016	构建以郑州为核心，省辖市为重要节点，省、市、县三级协同的多层级、多节点、多主体协同支撑的大数据发展格局；郑州作为区域示范类综合试验区核心，要注重发挥在数据资源统筹、大数据产业集聚中的辐射带动作用，实现经济提质增效
郑洛新国家自主创新示范区	2016	郑州和洛阳、新乡共同聚集资源，先行先试，释放能量，向东与海上丝绸之路连接，向西与丝绸之路经济带融合，向北与京津冀对接，向南与长江经济带联动，构建国家区域发展新格局的重要战略支撑点；与邻近的武汉东湖、长株潭等国家自主创新示范区共同发力，辐射带动中西部地区创新发展
通用航空产业综合示范区	2016	郑州为全国领先的通用航空经济示范区、中原经济区通用航空服务中心、通用航空特色产业基地、郑州航空港经济综合实验区重要组成部分，建设成为区域经济发展的新增长极和产业转型升级的新引擎
服务外包示范城市	2016	郑州要按照国家示范城市的标准，在重点企业引进培育、重点园区培育建设、公共服务平台打造、人才体系建设、信用体系建设等方面加大投入力度，提高公共服务水平，鼓励产业创新发展，营造法制化、国际化、便利化营商环境，进一步发挥服务外包产业积极作用，全力推进国际商都建设，提高开放型经济发展水平

续表

战略名称	年份	主要功能定位
交通综合枢纽示范工程城市（国际性综合交通枢纽）	2016	郑州为全国十二个最高等级的国际性综合交通枢纽之一，通过国际性综合交通枢纽建设，强化国际人员往来、物流集散、中转服务等综合服务功能，打造通达全球、衔接高效、功能完善的交通中枢，为打造中原城市群核心增长极，服务“一带一路”建设，扩大中部地区对外开放提供支撑
加工贸易承接转移示范地	2016	郑州加快承接沿海包括境外产业的转移，进一步增强城市对外贸易的辐射与影响力，提高对外开放水平

五、郑州自身具备良好的发展基础和条件

郑州加快建设国家中心城市，其自身也具备良好的发展基础和条件。一是发展腹地广阔。郑州的发展腹地，可以依次扩展为河南全省、中原城市群（中原经济区）、中部地区和“一带一路”延伸到的国内外区域。二是区位优势突出。以郑州为核心、以相邻的新乡、焦作、开封、许昌等城市构成的郑州都市区，是我国经济地理的中心，是我国东部产业转移、西部资源输出、南北经贸交流的桥梁和纽带，处于丝绸之路经济带西向、南向和连接海上丝绸之路的交会点。三是综合交通发达。郑州是国内高速公路网络的重要枢纽，郑州机场可以实现与国内外主要枢纽机场的快速联通，“米”字形高速铁路网和现代综合交通枢纽格局正在加速形成，铁海联运、公铁联运加快发展，郑欧班列无论是向周边区域输送欧洲产品，还是作为欧洲输入货物的分拨地，其核心价值都无可替代。同时，空中丝绸之路初具规模，以郑州为亚太物流中心、以卢森堡为欧美物流中心的覆盖全球的航空货运网络加快形成。四是人口红利持续。近年来，人口红利拐点理论开始影响我国生产力布局，但是作为1亿人口大省省会城市的郑州，从2011—2015年，人口净流入量达到185万人，仅比深圳少1万人，在全国各大城市中排第7位；郑州人口密度达到1285.1人/平方公里，在全国省会城市中位列第3位，仅次于广州、长春。因此，郑州建设国家中心城市不仅有充足的人口数量红利，而且随着高端人才的集聚，也拥有丰富的人口质量和人口结构红利。五是政策资源丰富。从2011年至今，郑州先后

多次在国务院及中央各部委重要文件中出现，2016 年呈密集的汇聚之势，10 余项国家战略规划和战略平台叠加，政策红利效应凸显，“马太效应”不断显现，城市的影响力、知名度不断提升。

第三节　挑战和不利因素

一、国家中心城市定位竞争更加激烈

“国家中心城市”的概念最早在 2005 年提出。原建设部（现住房和城乡建设部）依据城市规划法编制全国城镇体系规划时，提出“国家中心城市”的概念。近年来，我国各省份、各大城市都纷纷意识到中心城市对于地区经济社会发展重要的支撑、服务、辐射、带动作用，争相提出建设国家中心城市的发展目标，一方面着眼于进一步增强本区域核心城市的综合竞争力，另一方面也期待成为国家中心城市后，能够优先获取国家配置的各项资源。随着国家中心城市不断扩编，到 2016 年 12 月 26 日，经国务院正式批复，国家发改委发布《促进中部地区崛起“十三五”规划》，规划支持武汉、郑州建设国家中心城市。至此，我国先后在国家相关文件中明确了包括北京、上海、深圳、广州、天津、重庆、沈阳、南京、武汉、成都、西安、杭州、青岛、郑州、厦门共 15 座国家中心城市，各大城市对国家中心城市的争夺日趋激烈，如果郑州不加快将国家战略规划平台叠加等优势转换为发展优势，将会丧失政策红利。

二、高端要素相对缺乏

国家中心城市的核心功能之一就是要聚集一定空间范围内的要素，主要表现在集聚人口、集聚资金、集聚技术、集聚企业，能够产生规模集聚效应，特别是具有高级化的产业结构，形成经济势能高地。但是，与其他国家中心城市相比，郑州高端要素集聚能力明显不够。以金融资源和科技资源为例，截止到 2015 年 12 月底，郑州市金融机构人民币存款余额 16936.3 亿元，低于武汉市 3000 亿元；截止到 2016 年 8 月，沪深 A 股上

市公司数量对比中，北京、上海、深圳上市公司数量均在200家以上，武汉、长沙分别达到47、46家，郑州仅为21家；郑州和武汉相比，每万人高校在校生人数、高技术制造业占规模以上工业增加值的比重、超过百亿元规模的高新技术企业数量、专利授权数等方面，武汉均远远领先于郑州，这反映出郑州存在综合创新能力较弱、创新主体不多、投入产出不匹配、高端人才流失等问题。高端要素集聚能力弱，已成为郑州建设国家中心城市过程中必须突破的瓶颈。

三、资源环境约束日益加剧

郑州作为河南省会城市，是2011—2015年全省唯一的人口净流入地区，外省流入河南人口的37%和省内流动人口的60%均流入郑州。大量的净流入人口，让郑州保持创新活力、维持人口红利的同时，也让郑州处于交通拥堵、房价飞涨、环境恶化、管理失效的发展阵痛中。从城市常住人口、人均建成区面积、人均道路面积、人均公园绿地面积、每万人医院床位数等指标与北京、上海、武汉、长沙、太原、成都对比的情况看，郑州处于严重超载状态。同时，随着大量人口不断聚集，郑州的资源环境约束趋紧、环境污染严重、生态系统退化等问题还没有得到根本改变，城市资源环境承载能力已经达到或接近上限，环境质量改善程度与人民群众的期待要求还有较大差距。

四、文化影响力明显不足

国家中心城市是各种创新资源的集聚地，是各种创新成果的发源地。郑州作为国家中心城市，必须具有较强的吸收创新能力，在引进国内外先进技术和向周边扩散的过程中，发挥承上启下、承外启内、合理嫁接、消化创新的作用。文化创新与影响也是国家中心城市创新引领功能的重要体现，虽然郑州是我国八大古都之一，但是从近现代以来的历史地位看，北京、上海、广州、武汉、成都、天津等中心城市在清末民初早已属于经济重镇和行政中心，工业、金融业发达，在国内外具有一定的知名度和影响力。郑州的城市影响力明显弱于这些传统国家中心城市。即使和省内的洛阳、开封、安阳等历史文化名城相比，郑州的文化特色也不突出。因此，郑州迫切需要在加快建设国家中心城市的过程中，整合现有资源，完善现代公共文化服务体系，大力实施精品文化工程，积极培育发展文化产业，构建形成与国际商都相适应的多元包容文化，努力推动各类人文合作交流活动，实现国际化、常态化、品牌化，增强其文化在国内外的影响力。

第四章　郑州建设国家中心城市的比较分析

按照国务院要求，住建部、发改委、卫计委、教育部等中央 19 大部委联合编制的国家中心城市规划体系中提出，未来将着力打造北京、上海、广州、深圳 4 个全球城市；此外，还将重点推动建设天津，重庆，沈阳，南京，武汉，成都，西安，杭州，青岛，郑州，厦门 11 个国家中心城市。经国务院正式批复，国家发改委发布的《促进中部地区崛起“十三五”规划》中也明确提出，“支持武汉、郑州建设国家中心城市”。但是，国家中心城市对于当前的郑州依然是一个奋斗目标，郑州与国家所要求、人民所期待的名副其实的“国家中心城市”之间还有一定的差距。根据国内外众多学者的研究，国家中心城市应当承担“引领发展、综合服务、开放创新”等职能，通过与其他城市之间进行横向对比，有助于找出郑州在发展和建设过程中存在的差距和不足之处，同时也有助于探寻郑州未来在国家中心城市建设道路上的抓手和着力点。

第一节　引领发展能力比较

一、经济功能比较

（一）地区生产总值比较

强大的综合经济实力是国家中心城市的基本特征和主要基础，国家中心城市必须具备较强的经济实力，没有强大的经济实力作为基础，建设国家中心城市只能是“纸上谈兵”。特别是随着区域全球化的发展，城市间竞争与合作并存，国家中心城市应当是引领所在地区经济社会发展的龙头和引擎，国家中心城市必须具备足够的经济实力带动城市经济和区域经济的发展。

从图4-1和表4-1可以看出，在地区生产总值方面，郑州在15个国家中心城市中排名第11位，经济规模相对较小，与地区生产总值排在第1位的上海相比，仅相当于上海的30%不到。郑州地区生产总值规模不仅远低于上海、北京等经济发达的一线城市，而且与中西部地区的武汉、成都等城市相比，差距也很明显。特别是与近年来经常被大家放在一起的争当中部地区“龙头”的武汉相比，郑州在经济规模上也比武汉少了3918亿元。虽然从地区生产总值上郑州高于沈阳、西安和厦门，但是这三个城市的人口规模比郑州要小很多。从人均地区生产总值来看，郑州在15个国家中心城市中排名倒数第5位，仅略高于沈阳、重庆、西安和成都四个城市。

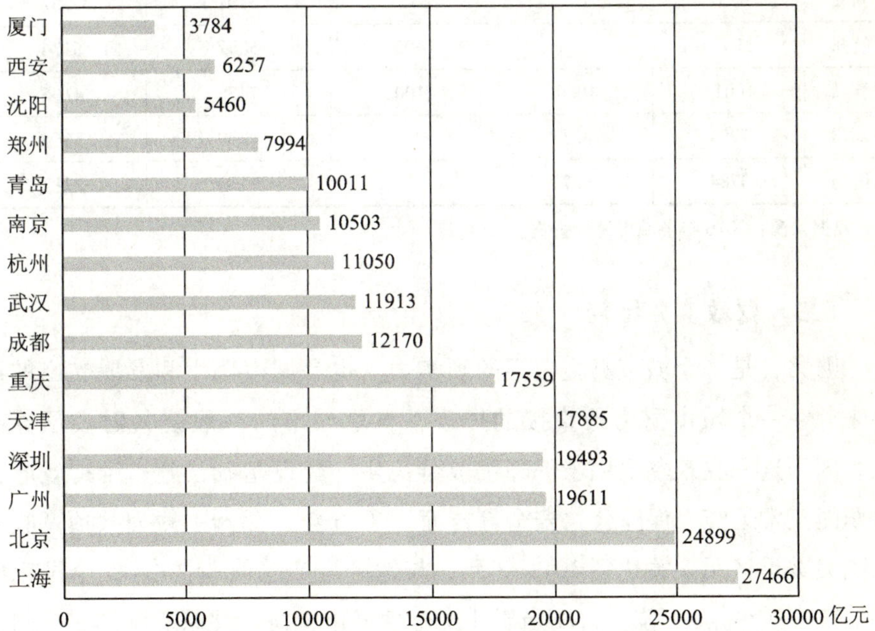

图4-1　2016年15个国家中心城市地区生产总值比较

数据来源：2016年各市统计公报。

表 4-1　2016 年 15 个国家中心城市基本经济指标比较

城市＼指标	地区生产总值（亿元）	人均地区生产总值（万元）	一般公共预算收入（亿元）	全社会固定资产投资额（亿元）	社会消费品零售总额（亿元）
北京	24899	11.5	5081	8462	11005
上海	27466	11.36	6406	6756	10947
广州	19611	13.9	1394	5704	8706
深圳	19493	16.7	3136	4078	5513
天津	17885	11.5	2723	14629	5636
重庆	17559	5.8	2228	17361	7271
沈阳	5460	6.6	621	1631	3986
南京	10503	12.7	1143	5534	5088
武汉	11913	11.1	1322	7040	5611
成都	12170	7.7	1175	8371	5647
西安	6257	7.1	641	5191	3731
杭州	11050	12.1	1402	5842	5176
青岛	10011	10.9	1100	7455	4105
郑州	7994	8.3	1011	6999	3666
厦门	3784	9.7	648	2160	1283

数据来源：2016 年各城市统计公报。

（二）财政实力比较

财力，是一个城市真金白银的硬实力，也是城市民生和发展支出的重要来源。一个城市财力最直接的体现，就是城市的一般公共财政预算收入，因为这一收入主要用于保障和改善民生、建设基础设施、维持政府行政职能正常运转、保障公共安全等方面。2016 年，郑州一般公共预算收入刚刚突破千亿元大关达到 1011 亿元，与地区生产总值一样在 15 个国家中心城市中排名第 11 位，仅相当于 4 个全球城市上海、北京、深圳、广州的 15.8%、20%、32.2%和 72%，即使在 11 个国家中心城市中，也仅相当于天津、武汉、成都的 37%、76%和 86%。此外，从各城市的财政收入增长速度来看，2016 年，郑州（14.3%）仅略低于上海（16.1%）和深圳

(15%)，明显快于青岛（10.3%）、武汉（10.1%）、成都（7%）和沈阳(2.4%)。郑州市一般公共财政预算收入增长较快，在未来将缩小与武汉、成都之间的差距。

（三）固定资产投资比较

在过去传统的经济发展模式中，投资的作用尤其重要，可以说投资是拉动经济增长“三驾马车”中最重要那一辆。固定资产投资是投资最主要的组成部分，是经济增长的重要引擎，是一个地区经济增长的前提保证，它和人民群众生活水平的提高密切相关，是社会增加固定资产、扩大生产规模、发展国民经济的重要手段，也是提高城市发展水平的重要条件。受地方经济发展规模和财政实力较弱等因素的制约，在过去很长一段时间内，郑州固定资产投资规模较小，基础设施建设较为缓慢。但近几年，随着一系列国家战略在郑州落地，随着郑州经济规模的快速增长，尤其是随着郑州航空港经济综合试验区、郑东新区等重要发展载体的加快建设，郑州的社会固定资产投资呈现高速增长的势头，“十二五”时期年均增速高达22%，在全国处于领先水平，2016年固定资产投资达到6999亿元，规模在15个国家中心城市中排名第7位，未来还有不断赶超的趋势。

（四）消费市场空间比较

在拉动经济增长的“三驾马车”中，消费需求可以说是最为稳定的因素。当前，世界经济发展仍处于后金融危机时代，世界经济在深度调整中曲折复苏，全球经济贸易增长乏力，保护主义抬头，地缘政治关系复杂变化，传统安全威胁和非传统安全威胁交织，外部环境不稳定不确定因素增多；国内经济发展进入新常态阶段，过去那种靠出口和大规模固定资产投资拉动经济快速增长的粗放发展模式越来越难以为继，投资和出口的拉动作用有所下降，相对来说消费的作用将更加凸显。2016年，郑州实现全社会消费品零售总额3665.8亿元，比上年增长11.3%，限额以上批发和零售业零售额1763.7亿元，比上年增长9.1%。与其他国家中心城市相比，排名倒数第2位，仅相当于上海、北京的1/3，与武汉、成都相差1945亿元和1687亿元，消费能力低于沈阳和西安。郑州虽然人口规模较大，但是消费能力有限，这也是郑州在全国主要城市中收入水平排名倒数的客观反映。由于城乡居民收入水平较低，消费能力有限，市场潜力有待挖掘。从消费市场内部结构来看，批发业零售额404.6亿元，零售业零售额2462.6亿元，住宿业零售额21.3亿元，餐饮业零售额500.5亿元，郑州当前的消费市场仍以传统消费为主，新兴消费需求发展滞后。

从上述指标的比较中可以看出，在主要经济指标的对比上，无论是经济规模总量还是财政实力、固定资产投资和消费潜力等方面，郑州与其他中心城市差距较大。

二、现代产业体系建设比较

建设国家中心城市最重要的决定因素是经济实力，而产业结构是经济实力的根本和重要表现形式，没有优化的产业结构，城市的经济实力不可能持续。因此，优化产业结构是提升国家中心城市竞争实力的根本表现。国家中心城市的产业特征不仅需要有较大的产业规模、完备的产业体系、较强的产业辐射，更应该有多元化的产业结构、持续发展的产业动力、引领创新的产业功能，将城市的资源、地缘、技术等优势要素充分展现。

表4-2　2016年15个国家中心城市产业结构比较

产业结构指标 / 城市	第一产业（%）	第二产业（%）	第三产业（%）	第二产业增加值（亿元）	第三产业增加值（亿元）
北京	0.5	19.2	80.3	4774	19995
上海	0.4	29.1	70.5	7994	19362
广州	1.2	30.2	68.6	5926	13445
深圳	0.0	39.5	70.5	7700	11786
天津	1.2	44.8	54.0	8004	9961
重庆	7.4	44.2	48.4	7755	8500
杭州	2.8	36.0	61.2	3977	6768

续表

产业结构指标 城市	第一产业（%）	第二产业（%）	第三产业（%）	第二产业增加值（亿元）	第三产业增加值（亿元）
成都	3.9	43.0	53.1	5232	6463
武汉	1.4	33.7	52.8	5227	6295
南京	2.4	39.2	58.4	4117	6133
青岛	3.7	41.6	54.7	4161	5479
郑州	2.0	47.3	50.7	3781	4057
西安	3.7	35.1	61.2	2198	3829
沈阳	4.9	39.1	56	2136	3058
厦门	0.6	41.2	58.2	2202	2202

数据来源：2016 年各城市统计公报。

（一）服务业发展比较

服务业总量小，占比低，发展滞后是郑州服务业发展的主要特征。从表 4-2 可知，2016 年，郑州实现服务业增加值 4057 亿元，在 15 个国家中心城市中排名第 12 位，同期北京、上海、广州和深圳 4 个全球城市的第三产业增加值均已超过万亿元，分别是郑州的 4.9 倍、4.8 倍、3.3 倍和 2.9 倍；另外，天津也已接近万亿元，是郑州的 2.5 倍；重庆、杭州、成都、武汉、南京、青岛分别是郑州的 2.1 倍、1.7 倍、1.6 倍、1.6 倍、1.5 倍和 1.4 倍；郑州仅比沈阳、西安和厦门略高，但是这三个城市的人口规模和经济总量都明显低于郑州。此外，从服务业增加值占 GDP 比重来看，2016 年，郑州为 50.7%，只略高于重庆（48.4%），比 4 个全球城市北京、上海、广州、深圳相比分别低 29.6%、低 19.8%、17.9%和 19.8%；比西部地区的西安和成都分别低 10.5%和 2.4%，比中部地区的武汉低 2.1%。从行业内部结构来看，郑州第三产业仍以餐饮、住宿、批发零售等传统服务业为主，金融、保险、信息技术等高端服务性行业发展滞后，缺乏战略新兴产业支撑，未来需要进一步调整第三产业结构布局，优化传统服务业转型升级，引导和培育新兴服务业和新的增长点，进一步推动现代服务业发展。

（二）第二产业发展比较

规模小、占比高、水平低是郑州当前第二产业发展的最真实反映。

从第二产业增加值规模来看，2016 年，郑州第二产业增加值 3781 亿元，在 15 个国家中心城市中，第二产业总产值最高的天津是 8004 亿元，是郑州的 2.12 倍，其次是上海，达到 7994 亿元，是郑州的 2.11 倍；重庆 7755 亿元，是郑州的 2.05 倍；成都 5232 亿元，是郑州的 1.384 倍；武汉 5227 亿元，是郑州的 1.38 倍。仅有西安、沈阳和厦门的第二产业产值比郑州略低。从第二产业增加值占比来看，2016 年，郑州第二产业增加值占地区生产总值的比重高达 47.3%，在 15 个城市中排名第一。虽然郑州第二产业占比较高，但是从产业内部结构来看也不尽合理，产业层次总体不高，高技术产业完成增加值 449.8 亿元，占比仅 11.9%，远低于北京、上海、广州、深圳 4 个全球城市；在中西部地区，也明显低于成都、武汉和西安。从主要工业产品来看，2016 年，郑州移动通信手持机（手机）25754.4 万台，汽车产量 58.5 万辆，新能源汽车 2.7 万辆，铝材 498.2 万吨，磨具 68.6 万吨。全年规模以上工业企业完成主营业务收入 14001.7 亿元，实现利税 1490.1 亿元，实现利润 1066.7 亿元。

纵观国内外城市发展的历史，产业经济与城市发展的关系非常紧密，产业是城市发展的根基。由于农业在大城市经济总量中占比较小，其对国家中心城市建设的作用也较为有限，所以在此不做具体对比。北京、上海、广州、深圳等国内一线城市的发展在很大程度上是依靠区域内现代产业发展的推动力，从这些城市的产业发展看，产业部门不一定求全，但集聚和辐射力强的金融、贸易、信息服务、交通运输等生产性服务业应具有巨大的竞争优势，进而能吸引全国乃至国际的资金、人才、大型企业总部等进入，确保国家中心城市的金融中心、管理中心、重要门户和枢纽职能。综上，为实现建设国家中心城市的战略目标，郑州市未来应将产业发展重点放在现代服务业培育方面。

三、人口集聚能力比较

（一）人口规模比较

人口集聚规模在一定程度上反映了城市服务设施集聚程度和产业规模

效益。只有人口规模达到一定门槛规模后，城市才会具有完善的综合功能和具有竞争力的金融服务业等专项功能。因此，国家中心城市要达到一定人口规模，并且具备较高的城镇化水平。从表 4-3 可以看出，2016 年，郑州市常住人口达到 972 万人，在 15 个国家中心城市中排名第 9 位，与排名前 3 位的重庆（3048 万人）、上海（2419 万人）和北京（2173 万人）差距较大，但其距“千万人口俱乐部”仅一步之遥。

表 4-3　2016 年 15 个国家中心人口规模及结构情况比较

指标 城市	常住人口（万人）	城镇化率（10%）	户籍人口（万人）
北京	2173	86.5	1363
上海	2420	87.6	1440
广州	1404	86.1	870
深圳	1191	79.8	385
天津	1562	82.9	1044
重庆	3048	62.6	3395
沈阳	829	80.6	734
南京	827	82.0	663
武汉	1077	79.8	834
成都	1592	70.6	1080
西安	883	73.4	825
杭州	919	76.2	736
青岛	920	71.5	497
郑州	972	71.0	—
厦门	392	89.0	221

数据来源：2016 年各城市统计公报。

（二）城镇化发展水平比较

从城镇化率指标来看，2016 年，郑州城镇化率为 71%，在 15 个城市中排在倒数第3位，仅比西部地区人口规模庞大的成都和重庆略高，不仅与4个全球城市北京、上海、广州、深圳相差甚远，与沈阳、武汉、西安等城市相比也差距明显。郑州较低的城镇化率显然是受由在区域经济发展阶段、产业结构、承载能力等多重因素的制约造成的。同时，由于河南是传统的农业大省和人口大省，城镇化率长期低于全国平均水平，城市流动人口多数来源于农村劳动力转移，大量的农村转移劳动力受工作条件、社会保障、户籍制度等方面因素的影响，户籍和身份转换困难，这些因素均在一定程度上拉低了郑州的城镇化水平。

总的来看，受经济发展起步较晚、对外开放程度较低、人才资源短缺等因素的影响，郑州经济综合实力与北京、上海、广州、深圳等城市相比差距仍较明显，未来发展中还将面对诸多挑战和重重困难；但其具备巨大的发展潜力与强大的政策优势，将成为新时期郑州持续发展的重要推力，并保证郑州未来经济社会快速稳定健康发展，为国家中心城市建设奠定坚实的经济社会基础。

第二节　综合服务能力比较

一、金融服务能力比较

国家中心城市是区域内人们生产、生活和文娱活动的中心，不仅对城市自身而且对所在区域、全国乃至全球具备广泛的综合服务能力和高端的专业服务能力。这种服务能力，可以通过金融行业发展水平、基础设施建设情况和公共服务能力来集中反映。

金融是国民经济的命脉，在现代经济活动中处于核心地位，高度发达的金融业是国家中心城市的重要特征之一，国家中心城市的建设同样也离不开金融行业的发展和支撑。金融业增加值和存贷款余额是衡量城市金融业规模和实力的重要指标，金融业增加值在地区生产总值中所占的比重反映了金融业对地区经济发展的贡献度。

表 4-4 2016 年 15 个国家中心城市金融行业情况比较

指标 城市	金融业增加值（亿元）	金融机构本外币存款余额（亿元）	金融机构本外币贷款余额（亿元）
北京	4267	138409	63739
上海	4763	110511	59982
广州	1800	47530	29670
深圳	2877	64408	40527
天津	1735	30067	28754
重庆	1643	32160	25524
沈阳	578	14446	12798
南京	1242	28356	22269
武汉	941	22196	20755
成都	1386	31434	25009
西安	723	19488	15542
杭州	988	33386	26169
青岛	669	14674	12955
郑州	817	19001	15422
厦门	404	9788	8617

数据来源：2016 年各城市统计公报，沈阳和厦门数据为预估数。

（一）金融结构资金实力比较

从表 4-4 可知，2016 年，郑州实现金融业增加值 817 亿元，比 4 个全球城市上海（4763 亿元）、北京（4267 亿元）、深圳（2877 亿元）、广州（1800 亿元）分别低 3946 亿元、3450 亿元、2060 亿元和 983 亿元；与成都（1386 亿元）、南京（1242）、武汉（941）相比也分别低 569 亿元、425 亿元、124 亿元。从金融机构存贷款余额来看，2016 年，郑州全部金融机构本外币存款余额为 19001 亿元，在 15 个国家中心城市中排名第 12 位，全部金融机构本外币贷款余额 15422 亿元，在 15 个城市中同样排名第 3 位。从图 4-2 可以看出，2016 年，郑州市金融业增加值占地区生产总值的比重为 11.6%，金融业增加值对地区经济总值贡献度仍然较低。

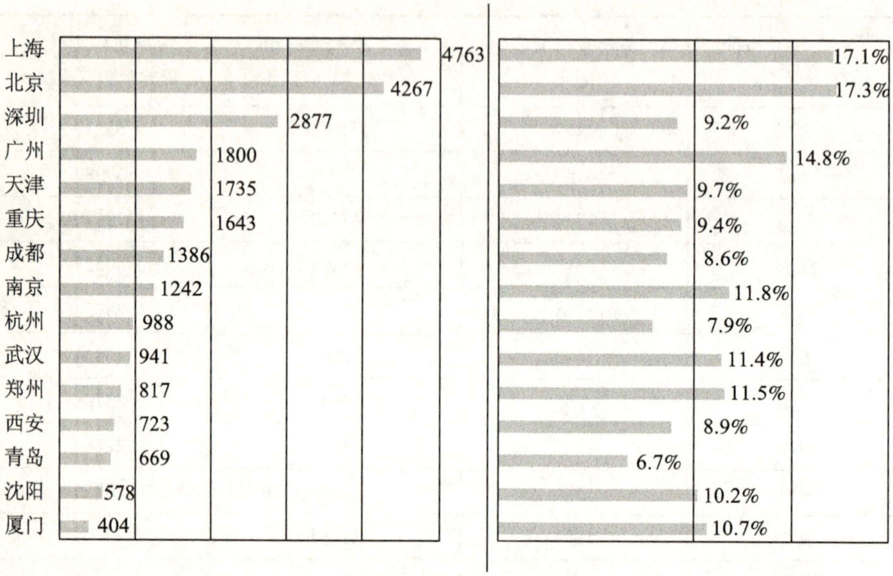

图 4-2　2016 年 15 个国家中心城市金融业增加值及占 GDP 比重比较

数据来源：2016 年各城市统计公报。

（二）资本市场发展比较

现代经济的快速发展很大程度上要归功于资本市场的力量，上市公司更是一个地区和一个城市实力的代表，而一个城市所拥有的上市公司的组成结构可以在很多方面反映国家各地区之间的差异。从一个地区上市公司的数量、所处的行业、企业的规模、企业的劳动生产率等方面入手，会发现发达地区的城市与中西部地区城市相比有着明显的优势。

截止到 2017 年 10 月，郑州拥有上市公司数量 44 家，与重庆相当，在 15 个国家中心城市中排在第 10 位。由于北京作为首都是众多央企所在地，而上海和深圳是沪深交易所所在地，这三个城市上市公司的数量远超其他城市，参考比较价值较低。但是与南京、成都、武汉等城市相比，郑州无论在上市公司数量还是总市值方面都要远远落后。

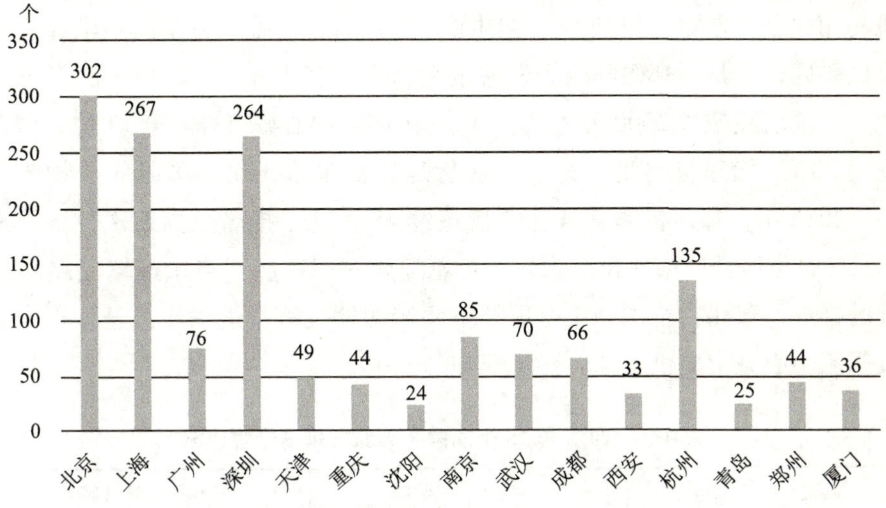

图 4-3 15 个国家中心城市上市公司数量比较

数据来源：沪深股市证券交易所数据。

除了上海、深圳的证券交易所外，我国还有 4 个期货交易所，分别是上海期货交易所、郑州商品交易所、大连商品交易所和中国金融期货交易所。其中郑州商品交易所是经国务院批准成立的我国首家期货市场试点单位，隶属中国证券监督管理委员会管理。目前，郑州商品交易所上市交易期货品种有普通小麦、优质强筋小麦、早籼稻、晚籼稻、粳稻、棉花、油菜籽、菜籽油、菜籽粕、白糖、动力煤、甲醇、精对苯二甲酸（PTA）、玻璃、硅铁和锰硅等，基本形成的综合性品种体系覆盖农业、能源、化工、建材和冶金等国民经济重要领域。

二、交通枢纽服务能力比较

（一）航空服务能力

美国北卡罗来纳大学教授约翰·卡萨达认为，交通方式的变化是带动区域发展的重要动力，而航空就是继海运、内河航运、铁路、公路之后带动经济发展的“第五波冲击”。从表 4-4 可以看出，上海和北京均有两个民用航空机场，2016 年的旅客吞吐量远超其他城市，稳居前两位。郑州民航事业发展起步较晚，目前还处于起步、完善、成长阶段，与国内成熟的机场相比还有差距，但是作为全国第一，目前也是唯一一个航空港经济综合试验区，郑州新郑国际机场发展速度惊人。客运方面，2016 年，郑州旅客吞吐量已经超过 2000 万人次，在 15 个国家中心城市排名第 13 位，增速高达 20%，增速排名世界第一。从货运方面来看，作为国际航空物流中心，2016 年，郑州机场货邮吞吐量超过 45 万吨，排名全国第 7 位，增速 13.2%，位居全国第 4 位。未来，随着郑州—卢森堡“空中丝绸之路”建设的推进，郑州在全国乃至全球航空领域的地位将会进一步提升，将为建设国家中心城市提供支撑。

表 4-5　2016 年 15 个国家中心城市机场运营情况

指标 / 城市—机场	旅客吞吐（人次）		货邮吞吐量（吨）	
	本期完成	同比增速（%）	本期完成	同比增速（%）
北京/首都	94393454	5	1943160	2.8
上海/浦东	66002414	9.8	3440280	5
广州/白云	59732147	8.2	1652215	7.4
成都/双流	46039037	9	611591	9.9
深圳/宝安	41975090	5.7	1125985	11.1
上海/虹桥	40460135	3.5	428907	-1.1
西安/咸阳	36994506	12.2	233779	10.5
重庆/江北	35888819	10.8	361091	13.3
杭州/萧山	31594959	11.4	487984	14.8
厦门/高崎	22737610	4.2	328420	5.7
南京/禄口	22357998	16.7	341267	4.7
武汉/天河	20771564	9.7	175295	13.3
郑州/新郑	20763217	20	456709	13.2
青岛/流亭	20505038	12.7	230748	10.9
天津/滨海	16871889	17.9	237085	9.1
沈阳/桃仙	14967228	18	155769	9.6
北京/南苑	5586388	6.1	26634	-27.5

数据来源：中国民用航空局，2016 年民航机场统计公报。

（二）铁路枢纽建设

2016年7月，国家发展改革委、交通运输部、中国铁路总公司联合发布了《中长期铁路网规划》，规划了新时期“八纵八横”高速铁路网的宏大蓝图。“八纵”通道包括沿海通道、京沪通道、京港（台）通道、京哈—京港澳通道、呼南通道、京昆通道、包（银）海通道、兰（西）广通道。“八横”通道包括绥满通道、京兰通道、青银通道、陆桥通道、沿江通道、沪昆通道、厦渝通道、广昆通道。《中长期铁路网规划》明确将构建北京、上海、广州、福州、武汉、成都、沈阳、西安、郑州、天津、南京、深圳、合肥、贵阳、重庆、杭州、南宁、昆明、乌鲁木齐19个综合铁路枢纽。其中北京为第一档，上海、广州、武汉、成都、沈阳、西安、郑州为第二档，天津、南京、深圳、合肥、贵阳、重庆、杭州、福州、南宁、昆明、乌鲁木齐为第三档。伴随着国家《中长期铁路网规划》的实施，郑州成为普铁、高铁“双十字”枢纽，米字形高速铁路网的框架也由此搭建。“八纵八横”时代，郑州接入京广通道、欧亚大陆桥通道、呼南通道三个干线通道。2016年10月21日，随着太焦（郑太山西段）开工建设，郑州将成为第一个米字型高铁枢纽城市，郑州将夺回高铁时代的优势位置，铁路仍是郑州建设国家中心城市最大的优势所在。

（三）公路网络比较

公路交通作为整个交通运输系统的重要组成部分，是实现人与物、门到门位移过程中唯一不可缺少的运输方式，对经济发展起着重要的推动作用。公路交通是国民经济现代化的重要组成部分和必要条件，是物质生产活动和商品流通的支柱，是国民经济的命脉，也是一个国家经济繁荣、人民生活富裕、文化发达和国防巩固的重要前提。各国家中心城市在公路交通自身的优势决定了其在国民经济中的地位和作用。从图4-4可知，2015年，郑州市公路客运量达到13914万人次，在15个中心城市中排在第9位，与北京、广州、重庆等地差距明显，与天津、成都、沈阳、杭州、武汉等地相当，但远远领先于深圳、青岛和厦门，在公路交通辐射范围和服务能力方面还有较大的提升空间。

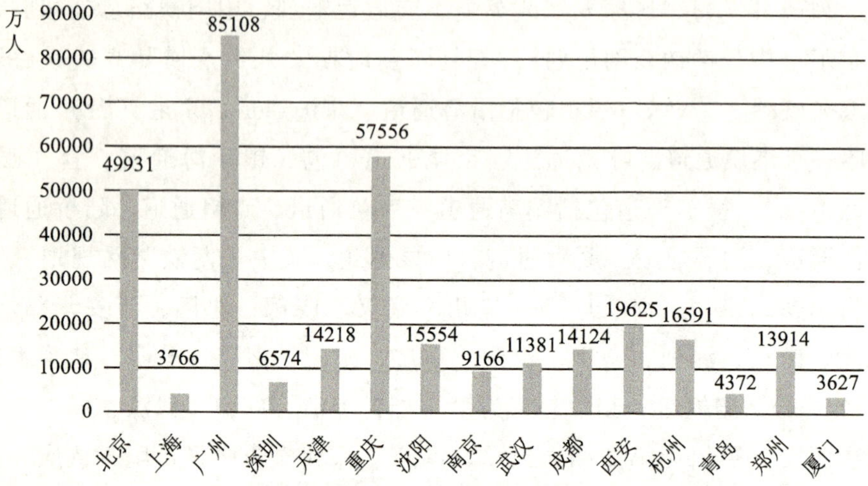

图 4-4　2015 年 15 个国家中心城市公路客运量情况比较

数据来源：2016 年中国城市统计年鉴。

国家中心城市应当具有强大的综合服务功能，通过有效组织区域间生产、交换和消费，协调经济活动，同时进行国际交流，辐射带动周边地区崛起。郑州地理位置优越，交通区位优势明显，交通基础设施建设成果丰硕，但是与北京、上海、广州等发达地区相比，除了铁路运输方面，无论是在航空，还是在公路运输方面，差距仍较明显，未来仍需继续加大投入，厚植区位交通优势。

三、公共服务能力比较

（一）城市公共交通资源比较

公共交通是城市基础设施的重要组成部分，是城市经济社会发展的“脉络”，是联系社会生产、流通、人民生活的纽带，是城市功能正常运转的基础支撑和承载能力提升的关键所在。从表 4-5 可知，郑州 2015 年末的城市实用城市道路面积在 15 个城市中排名倒数第 2 位，拥有道路面积 4720 万平方米，仅比人口最少的厦门略高，道路建设严重不足；2015 年末，郑州市拥有公共汽车 6221 辆，仅比厦门和沈阳略高，考虑到郑州常住人口规模和快速增长的态势，现有的公共汽车数量已不能满足人们日常出行的需求。此外，郑州的出租车数量在 15 个国家中心城市中也处于倒数第 3 位。由于各地区统计口径方面的差异，每万人拥有公共汽车和人均城市道路面积两个指标和实际情况存在一定差异，没有可比性，在此不做比较。通过公共交通资源的对比可以发现，郑州的公共交通建设远远滞后于人口和经济规模的快速增长，在一定程度上造成了交通拥堵等大城市病。

表 4-6　2015 年末 15 个国家中心城市公共交通情况比较

指标／城市	年末实有城市道路面积（万平方米）	年末实有公共汽车运营车辆数（辆）	年末实有出租汽车数（辆）	每万人拥有公共汽车（辆）	人均城市道路面积（平方米）
北京	10029	23287	68284	17.31	7.46
上海	10949	16531	49586	12.02	7.96
广州	11230	13930	22022	16.31	13.15
深圳	11838	31716	—	26.63	9.94
天津	14019	11619	31940	11.31	13.65
重庆	16218	8754	14843	4.11	7.58
沈阳	9017	5381	17844	10.16	17.02
南京	14248	8395	14239	12.85	21.81
武汉	—	8301	16747	16.09	—
成都	7710	11294	17676	16.18	11.04
西安	7749	7781	14459	12.52	12.47
杭州	6540	8555	11963	16.05	12.27
青岛	7940	6748	10033	18.1	21.3
郑州	4720	6221	10608	18.1	13.73
厦门	4133	4691	5667	22.22	19.57

数据来源：2016 年中国城市统计年鉴。

（二）卫生医疗资源比较

医疗卫生资源作为一种特殊的社会资源，具有较强的公共产品属性，市场的失灵会导致医疗卫生资源在区域配置上的失衡，医疗卫生资源集中布局在大城市已经成为普遍现象。作为基本公共服务的重要组成部分，我国医疗卫生服务的非均衡配置较为突出，看病难、看病贵已经成为影响中国民生问题的突出因素，知名医院和知名医生在北京、上海等发达地区以及各省会城市布局较为集中，而在中西部地区和中小城市较为稀缺。作为全国和区域范围内的综合性服务中心，卫生医疗资源的配置对于国家中心城市来说意义重大。2016 年，郑州拥有卫生机构 3963 个，在 15 个国家中心城市中排在第 7 位；拥有医院 317 个，排名第 9 位；卫生技术人员 9.5 万人，排在第 8 位；拥有床位数 8.1 万张，排在第 6 位。郑州医疗卫生资源总量持续增加、结构不断优化，医疗卫生服务得到有效利用，已经建立起覆盖城乡居民的多层次医疗保障体系。

表 4-7　2016 年 15 个国家中心城市医疗卫生状况比较

城市	卫生机构（个）	医院（个）	卫生技术人员（万人）	床位数（张）
北京	10637	713	26.5	11.8
上海	5011	349	21.72	12.1
广州	2874	243	13.8	7.9
深圳	3339	134	7.8	3.8
天津	5442	571	9.49	6.58
重庆	19933	699	17.93	13.62
沈阳	2156	216	6.4	5.9
南京	2383	348	7.07	4.52
武汉	5542	386	9.8	8.7
成都	9853	421	14.8	12.1
西安	5869	292	8.63	5.63
杭州	4712	277	10.11	6.77
青岛	3063	322	6.9	5.1
郑州	3963	317	9.5	8.1
厦门	1578	94	2.75	1.5

数据来源：2016 年各城市统计公报和中国城市统计年鉴。

（三）城市空间利用比较

土地与空间是城市规划建设的基础，是城市最宝贵的财富。行政区域土地面积反映的是城市规划建设的所能利用的最大面积，建成区面积反映的是城市行政区域内实际已成片开发建设、市政公用设施和公共设施基本具备的区域，而人口密度指标则表现城市个人对于建设空间的享受水平。从表 4-7 可以看出，2015 年，郑州市在行政区域面积上排名第 10 位，市辖区面积则排名倒数第 1 位；从建成区面积来看，郑州排在倒数第 2 位，仅比人口最少的厦门略高。从人均土地空间指标来看，郑州全市人口密度排在第 5 位，而建成区人口密度则高达 3405. 94 人/平方公里，高居首位。郑州人口密度高居第 1 位，但是公共交通分担率又远远不够，这是造成日常拥堵的一个重要原因。

表 4-8　2015 年 15 个国家中心城市空间利用情况比较

城市	行政区域土地面积（平方公里）		建成区面积（平方公里）	人口密度（人/平方公里）	
	全市	市辖区		全市	市辖区
北京	16411	16411	1401	819. 57	819. 57
上海	6341	—	—	2275. 67	—
广州	7434	7434	1237	1148. 78	1148. 78
深圳	1997	1997	900	1777. 67	1777. 67
天津	11917	11917	870	861. 79	861. 79
重庆	82374	34505	1329	409. 35	617. 01
沈阳	12860	3471	465	567. 65	1526. 94
南京	6587	6587	755	991. 35	991. 35
武汉	8569	1738	455	967. 44	2968. 93
成都	12121	3240	616	1013. 12	2154. 32
西安	10097	3974	501	606. 16	1602. 99
杭州	16596	4876	506	436. 25	1093. 11
青岛	11282	3293	566	694. 03	1132. 71
郑州	7446	1010	438	1087. 83	3405. 94
厦门	1699	1699	317	1241. 91	1241. 91

数据来源：2016 年中国城市统计年鉴。

第三节 开放创新能力比较

一、国际影响力比较

（一）外贸情况比较

当前，由于全球贸易环境未明显回暖，贸易保护主义抬头和国内外贸转型压力较大等因素影响，我国支撑外贸持续向好的基础尚不牢固，各城市在进出口总值方面均有不同程度的波动，但进行城市横向之间的比较仍然能得出各国家中心城市在开放型经济发展方面的差异。受地理位置和经济结构等因素的制约，郑州经济外向度一向较低，虽然经过近些年的快速增长，2016 年郑州也仅实现进出口总值 3564 亿元，在 15 个国家中心城市中排在第 10 位，从规模上来看，仅相当于上海的 12%、北京的 19%，深圳的 13%；在中西部地区要远超武汉（1570 亿元）、成都（2656 亿元）、西安（1828 亿元），进出口和出口增长速度分别高出全国平均增幅 3.3 和 9.2 个百分点，分别占全省进出口和出口总额的 77.3% 和 74%，继续位居中部省会城市第 1 位。实际利用外资方面，2016 年，郑州仅完成外商直接投资 40 亿美元，在 15 个国家中心城市中排名第 12 位，仅比沈阳、厦门和南京略高，外商来郑州投资资源明显不强。郑州要想建设成为国家中心城市，仍需大力发展外向型经济，提升自身参与国家竞争的能力。

表 4-9 2016 年 15 个国家中心城市外贸情况比较

城市	进出口总值（亿元）	出口总值（亿元）	进口总值（亿元）	实际利用外资（亿美元）
北京	18625	3418	15207	130
上海	28664	12105	16559	185
广州	8567	5187	3380	57
深圳	26307	15680	10627	67

续表

城市	进出口总值（亿元）	出口总值（亿元）	进口总值（亿元）	实际利用外资（亿美元）
天津	6649	2869	3780	101
重庆	4140	2678	1462	113
沈阳	752	282	470	8
南京	3315	1952	1363	35
武汉	1570	906	664	85
成都	2656	1420	1236	86
西安	1828	947	882	45
杭州	4486	3314	1172	72
青岛	4351	2822	1529	70
郑州	3564	2053	1511	40
厦门	5092	3094	1997	22

数据来源：2016 年各城市统计公报。

从外向型经济发展看，国家需要更多中心城市成为对外开放的门户和平台，同时效引领腹地参与国际竞争。国家中心城市比省域中心城市有更强的集聚和扩散能力，可以通过更大区域的资源整合，形成团体竞争优势，实现对外竞争能力的量级提升。

（二）领事馆设置情况比较

领事馆是一国驻在他国某个城市的领事代表机关的总称，有总领事馆，领事馆，副领事馆等，负责管理当地本国侨民和其他领事事务。日常工作主要有受理和签发签证，帮助本国公民，促进两地经济、文化联系发展等。在全球化深入发展的今天，领事馆区是一个国家中心城市、国际大都市的标配。而领事馆往往设置在经济发达、文教繁荣的国家中心城市，例如：上海、广州、成都、重庆、武汉等。此外，出于战略位置考虑，沿边沿海开放城市也会拥有少数领事馆，例如：沈阳、厦门、昆明、南宁、呼和浩特、拉萨等。领事馆是城市国际化的重要标志，是城市对外交往的门户，能促进国家间的经贸、文化、政治等多方面的交流。北京有218家领事馆，上海有73家领事馆，广州有46家领事馆；西部地区的成都和重庆分别有11家和10家领事馆；与郑州紧邻的武汉也已经有3家领事馆，而郑州当前仍为0。郑州设立领事馆区符合其“一带一路”重要节点城市、国家中心城市的战略定位，当前郑州也正在加快领事馆建设。

（三）国际游客情况比较

旅游业是当今发展前景最广阔，发展速度最快的产业，在国民经济中的重要地位日益彰显，境外游客数量是反映一个城市国际影响力的重要指标。近年来，随着郑州城市建设的完善以及区县旅游资源的大力开发，对国内外游客的吸引力在不断增加。2016年，郑州公接待境外旅游人数约48.16万人次，在15个城市中排在倒数第1位。虽然郑州也提出了要将郑州打造成为“国际商都”的目标口号，但是除了少林寺之外，再无其他有吸引力的旅游资源，国际知名度甚至还不如洛阳和开封。

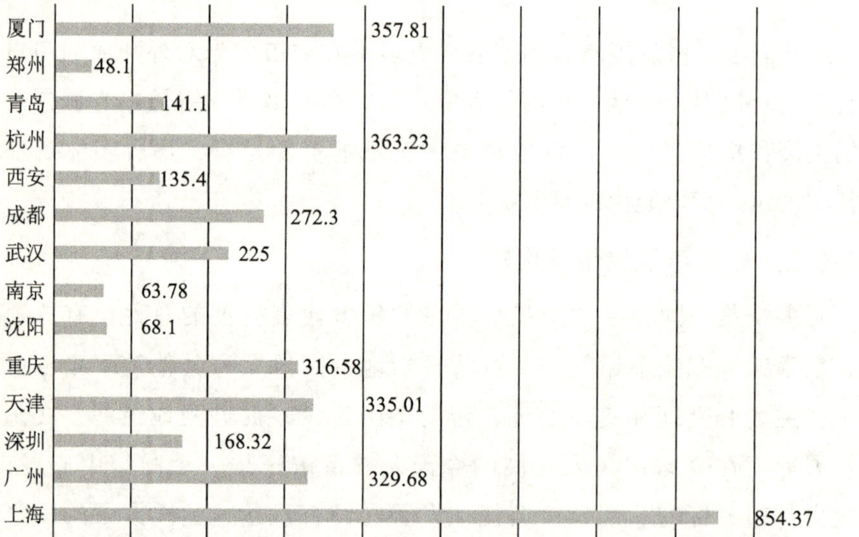

图4-5　2016年15个国家中心城市接待境外游客情况

数据来源：2016年各城市统计公报。

二、创新能力比较

（一）研发情况比较

研发投入对城市间的竞争影响越来越大，国际上通常用研发强度（研发投入占 GDP 比重）来衡量一个经济体的创新指数。2016 年京深沪研发投入占 GDP 的比重最高，已经达到了发达经济体的水平，这三大城市总额占全国 22%左右。其中北京位居首位，全年研究与试验发展经费支出 1479. 8 亿元，相当于地区生产总值的比例为 5. 94%；上海位居次席，全年研究与试验发展经费支出 1030 亿元，相当于上海市生产总值的比例为 3. 80%；深圳位居第 3 位，全年研发投入达到 800 亿元，相当于地区生产总值的 4. 1%。与此同时，天津、广州、武汉、杭州、成都、郑州等城市也在努力追赶。2016 年，郑州市全社会研发经费内部支出达到 142. 0 亿元，较 2015 年增加 25. 3 亿元，增长 21. 7%；在研发经费投入实现稳步增长的同时，研发投入强度也呈逐年上升趋势，2016 年达到 1. 78%。2016 年郑州市专利申请量达到 37411 件，增长 41. 7%；授权量 17884 件，增长 10. 9%，授权量在 15 个国家中心城市中排名第 11 位。从研发投入和专利授权情况可以看出郑州市在创新驱动方面需要持续加大投入，增强自身创新动力。

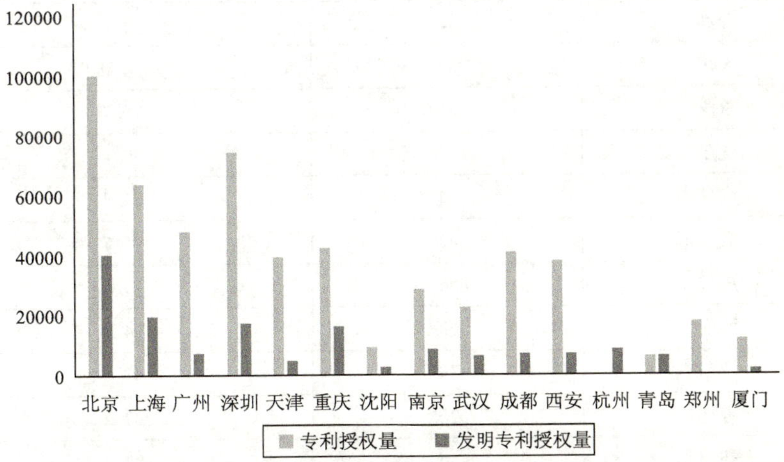

图 4-6　2016 年 15 个国际中心城市专利授权情况比较（单位：件）

资料来源：2016 年各城市统计公报。

（二）高等教育情况比较

高等学校是区域内知识积累、创造与传播的主体，是原始性创新、技术转移和成果转化的重要载体与平台，是科学精神、科学道德以及精神文明和文化建设的重要力量，是区域科技文化创新体系的重要组成部分。国务院总理李克强曾经指出：大学生是实施创新驱动发展战略和推进大众创业、万众创新的生力军，既要认真扎实学习、掌握更多知识，也要投身创新创业、提高实践能力。郑州市 2015 年有 56 所普通高等学校，在 15 个国家中心城市中位居第 7 位；在校大学生人数 82.4 万人，位居第 4 位，仅低于广州、武汉和西安。虽然郑州在高等学校数量方面已经迎头赶上，但是郑州仅有郑州大学进入全国“211”工程大学和“双一流”大学建设名单，没有大学进入国家“985”工程大学名单，郑州的高校在科技研发实力上与其他城市差距仍比较明显。

表 4-10　2015 年 15 个国家中心城市高等学校情况

城市	普通高等学校（所）	在校大学生人数（万人）
北京	91	59.3
上海	67	51.2
广州	81	104.3
深圳	12	9
天津	55	51.28
重庆	65	76.7
沈阳	47	40.4
南京	44	81.3
武汉	82	95.7
成都	56	75.6
西安	63	84.9
杭州	39	47.6
青岛	20	32.2
郑州	56	82.4
厦门	16	14.4

数据来源：2016 年中国城市统计年鉴。

第四节　借鉴与启示

一、全面提升综合经济实力

经济实力是建设国家中心城市的硬指标，郑州起步较晚，与其他城市相比，经济规模较小，现代产业体系建设滞后，参与国内外竞争能力不强。作为一个新兴的工业城市，在今后的发展中，郑州应当加快壮大先进制造业集群，全面提升制造业基础能力和创新能力，在高端装备、电子信息、汽车及零部件等领域，培育一批国际知名创新型领军企业，打造具有国际竞争力的产业集群。发展壮大新一代智能终端、电子核心基础部件、智能制造装备、生物医药、高端合金材料等新兴产业。瞄准服务业发展短板，提升现代服务业发展水平。充分发挥区位交通和文化旅游资源优势，增强国际物流通道和文化旅游交流功能，提高服务业外向度，积极引进跨国公司和企业集团区域性、功能性总部；抢抓机遇，挖掘政策潜力，加快郑东新区金融集聚核心功能区、郑州期货交易所等平台发展，搭建辐射全国的特色化、专业化服务平台，提升服务经济层次和水平。立足现有产业基础，加快发展服务型制造和生产性服务业，创新发展商务服务、信息服务、文化创意、健康养老等服务经济，建设好中国服务外包示范城市。顺应科技和产业发展浪潮，促进“互联网+”新业态创新，发展分享经济、平台经济、体验经济、社区经济，在信息网络、生命科学、人工智能等前沿领域培育一批未来产业。

二、加快交通物流中枢建设

郑州与其他国家中心城市相比，最大的优势是承东启西、连南贯北的区位优势，在未来的发展中，郑州应继续围绕重大公共设施和基础设施工程，突出打造综合交通枢纽优势，增强服务全国的交通物流中枢能力。发挥郑州航空港经济综合实验区先行先试的政策优势，着力增强航空枢纽作用，进一步增加连接全球主要枢纽机场的货运航线和洲际客运航线，形成覆盖全球的国际客货运航线网络；加强国际国内航线对接，强化郑州机场与高速铁路、城际铁路等便捷高效交通系统的无缝衔接，提升国际化服务能力。继续强化郑州铁路枢纽在全国铁路网的作用和地位，优化铁路枢纽布局，加快建设郑州南站和高铁快件物流集散中心，完善枢纽货物转运集疏系统。拓展铁路枢纽对外通道网络，构建以郑州为中心的米字形高速铁路大通道，筑牢郑州铁路时代“老大”的优势；积极完善提升国际铁路集装箱中心站功能，扩大中欧班列（郑州）服务范围。继续加大高速公路、干线公路建设，提升城市公共交通服务能力，更好融入全国公路交通网络，服务国家中心城市建设。

三、积极开创对外开放新格局

郑州地处内陆，远离海洋和边境，内陆型经济特征明显，对外交往和开放难度较大。由于郑州的区位条件，不能利用海运方式与国外联系，航空方面，郑州的国际航班也明显没有其他国家中心城市多，而且转运也并不顺畅，较高的运输成本将不利于郑州的开放发展。与其他中心城市相比，郑州开放程度低，进出口总额和对外投资额跟其他中心城市相比差距很大。主要表现在：经济外向度低，对外贸易规模小，引进外资规模有待进一步扩大；外商投资产业结构不平衡。尽管国家明确提出支持郑州建设内陆开放高地，但是国际经济联系较低，城市对外开放度不高，经济国际化程度不理想，对外招商引资难度较大，区域开放速度相对较慢。建设国家中心城市需要提高城市在国际的影响力，在今后的发展中，郑州应大力发展外向型经济提高出口对经济的贡献率，鼓励大型企业积极走出去，在参与一带一路、中部地区交流互动的同时，参与国际竞争，实现更大范围的资源优化配置能力。提升“一带一路”节点作用。推进与“一带一路”沿线重要口岸互联互通，建设东联西进的陆海通道，构筑内陆型开放高地，开创开放新格局。

四、全面提升辐射能力

国家中心城市不是单纯地吸纳周边地区资源集聚增长阶段的城市，还要具有较强辐射带动作用，与周围腹地构成相辅相成、要素双向流动关系。“举全省之力”建设国家中心城市，有让郑州成为全省资源的“吸水泵”的危险，这与国家中心城市要带动周边区域发展的使命是相违背的；而且，以“做大中心城市”为口号，片面做大城市规模，拉大城市空间框架，扩大市辖区范围，靠过度投资大搞新城、新区等建设，容易带来房地产过剩、土地资源浪费、城市病突出等问题。在未来的发展中，郑州一方面要强化郑州的核心功能，推进中原城市群交通一体、产业链接、生态共建、服务共享；另一方面，要发挥中部崛起战略支撑作用，加强与开封、许昌、新乡、焦作等周边城市的互动合作。依托独特的区位优势，引领中原城市群加强与京津冀、长三角、珠三角、长江中游、成渝等城市群的联动互动。

第五章　郑州建设国家中心城市的国内外借鉴

国家中心城市作为国家发展战略的重要载体，分别在全国和全球城市网络体系中发挥着核心控制作用和重要的功能节点作用。在国外，许多特大城市经过长期的发展后，发挥着国家中心城市的功能和作用，同时在世界范围内掌握着经济、政治、文化等领域发展的话语权，被称为全球城市。在国内，一些处于我国城镇体系最顶端的特大型城市，在空间上体现一个地区甚至国家的综合实力，起着配置各类资源、连接国内外市场和代表国家参与国际竞争的重要作用。郑州在建设成为国家中心城市方面具有良好条件和巨大潜力，但也存在多个短板，与其他国家中心城市相比存在巨大差距。通过研究国外全球城市以及国内一些中心城市建设和发展的历程，能够为郑州建设国家中心城市提供很多借鉴和启示。

第一节　国外全球城市发展历程

一、全球城市发展概述

20 世纪 60 年代以后，发达国家和地区纷纷进入后工业化时期，这些国家和地区有一些中心城市以其规模巨大的工业生产、国际贸易和港口产业为开端，逐渐发展成为全球的金融、管理和创新中心，通过统一的资源配置和劳动分工来影响全球经济的发展并最终崛起成为全球城市。“全球城市”这个名词首先由美国经济学家科恩（R. Cohen）在其 1981 年发表的《新的国际劳动分工，跨国公司和城市等级体系》一文中提出。他认为全球城市是新的国际劳动分工的协调和控制中心，根据他的研究和分析，认为纽约、伦敦和东京属于全球城市。1991 年，美国经济学家萨森（S. Smsen）在其《全球城市：纽约、伦敦、东京》一书中，运用经济学、社会学和区域科学的理论对纽约、伦敦和东京进行了全面分析，提出全球城市的基本职能表现为：全球资本市场的交易中心、全球货币市场的交易中心、全球经营决策管理中心和全球生产性服务的交易中心。总的来看，全球城市承担着控制和指挥世界经济、配置世界资源要素、协调国际事务，策源创新活动等功能，从经济、社会、空间等多个方面影响着全球的发展走向。随着新一轮科技革命与产业创新孕育兴起，全球城市的创新引领功能日益强化，城市功能更为综合多样，社会文化更为和谐包容，空间格局向多中心转变，巨型城市区成为全球竞争的空间载体，全球城市网络开放度将进一步加深，紧密度不断提高。全球城市的分布也呈现新的发展态势，全球各大洲有许多城市纷纷崛起成为全球城市体系最顶端的城市，同时世界经济格局转换与亚洲经济迅速崛起也使以中国、印度为代表的新型工业化国家出现一批具有全球影响力的城市，对全球经济活动起着统一控制和支配的作用。目前，纽约、伦敦和东京是公认的世界上城市等级顶端的三大全球城市。通过研究伦敦、纽约、东京这三个成熟的全球城市的发展历程，分析总结其成功经验并找出其发展的共同特点，对郑州建设国家中心城市来说具有很强的借鉴意义。

（一）伦敦的发展历程

伦敦位于英国东南部泰晤士河畔，是老牌工业国家英国的首都。伦敦是世界上最大的国际港口和航运市场之一，可停泊 10 万吨~20 万吨级的大油轮；作为英国的铁路网枢纽，伦敦拥有的欧洲之星（Eurostar）列车可直达法国的里尔和巴黎以及比利时的布鲁塞尔；伦敦还拥有 5 个民用国际机场。由于地处国内铁路网、远洋运输网和国际航空枢纽交汇点，腹地范围大大扩大，伦敦成为英国连接海内外两个市场的门户。除了拥有连接全球、高效畅通的对外交通网络，伦敦还有着世界上最古老、发达的地铁系统，地铁网线 420 公里，共设 270 多个车站，在伦敦市区有公交车 8500

辆，运营线路700条，不少线路还是24小时运营。[①] 目前，伦敦形成了包括由地铁、国铁构成的骨架公交系统，以及由常规公交、轻轨、有轨电车、轮渡形成的衔接邻里社区、旅游观光、接驳长距离交通出行的辅助公交系统。

早在1900年，伦敦就吸引了英格兰银行、巴克莱银行等多家股份制商业银行总部落户，其存款总额占全英国的2/3。进入后工业化阶段，伦敦开始从老牌工业城市向服务型经济城市转型，产业结构开始全面服务化。这期间服务业从业人员比例从1977年的66.6%上升到2009年的91.96%，[②] 到2010年大伦敦都市区服务业增加值达到1208亿英镑，占总的GDP的比重达到96.24%（见表5-1）。在"冷战"时期，伦敦及时放松金融管制，建立世界上第一个离岸金融市场——欧洲美元市场，随后又发展成为欧洲货币市场，伦敦银行间同业拆借利率成为全球国际资金融通的基准利率，是国际Libor中心，国际金融交易的清算和交易业务全球领先。金融业的发展吸引了277家外国银行在伦敦设立分行或子行，资产管理额占英国银行资产总额的一半以上。伦敦还是全球最大的国际保险市场，海运险业务全球领先。除了金融保险、运输等之外，其他诸如法律、会计、咨询、广告、设计、科学研究、技术开发、教育和卫生等生产性服务业发展迅猛，这些服务业的发展也使伦敦成为全球文化中心、创意中心、广告产业中心、全球电影制作中心和国际设计之都。目前，伦敦形成以金融保险业和商务服务业为主，多种行业共同发展的高端多元化服务经济结构。

---

① 刘波，白志刚．伦敦世界城市建设的特征及对我国城市发展的启示［J］．城市观察，2012（5）：134-141.

② 刘治彦．世界城市的建设经验与北京发展策略［J］．企业经济，2010（10）：107-112.

表 5-1 1997-2010 年大伦敦服务业细分行业增加值表 单位：百万英镑

行业 年份	交通运输、住宿餐饮业	信息通信服务业	金融保险业	房地产业	商务服务业	公共管理教育和卫生业	居民服务和其他服务业	服务业合计	全行业合计
1997	10195	6774	14151	6154	11219	6705	2609	57807	60670
2000	10948	9433	12654	8099	15645	7594	3324	67697	71188
2003	11504	10964	18734	9775	18383	9466	4520	83346	87149
2006	13906	11810	25383	10683	22061	11372	4940	100155	105077
2009	15532	12395	38172	9682	24207	13073	5009	118070	122691
2010	15527	12165	37622	11469	24823	14072	5122	120800	125520

数据来源：Office for National Statistics［DB/OL］. http：//www.ons.gov.uk/，2012.

伦敦的智慧城市建设一直走在前列，2015 年全球 148 个智慧城市排名（CIMI）中位居第 1 位。伦敦致力于打造“未来城市”，通过实施智慧基础设施建设、智慧交通、智慧产业、智慧社区、智慧政府、智慧市政等一系列工程，努力实现城市可持续发展。在智慧城市建设过程中，伦敦开发了网上社区，成立了“科技城市协会”，鼓励市民参与政府决策和讨论，发起了“科技城市之星”项目以培养技术革新方面的新秀和领军人物，等等。伦敦数据储存库（TLD）是全球最早建立的数据公开平台之一，它的建立推动形成了一个新的产品和服务市场，仅交通一类新开发的软件就超过了 450 个。伦敦还与欧洲多个城市共同打造了经费超过 500 万欧元的欧盟数字城市项目（EU iCity Programme），通过传感器手机、测试和储存各种公共和私人数据，该项目也被推举为“大数据”应用测试的范例。伦敦是最早采取智能交通体系的城市，实现了公共交通工具的即时位置信息公开，并与众多机构合作开发和分析这些数据，同时建立了综合反应地面和底下管网的 3D 数据库，避免了各个市政公司在施工过程中重复挖掘路面的问题。2013 年伦敦提出了《智慧伦敦计划》，希望通过先进技术服务伦敦并提高市民生活质量。

（二）纽约的发展历程

纽约位于美国东海岸，是总部经济的最大聚集地。第二次世界大战后，联合国将其总部设在纽约，目前在纽约的主要机构和常设辅助机构多达10个。国际政治中心功能的增强为纽约带来了巨大的人流、资金流，吸引了众多的企业在此设立总部。20世纪初，美国联邦储备系统将总部设于纽约，从而奠定了纽约作为全美“银行之都”的地位。20世纪70年代，在纽约设立总部的世界500强企业达到了1/5以上，还有一些设置在纽约大都市区内的郊区。目前，纽约聚集了美林、摩根、野村、大和等世界知名投资银行总部以及普天、大都会等全球最大寿险公司和大量共同基金管理公司的总部。纽约还集聚了大量法律服务、广告业、时尚设计业和传媒业等生产性服务部类的跨国型企业的总部，其中包含了全球排名前50位的律师事务所中的14家机构①、世界上最大的两个广告与传播公司(Omnicom和Interpublic)、时代华纳、环球音乐等世界主要的国际媒体集团以及超过800家时尚设计和销售公司②（见图5-1）。这些跨国公司的总部对全球化的生产经营进行控制，从而使纽约成为世界经济活动的控制节点，成为一个有全球影响力的全球城市。

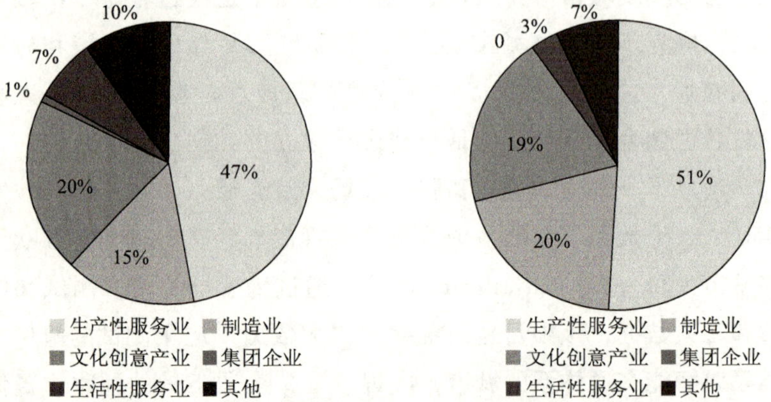

图5-1　2005年、2014年纽约不同产业部类企业所占比例

资料来源：福布斯中文网，2005年、2014年福布斯全球企业2000强。www. forbeschina. com/review/list.

① New York City Economic Development Corporation. NYCEDC 2013Annual Review: Cultivating a 21st Century Capital of Innovation[R/OL]. (2013)[2015-01-27]. http://www. nycedc. com/sites/default/files/filemanager/Resources/Brochures/AR-FY-2013_singles. pdf.

② New York City Economic Development Corporation. Fashion. NYC. 2020[R/OL]. (2012)[2015-01-27]. http://www. nycedc. com/system/files/files/resource/Fashion_study. pdf.

2008 年全球金融危机后，纽约把科技创新作为新一轮城市战略转型的发展动力。纽约拥有 9 家重要学术研究机构，175 家医院、研究中心和实验室，哥伦比亚大学、纽约大学和全球领先的斯隆—凯瑟琳癌症治疗中心等均位于纽约，而且还拥有 19 名诺贝尔奖获得者和数名国家科学院院士，雄厚的人才资源为纽约加强科技创新提供了基础条件。纽约通过提供用地和配套支持政策与知名高校合作，推进产学研联动和创新的资本化，为生命科学的研究和开发类企业提供实验室空间，引入了康奈尔大学和以色列理工联合开办的产学研中心。纽约注重将科技成果与发达的金融业及其他专业服务业相结合，把最新技术应用到金融业和传媒、时尚和医疗服务业等领域，使优势产业始终处于领先地位。纽约政府创立了“纽约市种子基金”专门为初创技术企业提供资金支持。2010 年设立除了硅谷外首个政府创业基金，同时还提出了“应用科学计划”，目前已确立了康奈尔科技纽约城，纽约大学城市科学与进步中心、哥伦比亚大学数据科学和工程研究院、卡耐基—梅隆大学综合媒体项目。纽约在城市管理、社会服务等许多领域重视运用信息技术。比如，在人流密集场所充分运用通信技术、互联网技术、视频监控、GIS 等手段进行动态评估和监控以防止出现突发状况。

纽约是国际移民城市，拥有开放、平等、包容的文化传统。优良的城市环境和丰富的就业机会吸引了来自国外的大量移民以及美国其他地区的高素质人才。2000 年，纽约的总人口中有 35. 9%出生于国外，其中白人占 44. 7%，西班牙裔或拉丁裔人士占 27. 0%，黑人占 26. 6%，亚裔占 9. 8%。[①] 2005 年，美国其他城市移民到纽约市的人口中有 2/3 具有学士及学士以上学位，接近 1/3 的人拥有研究生及专业硕士学位[②]。大量移民不

① U. S. Census Bureau. State & County QuickFacts [EB/OL]. http://quickfacts. census. gov/qfd/states/36/3651000. html.

② The SUNY Levin Institute & the Center for an Urban Future. The Impact of the Global Economy on New York State and City [R/OL]. (2011-04) [2015-01-27]. https://nycfuture. org/pdf/New_York in the World. pdf.

仅推动纽约城市人口结构尤其是劳动力结构的优化，带来了庞大的资本和先进的技术，大大加快了纽约的工业化和城市化进程，还进一步推动城市交通系统的完善、基础设施建设以及商业及服务业的迅速发展。同时，不同国籍、文化背景、风土人情及生活习俗通过城市建设、城市景观、城市文化、宗教艺术等方面反映，不仅形成了丰富多元的文化城市风貌，还促进了民族文化交流和科学技术发展，使纽约长期成为国际文化信息交流中心、科学技术集合中心以及国际时装中心。① 纽约的公共政策与市政建设展现了开放包容的一面：每年设置不同国家或民族的文化节、公共设施提供不同的语言服务、设置不同文化的专题博物馆、医院设置不同文化小组，等等。

（三）东京的发展历程

东京位于关东平原，与天然良港东京湾相邻，是日本的经济、政治、文化中心和综合交通枢纽。东京包括土地在内的各种自然资源十分有限，所以东京在发展中分散城市职能的战略由来已久。从 20 世纪 50 年代末至今的战略规划中一直关注分散过度集中的城市功能，提出“多核城市结构发展战略”。东京运用了不同于欧美国家城市发展过程中低密度、粗放型的扩张模式，采用了以便利、完善的基础设施为基础，以集约化产业链为格局的发展模式，形成疏密相间、适度集中的都市圈。1958 年，东京首次把周边区域纳入规划以共同发展，制定了《第一次首都圈建设规划》，并每隔 10 年进行一次战略规划，分别应对城市发展不同时期的核心问题，这些规划对东京形成多核多圈层城市结构发挥了很强的指导和控制作用（见表 5-2）。目前，东京已经发展成为总面积约 0. 36 万平方公里、人口规模约位 4200 万人的东京首都圈。东京首都圈由 1 个中心区和 4 个自立都市圈组成，既有产业职能分工，又具备产城功能的复合性和独立性。其中，东京都心承担政治、行政的国际、国内中枢管理功能和金融信息类的经济、文化中枢管理功能；北部由八王子、立川为核心城市的多摩自立都市圈承担商业中心、科技教育等城市职能；南部由横滨、川崎为

① 王志平．上海：迈向国际经济中心城市［M］．上海：上海人民出版社，2007 年 10 月．

核心城市的神奈川自立都市圈主要发展国际港湾、工业中心功能；西部以大宫、普和为核心城市的埼玉自立都市圈主要承担行政、商务和生活职能；东部的千叶自立都市圈主要承担国际空港和海港，以及工业中心的城市功能。

表 5-2　五次东京首都圈规划

编制时间	1958—1967	1968—1975	1976—1985	1986—2000	1999—2015（2000—2025）
规划目的	解决建成区内人口激增问题	引导东京城市发展为特大城市	控制人口流入，建设多核心区域城市复合体	改变一极集中，形成多中心、多圈层区域结构	加强都市圈内城市区域性联系，发挥圈域集聚效应
分散城市功能	居住功能、工业产业功能	中心城承担中枢性商务及城市功能，分散科研、流通物流功能以及生活性服务功能	在建成区引导商务办公、大学科研以及社会文化功能	商业、科研、物流以及商务办公的后台服务功能	着眼于包括商务、居住、产业、物流、防灾、环保等多项综合城市贡呢规定发挥，提升首都圈的整体竞争力
重点建设区域	城市周边地区以及 27 座卫星城市	卫星城以及周边城市建成区	与核心区 40～50 千米的核心城市以及新城建设	东京 40～50 千米范围内商务核心城市，形成以外城商务核心城市为中心的自立都市圈	外城商务核心城市以及基础设施
规划建设效果	城市无序扩张、人口疏散、形成卧城	建设首都圈公路网、高速铁路网以及周边卫星城市建设	机场、高速公路等大型交通设施的建设以及重要新城加速讷河	机场、高速公路等大型交通设施的建设以及重要新城建设	更强大的业务核城市的生活功能，将业务核城市建成综合性的核心城市

资料来源：上海市城市规划设计院，《上海大都市区空间发展战略研究》2014。

东京的宜居性在全球城市中表现突出，2014 年经济学人智库（EIU）

宜居指数排名中位居世界第 18 位，比纽约（56）、伦敦（51）高出许多。这主要得益于东京在提升城市功能、优化城市环境和加强可持续发展等方面的诸多优秀表现。在提升城市功能方面，东京致力于建设发达的轨道交通和环线公路网路。首都圈内各个地区通过制式多样、层次清晰的轨道交通网实现区域全覆盖，使整个首都圈都能够高效畅通地连接起来。轨道系统主要由国铁 JR 系统、地铁系统、轻轨、高架电车、单轨电车及无人驾驶的百合鸥（Yurikamome）等构成，总长度超过 3000 千米，密度和长度都居世界大城市首位，每天运送旅客 3000 多万人次，承担了东京全部客运量的 86%。东京还将城市更新重点放在智慧城市、水网、绿道、基础设施、城市安全建设等方面，对住房、建筑、社区等进行智能化改造，计划新建 1000 公顷的植被，对高层绿化提出具体要求，并在地铁线路沿线进行再开发。东京非常重视节能减排、绿化和环保宣传，在 2002 年就推出了建设可持续发展城市的环保政策，包括禁止不符合尾气排放标准的汽车生产和上路、强制要求失去工厂和办公楼降低碳排放，加强民众环保宣传等，并制定了到 2025 年的未来宜居城市建设愿景。①②

第二节　国内中心城市建设的探索与实践

一、国家中心城市建设总体概况

国家中心城市是全球化的产物，它作为全国城镇体系中的“塔尖”城市，在全国范围内发挥着引领、辐射、集聚等功能，代表一个国家经济、政治、文化、社会等领域发展的最高水平。国家中心城市的发展成为城市化发展中的新特征，越来越受到各地政府决策者和研究者的广泛关注。虽然学术界还没有形成关于国家中心城市的系统理论，但国内相关研究普遍认为国家中心城市是在全国经济、政治、文化、社会等领域具有重要影响

① 李伟．借鉴世界城市经验论北京都市圈空间发展格局［A］．多元与包容——2012 中国城市规划年会论文集［C］．2012.

② 王涛．东京都市圈的演化发展及其机制［J］．日本研究，2014（1）：20-24.

并能够代表国家参与国际合作与竞争的主要城市，是一个国家综合实力、辐射带动能力最强的城市，起到组织经济活动和配置资源、主导经济发展和联结国内外市场的重要作用。国家中心城市体现出中心性、国际性两大特征（王凯，2012）。近年来，全国有多个大型城市都积极争取获得国家中心城市定位，在2010年国家发布的城镇体系规划和2016年批复的两个区域发展规划中，有多个城市被国家定位为国家中心城市。截至2018年2月，已有9个城市获得这样的定位，分别是北京、上海、广州、天津、重庆、成都、武汉、郑州，西安、南京、沈阳、厦门、杭州、青岛等其他区域性中心城市也都将建设国家中心城市作为未来城市发展的战略方向，在向国家中心城市迈进的过程中进行了很多探索和实践，本节选取武汉、成都、南京三个城市进行分析，以期为郑州建设国家中心城市提供有益借鉴。

（一）武汉的探索与实践

武汉由武昌、汉口和汉阳组成，地处长江与汉江交汇处，是全国交通体系中罕见的集铁路、公路、水运和空运于一体的综合枢纽，素有“九省通衢”的美誉。近年来，武汉已经初步形成了内陆规模最大、管理先进、多层次、系统化的水、陆、公、空综合性立体交通枢纽和运输产业中心。天河机场已建成启用了两条跑道，第三航站楼即将完工，截至2016年底，已开通41条国际航线，机场旅客吞吐量达到1894万人次，位居中部第1位，全国第13位。京港澳、沪蓉、大广等多条高速公路过境通过，米字型高铁大动脉交汇地正在形成，可直达全国23个省会城市及直辖市。武汉还与鄂州、黄石、咸宁等地整合水运航运网络，逐步打破了物流间隙和梗阻。武汉围绕“1+8”武汉城市圈布局城际铁路，未来总里程将达到579公里，将成为全国最长最密集的城际铁路网。市内交通方面，截至2016年底，已开通运营6条线路，规划到2021年，武汉市轨道交通网规模将达到400公里，BRT线路、东湖绿道系统的运营，武汉的市内交通格局逐步打开。内外交通的无缝对接，实现了旅客“零距离换乘”和货物“无缝隙衔接”，九州通衢的大交通大物流格局优势进一步凸显。

武汉拥有雄厚的产业基础和完备的产业体系。早在1907年，武汉与上海、天津并列为中国3大制造业中心，20世纪30年代成为内陆最大的金融中心。近年来，武汉加快从老工业基地向先进制造业基地转变，成功吸引了南车集团、神龙集团、格力电器、北车轨道、东风本田等先进制造业生产基地落户，逐步形成了汽车及零部件、电子信息、装备制造、食品烟草、能源及环保等五大千亿元产业，成功培育出信息技术、生物健康、智能制造三大战略新兴产业。同时，武汉成功引进了当当网、苏宁、亚马逊、京东等知名电商企业在武汉建立电商物流中心，引进了华为、富士康、施耐德、联想、腾讯等多个高科技企业在武汉设立生产、研发基地及地区总部，总部经济实力跻身全国前10位，稳居中部第1位，还吸引了多个高档次商业项目集聚。2016年，武汉的经济总量达到11912.61亿元，三产结构为3.3：43.9：52.8，累计引进世界500强企业243家，高新技术产业产值达到8446亿元，占规模以上工业总产值比重达到64%，高新技术产业、现代服务业等新动能占经济总量比重达到60%。

武汉是全国第二大智力密集区和第三大科技教育中心，拥有82所高等院校、近90个国家级的科研机构、科技企业孵化器和科技成果产业化基地，68名两院院士。2009年，东湖高新技术开发区被确定为继北京中关村之后的第二个国家级自主创新示范区，提出了打造国家综合性科学中心和具有全球影响力的产业创新中心。为此，武汉借鉴国内外经验，先后在科研成果、创新创业、人才引进等方面进行了一系列的政策制度创新，比如“黄金十条”“三权三归”“青桐计划”“创业十条”“科技十条”“光谷基本法”“光谷人才计划”等，破除创新创业的各种障碍，打造富有活力的创新创业生态。2012—2016年累计吸引“千人计划”326名、“百人计划”133名、“3551人才计划”1200多名。2015年，国家高新技术企业从283家增加到1063家，位居全国高新区前列；武汉东湖国家自主创新示范区专利申请1.58万件，同比增长近20%，累计主导创制国际标准11项、国家标准290多项，涌现了万瓦级光纤激光器、“超速超大超长”光传输、首台常温常压储氢·氢能汽车等一批国际领先的科技成果。

（二）成都的探索与实践

成都是中国历史文化名城、中国最佳旅游城市和南方丝绸之路的起点、“十大古都”之一。作为成渝城市群双中心之一，成都处理好与重庆的竞争与合作关系，共同推进区域协调发展，因此在发展过程中特别注重对空间发展布局进行深度调整和优化。2014 年，成都启动“三线”（城市边界线、生态红线、工业用地边界线）划定，逐步建立起大中小城镇协调发展体系。成都正加快新一轮城市总规修编，重点包括提升城市目标、性质和职能、优化城市空间结构和重塑城市经济地理、优化城市环境和完善城市功能配套三个方面，制定了“东进、南拓、西控、北改、中优”空间优化发展战略（见表 5-3），龙泉山将由原来的生态屏障转变为城市绿心，再按照大城市规模和标准建设龙泉驿、双流、温江等多个卫星城，实现由单极圈层式发展向双城多中心支撑转变。通过推动轨道交通公交化运行，构建卫星城与中心城市区立体换乘公交运输服务体系，并逐步实现公共服务一体化，有效疏解中心城区人口、产业和功能。成都还先后与德阳、绵阳、眉山等地开展区域合作，在规划体系、交通建设、通信设施、城市品质、产业布局、公共服务和政策联动等方面深度合作，推动区域一体化协同发展。2014 年，成绵乐高铁实行公交化运行，有效缩短了成都与德阳、绵阳等城市通勤时间，构建起“1 小时高铁交通圈”。

表 5-3　成都市城镇空间体系及产业布局战略规划

分类 区域	分区位置	主要任务	主要产业
东进	高新区东区、龙泉驿区、简阳市、金堂县	建设天府国际空港新城和现代化产业基地，开辟城市永续发展空间，打造创新驱动发展新引擎	信息技术产业、先进制造业、生产性服务业、航空航天、电子商务、节能环保等
南拓	高新区南区、天府新区、双流区、新津县	建成行政政务服务中心、科技创新中心、国际会展中心、区域性总部基地、高新技术产业服务基地	总部经济、生物医药、软件信息服务、金融业、会展、大数据、研发设计、空港物流等

续表

区域\分类	分区位置	主要任务	主要产业
西控	高新西区、温江区、郫都区、崇州市、邛崃市、都江堰市、大邑县、蒲江县、彭州市	优化生态功能空间布局，发展高端绿色科技产业，提升绿色发展能级，保持生态宜居的现代化田园城市形态	农业会展、博览、交通装备、食品饮料、科技服务、人工智能、农业科研、休闲农业、医疗及医学开发、冷链物流、文化旅游、教育培训、绿色化工、文化创意等
北改	新都区、青白江区	提升北部地区生态屏障，保护好历史性、标志性建筑，加快城市有机更新，改善人居环境	轨道交通、航空产业、物流，新材料制造等
中优	锦江区、青羊区、武侯区、成华区	优化中心城区功能，降低开发强度、降低建筑尺度、降低人口密度，提高产业层次，提升城市品质	现代商贸、高端商务、金融业、总部经济、信息服务、文化创意、科技研发、电子商务等

资料来源：中国共产党成都市第十三次代表大会报告，成都日报，2017-5-2。

成都积极实施对内对外双向开放政策，为不沿江、不靠海、不沿边的西部内陆城市探索独特的开放之道。成都开通了中欧班列“蓉欧+”快铁，初步形成了中线至欧洲多个城市、北线至莫斯科、南线至伊斯坦布尔的“三线并进”格局，同时将线路延伸至厦门、深圳、昆明、宁波、台湾等国内多个城市和地区。截至2016年底，已连接国内11座城市和德国纽伦堡、荷兰蒂尔堡、波兰库特诺等欧洲、中亚腹地，全年开行460列，居中欧班列首位，成为成都对外交往的一张名片。在外事服务方面，成都开通了直飞洛杉矶、纽约等地累计95条国际航线，实施72小时过境免签政策，对13个签证中心进行升级扩容，在成都设立的领事机构达到15个，世界500强企业落户达到268个，成功举办了多个国际会议，被评为“全球最佳新兴商务城市”“中国最佳表现城市”。2017年，成都启动了“中国—欧洲中心”项目和中德创新产业合作核心园建设，目前已经进驻中德大健康、宝马新能源、环境治理等项目，有效地增强了国际资源要素吸附能力。成都还突出打造城市的生态宜居性，多次荣获国内宜居城市、最具幸福感城市的榜首，并充分利用大熊猫、美食等旅游文化名片，先后在30多个境外城市开展旅游营销，被联合国教科文组织评为“美食之都”并成为联合国世界旅游组织第22届全体大会召开地，推动了成都扩大国际影响、提升旅游竞争力及开放合作力度。

（三）南京的探索与实践

南京有着深厚的历史文化底蕴、门类齐全的人才资源、高度密集的高新技术企业，这为发展创意产业奠定了坚实基础。早在2005年，南京就把“创意南京”确定为发展战略，以“保护城市独特风貌，传承古都历史文脉”为原则，将发展创意产业与城市有机更新紧密结合起来，除了在鼓楼区、玄武区等高校智力资源密集区建立创意产业集聚区，还在关下区、秦淮区等传统老工业区将大量老旧厂房和设施转化为发展创意产业园区的硬件基础，有效地提升了传统城区的现代城市功能和发展潜力。南京还通过搭建“南京设计廊”、创意设计中心等平台，定期开展创意设计周、文创沙龙等活动，开发了“创意南京”APP和媒体信息矩阵，为近万家小微企业提供服务，扶持研发设计、建筑设计等5类重点项目，打造出具有南京特色的创意产业群。为了提升创意城市的国际知名度和影响力，南京开展了一系列“引进来”和“走出去”活动，分别在意大利米兰和南京江北新区建立了南京米兰创意设计中心和欧洲创意设计中心，与台湾创意设计中心签订战略合作协议。2014年，全市文化产业增加值512.48亿元，占GDP比重达到了5.81%。2015年文化创意项目获评文化部“文化科技创新奖”，2016年被评为“国家级文化和科技融合示范基地”，2017年在全国36个大城市文化竞争力排名中位居第5位。

南京虽被定位为长三角城市群唯一的特大城市，但无论是从经济总量、城市知名度、还是从对外开放水平等方面来说，在城市群中的地位并不突出，因此南京非常注重联合周边城市抱团发展，积极建设南京都市圈，以抗衡上海、杭州等城市的挤压。早在2000年，江苏城市工作会议就提出要打造以南京为中心的经济联合体，即南京都市圈，在随后的十多年里不断发展。南京都市圈是长三角城市群规划的五大都市圈之一，涵盖南京、扬州、淮安、镇江、马鞍山、芜湖、滁州、宣城八市。近年来，各城市按照“共建、共享、同城化”的发展目标，在经济、科技、文化等多方面展开了不同程度的合作与交流。目前，南京与其他城市共同构建了党政领导决策层、分管领导协调层、职能部门执行层的三级都市圈运作机制，并成立都市圈秘书处及 17 个专业委员会。在交通一体化方面，撤除了区域范围内的二级公路收费站，开通了点对点直达城际公交，城市间互开了动车组并规划未来几年实现全域城际高铁通车。南京禄口国际机场在各市设立了城市航空候机楼，实现了航空服务无缝对接，机场已规划轻轨直达镇江、扬州、马鞍山等地。在公共服务一体化方面，南京多家大医院开通了统一挂号平台，推进居民健康档案、电子病历和预约挂号等医疗信息互联互通，探索居民医保跨省即时结算；与淮安、马鞍山、滁州等市开展多种形式教学合作；在宁镇扬三地率先实现公共交通卡、旅游年卡、博物馆参观卡、图书馆借书卡的“一卡通”。政策规划、综合交通、产业合作、公共服务多方面建设使各城市间联系日益紧密，为南京建设国家中心城市提供了强大的区域竞争力。

第三节　经验与启示

一、国外全球城市发展的有益经验

（一）发挥交通和信息的互联互通作用

纽约、东京、伦敦都通过对内重点发展地铁等公共交通体系，对外发展水运、陆运和空运，从而形成辐射四方的交通枢纽，将过度集中的经济、人口等职能分散到更加广大的地域范围，促进其与其他地区尤其是腹地地区的经济联系，保障中心城市高效有序运转。全球城市还拥有发达的通信设施和现代化的信息技术，为公司和企业提供远程交易，减少企业对生产者服务业的地域限制，特别是金融、保险、广告和法律咨询等生产者服务业通过有效的信息获取和输送，能够在全球范围开展业务。通过流体空间网络与其他城市紧密地联系在一起，巩固了其全球城市的地位，强化了其控制、指挥、配置世界资源要求以及协调国际事务的功能。

（二）大力发展服务型经济和总部经济

全球城市善于抓住经济和产业演进的时机，适时调整优化和升级产业结构，形成了强大的综合实力和成熟的产业结构。特别是在后工业时期，全球城市加快发展先进服务业特别是生产性服务业，同时还发展创新、创意产业、具有服务化特征的制造业及高科技产业，利用完备的基础设施、科技优势和优惠政策吸引小企业和研发机构发展。伦敦和纽约虽已基本无制造环节存在，但在产业结构的调整中逐步优化了制造业的结构，制造业企业总部或综合服务部门占重要地位（见图 5-2）。通过加快发展现代生产性服务业、创意产业和总部经济，这些城市形成多种行业共同发展的高端多元化服务经济结构，使之成为全球生产要素资源配置中心和经营决策中心。

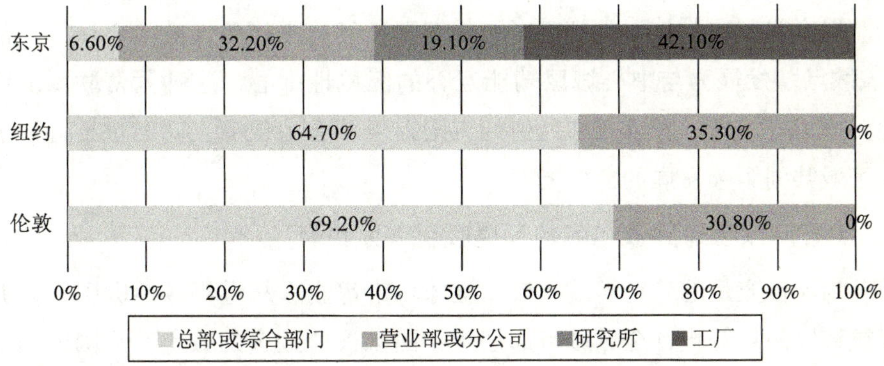

图 5-2　三大全球城市制造业部门分布情况

资料来源：张婷麟，《全球城市的制造业企业部门布局及其启示—纽约—伦敦—东京和上海》，城市发展研究，2014 年 4 期。

（三）加快科技创新引领城市未来发展

科技创新已经成为城市综合竞争力的关键支撑，新技术革命的产生为全球城市成为全球科技创新中心提供了重大契机。第一次科技革命（蒸汽机革命）使伦敦成为人类历史上第一座世界城市，第二次科技革命（内燃机和电力技术革命）造就了纽约这个世界城市，第三次科技革命（信息技术革命）造就了东京这个世界城市。纵观这些全球城市可以发现，全球城市作为科技创新中心的形成都是市场力量驱动的结果，最大限度发挥市场的决定性作用，营造公平竞争环境。这些城市都形成了良好的创新生态环境和高质量的创新生态系统，通过发挥城市的优势特色和加强政府服务的引导作用，激励优秀人才集聚，最终推动全球城市保持超强的科技竞争力而屹立于全球城市体系的最顶端。

（四）集群化、网络化空间格局提供腹地支撑

全球城市都以构建综合功能和竞争实力更强大的都市区或都市圈为空间主体形态，以高层面的协调来促成区域整体利益最大化。它们都通过发达的基础设施实现空间上的连通形成高效的空间组织，通过明确分工协作和合理的功能定位实现人口和产业的合理配置，通过不断强化区域经济发展战略加强与周边腹地的经济联系，通过完善的区域管理措施保障各项有形及无形联通的顺畅，使得区域内的产业结构出现多元化和互补性的格局。以全球城市为核心的都市区、首都圈已经从最初单纯的中心城区功能“疏散点”发展为与中心城区功能互补的区域性中心，这种紧密联系的腹地支撑为全球城市的形成和地位的巩固提供了有力保障，同时也推动形成了区域共同繁荣发展的良好局面。

（五）以营造开放包容的环境吸引人才集聚

为保证充足的劳动年龄人口，全球城市都注重从世界各地吸引人才并注重移民的年轻化，全球城市都是所在国家人口最多的城市，是国内和国际迁移的目的地。这些城市总体教育水平都比较高，都是多族裔共存，国内外移民数量巨大，体现出鲜明的多元特征，涌现出许多国际社区。通过构建各族群、文化、阶层之间的基本共识，同时通过各种保障与服务，推进公共服务均等化，提升城市生活的便利性、宜居性，全球城市营造出多元、开放、稳定、宜人、宽容、高效的人文社会环境，为全球城市实现人才的集聚和创新活力的发挥提供了基础保障。这种高端要素的集聚实现了其在经济、政治、科技、文化等方面的国际影响力，为它们全球城市地位的形成和巩固奠定了坚实基础。

（六）科学规划贯穿于发展全过程

伦敦很早就坚持可持续发展战略规划，在不同的发展阶段规划不同的

战略性先导产业，在城市建设持续进行规划，例如：绿带建设、新城建设等，有效地控制了伦敦城市无序发展；纽约为实现多维度的高度发展，通过多层面的战略、规划和政策相互协作，实施了推进经济发展的空间开发战略以及支持市民安居乐业、提高环境品质等方面的规划；东京的发展和转型是在以法律为保障的较为完整的规划体系中实现的。可见，全球城市在发展的每个阶段都注重规划的引领作用，以科学积极的态度先后多次编制具有前瞻性的发展规划，通过多个层面可持续的战略、规划和政策相互协作，在高速成长中能够保持相对均衡与协调的发展，推动这些城市不断转型发展并使其保持旺盛的生机活力和持久的全球竞争力。

二、国内中心城市建设的有益经验

（一）注重构建高效多元的产业体系

武汉、成都、南京等中心城市的经济总量都已经突破万亿元关口，相比其他中心城市来说，已具备了成为国家中心城市的实力，关键就源于其结构合理的产业体系。这些城市还将产业发展战略与产业空间布局优化结合起来，通过制造业的升级来实现传统工业的价值链向高端延伸，通过加大科技创新力度培植信息技术、生物健康、智能制造等战略性新兴产业集群，通过增强国际综合交通枢纽功能大力发展现代物流业，通过发展吸引企业总部和生产性服务部门集聚，以及将城市历史文化资源融入文化创意产业发展中，从而提高现代服务业在产业结构中的比重，最终构建起具有竞争力的多元化产业体系，为建设国家中心城市夯实了产业基础和经济基础。

（二）注重发挥交通枢纽功能优势

武汉、成都、南京对外都有四通八达的高速公路、高速铁路、连接国内外的航空网络及水运港口，能够形成铁公空海联运的枢纽优势，强大的交通物流枢纽功能不仅使中心城市与周边城市之间形成了“半小时经济圈”“1 小时经济圈”等联合体，而且还使得中心城市的腹地空间不断向外延伸，从而更大范围内的与城市组合成城市群、经济带实现区域协同发展。从对内交通来看，这些城市注重发展轨道交通，实现城市公交网络的无缝对接，使城市不同功能区域之间实现了绿色、高效、通畅的运行。这种高效性、多样化、立体化的交通体系有效地增强了中心城市的综合枢纽功能和区位优势，使得中心城市的集聚辐射作用不断扩大。

（三）注重增强科技创新的活力

中心城市大多是科技创新要素资源的聚集地，如何将科技创新要素转化为创造新观念、新技术、新产品和新制度的能力，是检验中心城市发展潜力的重要标志和推动中心城市发展的动力所在。武汉、成都、南京都建立了政府、企业、高校、科研院所一体化的研发体制和合作交流机制，为科技创新和发展双创企业提供科技创新的集聚平台。同时，科研人员管理、科研成果转化、科技金融服务、科技人才引进等一系列政策制度的创新破除了科技创新活力的各种阻碍。通过加快创新体制机制创新、营造大众创业、万众创新政策环境和制度环境来释放科技创新的活力，将各种创新要素资源转化为科技创新成果，这些城市在建设国家中心城市过程中的科技创新能力不断提升。

（四）注重优化城市发展空间

中心城市的发展与其所在的区域发展是密不可分的。从市域来看，通过便捷的公共交通实现与周边郊县或卫星城的无缝连接，通过产业转移，城市功能提升和环境优化实现与中心城区的同城化发展，从而疏解中心城区的人口、产业和非核心功能，提高中心城区的外溢效率和辐射能力；从区域来看，通过构建城市圈、都市圈等加快与周边城市的一体化进程，利用相邻相近的优势推动区域合作向纵深发展，将中心城市的集聚和辐射效应扩大；从国际来看，有了紧密联系的腹地支撑，为中心城市向国家中心城市迈进并代表国家参与国际竞争提供了强有力的竞争优势，有利于其参与全球空间格局范围内的资源配置的重构。武汉、成都、南京都通过加强与周边区域进行多层次的合作，从“市域、区域、国际”三个层次协同推进，为国家中心城市建设提供重要的空间载体和功能支撑。

（五）注重打造宜居宜业环境

建设宜居宜业城市是国家中心城市的重要组成部分和基础条件。武汉、成都、南京都致力于提升城市品质和城市功能，营造生态宜居宜业的城市环境。这些城市针对城市环境污染、交通拥堵、公共配套不足、城市特色缺失、文化彰显不足等问题，开展全域总体城市设计，统筹考虑生产、生活、生态的和谐统一，突出提升城市的生态宜居性。比如，南京治理与打造公交都市，构建了以轨道交通为骨架、地面公交为网络、出租汽车为补充、慢行交通为延伸的一体化公交都市体系，倡导绿色、智能出行方式，在2015年联合国巴黎气候大会的“C40城市奖”评选中，南京击败了伦敦、新加坡等世界名城获得全球城市交通领袖奖。这些城市通过不断加强以大气、水、绿色为核心的生态治理，在城市规划建设中注重延续城市文脉，塑造城市的品质和特色，城市环境的优化为建设国家中心城市提供了强劲的软实力，碧水蓝天、森林环绕、绿色出行、历史悠久、包容开放、宜居宜业的城市环境有力地提升了城市的综合承载力和竞争力。

（六）注重提升城市国际化水平

武汉、成都、南京等中心城市在发展过程中都深入实施“全域开放”战略，注重扩大对外开放来提升城市的国际竞争力和影响力。在交通枢纽方面力争成为世界城市网络体系的重要节点；在产业方面加大“引进来”和“走出去”的力度，不断加强国际产能合作和承接国外产业转移；在外事服务方面推进国际化的生活环境和公共服务建设，进行海外的城市营销。通过全面推进交通、产业、人才、环境、服务的全面开放，构建更大范围、更宽领域、内外联动的全方位开放格局，深入融入全球产业链、创新链、人才链，不断把双向开放提高到新的水平，从而使城市的国际知名度和影响力不断提升，在国际经济社会事务中发挥着越来越重要的作用。

三、启示与借鉴

（一）充分发挥规划体系的引领作用

纵观国内外中心城市的发展实践，中心城市在每个发展阶段都注重规划的引领作用，着眼于中心城市全局长远协调发展，先后多次编制具有前瞻性的发展规划，通过多层面的可持续战略、规划和政策相互协作，在高速成长中保持相对均衡与协调的发展，推动这些城市不断转型发展，使其保持旺盛的活力和持久的综合竞争力。郑州被定位为国家中心城市的时间很短，需要站在一个全新的更高的角度去重新审视和谋划郑州未来的发展方向，因此必须以完善的发展规划体系为先行指引，充分发挥规划的前瞻性和系统性，在规划中体现出国家中心城市发展战略对空间、产业、人口、社会、生态等多个方面的要求，采取总体规划与专项规划相统一、一般规划与重点规划相结合的模式，提高规划的科学性、权威性和执行力，实现内部发展与向外发展双向协调。

（二）努力打造全国性交通信息枢纽

国内外中心城市都拥有由高速铁路、高速公路、航道、通信干线、运输管道等构成的现代化区域性基础设施网络，从而充分发挥城市外部连接的物理通道作用和城市内部运转循环的载体作用。通过立体式、广覆盖的交通设施和信息网络建设形成城市空间结构基本骨架，引导城市空间沿着交通轴和信息流向外扩展，使地位得以形成并巩固。郑州属于典型的内陆城市，不具备发展水运的良好条件，因此必须借助于航空港、米字型高铁和高速公路，充分发挥交通对城市空间有序扩展的导向作用，形成连通中部地区、辐射全国乃至全球的国家综合交通枢纽和国际航空航运中心。同时，高起点、高标准地加快城市信息基础设施建设，提高综合通讯和信息共享能力，使郑州成为信息流的交汇点、产生源和辐射极。

（三）合理优化产业结构提升综合经济实力

雄厚的经济基础和强大的区域经济控制能力是成为国家中心城市的必要条件。全球城市大多实现了产业结构的全面服务化，而国内的中心城市在加快发展第三产业的同时也在加快发展先进制造业、高科技企业、都市型工业等第二产业。郑州必须充分考虑国情约束和路径依赖，一方面要加快发展现代服务业，大力发展高兴技术产业，不断提升郑州的自主创新能力和整体产业竞争力。另一方面，现阶段郑州的制造业还有很大发展潜力，充分发挥产业的聚集效应，注重产业创新能力的培养，优化产业空间布局，构建制造业与服务业融合发展的新型产业体系，以防止制造业过度衰退造成的城市经济空心化。同时，积极吸引企业总部和研发、销售等生产性服务部门落户，以这些企业部门的资源要素控制能力为载体，实现郑州对更大区域生产的控制功能。通过产业的多样化和融合性发展，促进技术进步和组织创新，形成符合国家中心城市功能定位的产业体系。

（四）加快体制机制创新培育科技创新优势

国家中心城市要依靠知识、技术、产业、制度等方面的综合创新能力，才能实现在经济发展和生产力更新方面的绝对领先地位。因此，人才资源集聚对中心城市发展至关重要，而培育科技研发平台和发展一流的高等教育则是实现高层次人力资本集聚的重要途径。综合国内外经验来看，中心城市大多都打造科技研发平台和建设一流的高等教育院校，这些城市及其周边区域大多数都是知识和信息汇集地、教育和人才的储备基地及技术创新的研发中心。当前，郑州的高层次复合型人才资源短缺，科技和教育力量薄弱已成为巨大短板，有必要加快科技研发平台建设和发展一流的高等教育，提供鼓励措施和支持政策不断创造出吸引和培育高端人才的良好环境。

（五）推进空间优化实现与周边地区协同发展

综合国内外经验来看，国家中心城市必须立足于整个区域的资源条件和综合环境，服务于整个地区发展需要，通过加强区域协调与合作来提升国家中心城市所在的整个区域的综合功能。郑州有必要借鉴国内外经验，通过在周边城镇培育“副中心”或“新城”实现非中心功能有机疏散，加快与新乡、开封、焦作、许昌等城市构建集约、智能、高效的组合型大都市区，紧密依托中原城市群构建具有较强空间连绵、功能联系的城市区域，在产业、基础设施、公共服务、环境治理等方面加强联动，形成错位互补、各具特色、相互合作、共同发展的集聚优势，提高区域综合竞争力，从而在有效破解发展空间制约的同时带动整个区域实现跨越发展。

（六）持续对外开放增强国际国内影响力

国家中心城市要代表国家参与国际竞争，需要以全球的视野审视城市的未来。国内外中心城市都高度重视城市国际化建设，坚持以城市国际化引领经济社会发展，制定国际化的短期和长期发展战略，通过规划明确每个阶段国际化的指导思想、基本原则、建设目标和重点任务，努力提高城市的国际知名度和影响力。相比之下，郑州的国际化程度还比较低，有必要借鉴国内外经验，通过加强交通基础设施建设、积极承接国际产业转移、发展外向型经济、营造开放包容的氛围、提高外事服务能力、打造宜居宜业环境、挖掘中原特色历史文化资源优势、开展城市全球营销等举措，在硬件设施配套、软环境改善等方面提供支撑和保障，不断提高郑州作为国家中心城市的国际知名度和影响力。

（七）打造宜居宜业环境提升城市综合承载力

国内外中心城市都注重实施宜居宜业城市战略，将安全、健康、便利、舒适和可持续作为宜居城市的核心特质，在城市基础设施、公共服务、文化品质、生态环境、住房保障等方面加强建设，为人们提供一个良好的生活和生态环境，从而不断吸引优秀人才和企业进驻。比如：伦敦通过加强治理从“雾都”变成绿色智慧城市；东京为了改善城市拥堵现状，打造成为轨道主导的全球城市；南京打造绿色、智能、通畅的公交都市；成都通过在“气、水、绿、文”上下功夫，成为全球知名的宜居城市，等等。郑州有必要借鉴国内外经验，着重在合理设置城市增长边界、加强基础设施建设、提高公共服务水平、营造绿色生态环境、涵养城市文化品质等方面努力，从而为建设国家中心城市营造一个宜居宜业的城市环境。

（八）构建多元合作机制

国内外中心城市在发展过程中都非常重视共同发挥政府干预和非政府力量的协调作用，包括企业、社会组织、市民在内的各种利益相关者越来越广泛地参与到城市治理中来。这些城市通过多中心共治协调，各种利益相关群体在既定的制度框架下，通过多种方式影响城市发展的决策，使城市治理成为一个多方互动的过程。郑州在建设国家中心城市过程中，有必要打破政府之间、政府与社会之间、政府与企业之间权力界限，注重发挥多元力量的共同作用，通过跨区域、独立性的政府对话、都市区及城市群发展协调会、行业协会、商会、民间合作组织等形式构筑多方谈判的平台，建立合作机制，形成一个上下联动、第三方协助的多中心治理结构，构建起共建、共治、共享的保障机制。

第六章　郑州建设国家中心城市的总体战略

郑州建设国家中心城市，要着眼于国家区域协调发展，立足于河南振兴和中部崛起，有利于“一带一路”倡议的推进，必须结合已有的国家战略规划和战略平台，强化集聚功能、辐射带动功能、创新引领功能、管理枢纽功能，充分认识自身的优势和短板，以郑州大都市区建设为载体，努力实现与其他城市的互动、错位发展，带动河南振兴、中部崛起。

第一节　总体要求

郑州建设国家中心城市的总体要求是：以习近平新时代中国特色社会主义思想为指导，按照统筹推进“五位一体”总体布局和协调推进“四个全面”战略布局的要求，牢固树立和贯彻落实创新、协调、绿色、开放、共享发展理念，积极把握引领新常态，紧紧围绕打造我国东中西部协调发展重要战略支点的总体目标，坚持以郑州大都市区为载体，以改革开放促发展、以全面创新促转型，着力发展枢纽经济，着力提升科技创新能力，着力增强经济综合实力，努力建设具有创新活力、人文魅力、生态智慧、开放包容的国家中心城市，力争在引领中原城市群一体化发展、支撑中部崛起和服务“一带一路”发展中做出更大贡献。

为贯彻以上总体思路，郑州建设国家中心城市必须坚持以下原则：

第一，发挥优势，拉长短板。坚持发挥优势，放大国家战略规划平台叠加效应，不断拉长发展短板，强化集聚功能、辐射带动功能、创新引领功能、管理枢纽功能，努力实现与其他城市的互动、错位发展，带动河南振兴、中部崛起。

第二，改革创新，提升功能。深入推进供给侧结构性改革，面向国内外聚合创新资源，推进创新链、产业链融合，提升科技创新、产业集聚、综合枢纽功能，加快形成发展新动能，形成更多以制度创新为引领、高端功能为支撑的发展新优势。

第三，开放引领、区域联动。建设贯通南北、连接东西的现代立体交通网络和现代物流体系，提升内陆开放门户地位，深化与中原、沿海地区的联动，形成新亚欧大陆桥经济走廊区域互动合作的重要平台，辐射带动中原和中部地区开发开放。

第四，生态优先、文化传承。严守基本农田保护红线和生态保护红线，明确城镇开发边界，合理布局生产、生活、生态空间，传承弘扬中华优秀文化和华夏历史文明，建设绿色低碳可持续发展城市，增强城市软实力和吸引力。

第二节　平台载体

近年来，随着河南经济社会的发展和新型城镇化的加速推进，人口向省外的流动增速明显放缓，省内流动人口不断增加且流动更加频繁。大量的净流入人口，让郑州保持创新活力、维持人口红利的同时，也让郑州处于交通拥堵、房价飞涨、环境恶化、管理失效的发展阵痛中。郑州作为中原经济区、郑州航空港经济综合实验区、郑洛新国家自主创新示范区、中国（河南）自由贸易试验区等国家战略的核心区域，未来仍将处于快速扩张中。在此背景下，以大都市区为主体形态来应对郑州面临的转移人口的流入、城市规模的扩张、空间结构的优化、功能布局的完善等问题，对于加快建设国家中心城市、打造中原经济区乃至我国中西部地区的核心增长极尤为重要。

郑州建设国家中心城市要以创新、协调、绿色、开放、共享五大发展理念为引领，以分工合作和联动发展为主题，以区域整体竞争力为目标，以体制机制创新为动力，以整合发展为路径，坚持战略共谋、资源共享、设施共建、利益共赢、生态共保，促进区内外要素资源自由流动，优化区域重大功能布局，加快重点区域合作开发，加强产业分工合作，推进基础设施共建共享，增强社会民生同城效应，强化生态环境共保共治，促进经济社会文化实现全方位、多层次、宽领域上的一体化发展，建设成为职能分工明确、经贸联系密切、产业层次较高、空间结构优化、资源利用集约、生态环境良好的全国重要的产业创新中心、内陆开放门户、立体物流枢纽和综合改革试验区。

第三节　核心定位

从承担诸多国家战略规划和战略平台的历史使命看，作为国家中心城市，郑州应当具有全国范围的中心性和一定区域的国际性两大特征。“十三五”及未来一个时期内，郑州的职能选择要依据其三大定位，充分体现国家战略布局，统筹兼顾国内、国际两个大局。

一、中原经济区（中原城市群）的核心城市

这是郑州的首要功能定位或者最能体现其无可替代且毫无争议的功能定位。虽然郑州与武汉、长沙等其他省会城市相比，2016 年的经济首位度仅为 19.9%，分别低于武汉、长沙 16.9 和 9.9 个百分点，但是和中原城市群副中心城市洛阳相比，经济总量是洛阳的 2 倍，仍然具有绝对优势。同时，在高速公路、高速铁路、城际轨道交通等大运量、高速度、零换乘、无缝衔接的现代综合交通运输体系下，郑州作为中原城市群的中心城市，辐射带动能力将进一步增强。郑州加快建设国家中心城市，要加快郑州航空港经济综合实验区、郑洛新国家自主创新示范区、河南自由贸易试验区和跨境电子商务综合试验区建设，推动郑州与开封、新乡、焦作、许昌四市深度融合，强化物流及商贸中心、综合交通枢纽和中西部地区现代服务业中心、对外开放门户功能，全面增强国内辐射力、国内外资源整合力。

二、支撑中部崛起的核心城市

国家发改委在《关于支持郑州建设国家中心城市的指导意见》中明确指出，加快建设国家中心城市，有利于推动郑州提升综合经济实力，引领中原城市群一体化发展，带动中部地区供给侧结构性改革，支撑中部地区崛起。而郑州更早一些被明确为国家中心城市，也是在国家发改委制定发布的《促进中部地区崛起“十三五”规划》中。从人力资源丰富、市场空间广阔、发展潜力巨大等基础条件来看，郑州和武汉将共同承担起支撑中部崛起的核心城市作用，这一点也是郑州在经济总量不如长沙的情况下，被列为国家中心城市的重要因素，是国家在优化宏观经济布局和国土空间开发格局中的战略考虑。在此背景下，郑州建设国家中心城市的功能定位，要着眼于发挥中部崛起的核心战略支点作用，特别基于空间距离衰减规律作用，在北京、武汉、西安无法在山西南部、河南全省、安徽北部、陕西东部、河北南部等地区发挥较强辐射带动能力的情况下，郑州加快建设国家中心城市，要着眼于成为这一区域的核心增长极，增强辐射带动能力，带动区域的跨越发展。

三、我国内陆地区“一带一路”的重要节点城市

以郑州、洛阳、开封为核心的中原地区，自古就是我国丝绸之路的起点。经过改革开放特别是近年来现代综合交通运输体系的建设与布局，郑州已经成为我国国际性综合交通枢纽城市。郑州独特的战略枢纽定位，有利于从交通、区位优势上，引发人才、技术、文化、产业、经济全方位的承东接西、连南贯北的发展。尤其是郑州在加快建设国家中心城市过程中，要着眼于“空中丝绸之路”核心区建设，以航空港为核心平台，通过实施郑州、卢森堡双枢纽战略，进一步增强我国中部地区至欧洲、美洲、亚洲、澳洲以及非洲等地区的航线，形成五大洲全覆盖的枢纽航线网络，打造中国中部亚洲国际航空中心。同时，通过郑州航空港到正在建设的郑州高铁南站之间的快速连接线路，建设“铁、公、机”三网联合的多式联运体系，强化对“一带一路”倡议实施的战略支撑。

第四节　基本职能

一、集聚集中功能

国家中心城市的集聚集中功能主要表现在集聚人口、集聚资金、集聚技术、集聚企业，能够产生规模集聚效应，特别是具有高级化的产业结构，形成经济势能高地。但是，在当前阶段，郑州不断强化虹吸效应，集聚功能大于辐射带动功能。这是郑州建设国家中心城市过程中必须正确认识并尽快解决的问题，也是郑州作为国家中心城市的职能所在。

二、辐射带动功能

国家中心城市的辐射带动功能主要表现在生产要素的扩散、产业的扩散、精神文明成果的扩散。郑州在中原城市群、中部地区的空间范围内，通过与其他城市的分工与合作，控制区域产业链，主导区域产业结构的升级，促进区域分工与合作的优化协调，同时，加快非核心功能的有机疏散，最终带动中原城市群和中部地区的崛起，实现国家区域布局的目标。

三、创新引领功能

国家中心城市的创新引领功能表现在观念创新、科技创新、制度创新、文化创新等方面。国家中心城市是各种创新资源的集聚地，是各种创新成果的发源地。郑州作为国家中心城市，必须具有较强的吸收创新能力，在引进国内外先进技术和向周边扩散的过程中，发挥承上启下、承外启内、合理嫁接、消化创新的作用。

四、管理枢纽功能

郑州不仅拥有便捷的城市内外部联系的交通运输网络和快速的通讯方式，在全国发挥着交通、通讯的中心功能，而且也是中原城市群综合实力最强的省会城市，这也决定了郑州建设国家中心城市，要着力完善的基础设施和综合服务体系。通过交通运输信息流通、商务流通、产业合作等内在经济联系，不断与国内外进行能量、物质、信息的交换，形成相对稳定、联系紧密的多层次经济网络体系，使生产能力、科技进步能力、综合服务能力能够高效传递，并成为全国城市体系的核心城市之一。

第五节　发展目标

郑州建设国家中心城市的总体目标是：努力建设具有创新活力、人文魅力、生态智慧、开放包容的新型城市，成为中原城市群的核心城市、中部崛起的龙头城市、“一带一路”的重要节点城市，更好地落实国家区域协调发展战略，引领带动国土空间开发格局优化。为实现上述总体目标，近五年来，郑州建设国家城市中心，重点在综合经济实力、改革创新、人民生活水平和质量、城市形态布局和功能、城市国际化水平、文化发展、社会管理创新等方面实现跨越。

经济努力保持高中速增长。主要经济指标和主要人均指标增速高于全国省会城市平均水平 1 ~2 个百分点。产业发展水平迈向中高端，全员劳动生产效率稳步提高，服务业主导支撑作用明显，消费和出口拉动作用增强，国际综合枢纽港地位巩固提升。

创新能力和实力明显增强。以郑洛新国家自主创新示范区的郑州片区为核心载体，完善技术创新服务体系，加快建设科技企业孵化器、众创空间等各类创新创业载体，大力发展科技金融，努力打造创新要素集聚、创业载体丰富、创业服务专业、创新资源开放的创新创业生态体系，加快推进创新型城市建设。

生态环境质量全面改善。进一步加强生态建设和环境保护工作，各项约束性指标力争全部达到或符合国家任务标准要求。统筹推进绿色生态体系重建，加快推行绿色生产生活方式，不断提升城市宜居水平。

城市形象日益改善。城市文脉资源得到有效保护挖掘利用，华夏历史文明传承创新区魅力彰显。引入更多国际流行元素，发展商都包容文化。实施城市品牌发展战略，持续打造国际化商都城市形象。

对外开放水平持续提升。抢抓河南自贸试验区获批机遇，以郑州航空港经济综合实验区为核心载体，加快规划建设郑州国际陆港，逐步实现与郑州航空港无缝衔接，进一步对接高标准国际经贸规则，向东密切与京津冀、长三角、海峡西岸经济联系，向西密切与关中—天水经济区和成渝经济区的经济联系，向南加强与长江中游地区合作发展，打造对外开放大平台、大市场、大流通体系，在更广领域、更大范围内形成各具特色、各有侧重的试点格局，推动全面深化改革扩大开放。

国际性交通枢纽城市初步建成。落实国家关于河南自贸区加快建设贯通南北、连接东西的现代立体交通体系和现代物流体系的要求，提升新郑国际机场、郑州东站、郑州南站、郑州站“四枢”功能，形成航空网、铁路网、公路网“三网融合”，航空港、铁路港、公路港和海港“四港一体”，打通辐射全国的陆路通道和贯通全球的空中通道，创新国际物流运作管理模式，打造成为国际化多式联运物流中心和集散分拨中心。

第六节　重点任务

一、全面提升综合经济实力

综合经济实力相对不足是郑州建设国家中心城市的短板之一。郑州加快建设国家中心城市，要坚持国际化、智慧化、高端化、市场化发展方向，加快信息化与产业发展深度融合，着力培育发展高新技术产业和新兴业态；持续构建以智慧产业为统领，以先进制造业为支撑，以现代服务业为主导，以都市生态农业为基础，布局合理、主业突出、特色鲜明、集约高效的现代产业体系。其中，工业以电子信息和汽车装备制造业为战略支撑产业，加快发展新一代信息技术、新材料、生物及医药、节能环保装备等战略新兴产业，打造以物联网、非晶带材、可见光通信、信息软件及制造、生物及医药、超硬材料、新型耐材、食品、家居、服装等为主体的现代工业体系；服务业以现代金融商贸物流业和文化创意旅游业为战略支撑产业，结合高成长性、战略新兴、传统支柱不同类型服务业各自发展的特点，着力构建特色鲜明的现代服务业产业体系；农业按照“服务都市、富裕农民、优化生态、繁荣农村”的功能定位和“优质、高产、高效、生态、安全”的总体要求，着力构建集生产、生态、休闲观光三大功能于一体的都市生态农业。促进“互联网+”新业态创新，发展分享经济、平台经济、体验经济、社区经济，在下一代信息网络、生命科学、人工智能等前沿领域培育一批未来产业。

二、加快推进改革创新

改革创新是实现国家中心城市创新引领功能的根本途径。郑州建设国家中心城市，要在两个方面加快制度创新：第一，以高效市场、有限政府为目标，基本建立符合社会主义市场经济规律、适应现代治理体系要求的政府管理服务模式。加大简政放权、放管结合、优化服务力度，全面建立权力清单、责任清单、负面清单，最大限度地放宽市场准入和减少政府对市场经济活动的干预。第二，强力推进“大众创业、万众创新”，瞄准打造“全民创业热土、国家创新中心”的目标，以国家自主创新示范区建设为主要抓手，建立完善科技资源统筹、科技成果转化、科技金融结合、科技人才激励、创新创业支撑等新机制，打造辐射中原的科技资源集聚中心、技术转移中心、科技研发和服务中心、创新创业人才高地，构建科技创新链、人才支撑链、全民创业链“三链融合”的大创新体系。

三、打造交通和物流中枢

打造交通和物流中枢是郑州建设国家中心城市的最大优势所在。加快建设国家中心城市，首先要加快构建以航空网为引领、以铁路网为骨架、以高等级公路网为支撑、多种交通运输方式高效衔接、连接国际、辐射全国、带动全省、高度融合的交通网络。进一步增加连接全球主要枢纽机场的货运航线和洲际客运航线，形成覆盖全球的国际客货运航线网络。加强国际国内航线对接，强化郑州机场与高速铁路、城际铁路等便捷高效交通系统的无缝衔接，提升国际化服务能力。优化铁路枢纽布局，加快建设郑州南站和高铁快件物流集散中心，完善枢纽货物转运集疏系统，构建以郑州为中心的米字形高速铁路大通道，强化郑州铁路枢纽在全国铁路网的作用和地位。以口岸国际化为先导，全面对接国际市场，着力强化国际物流、区域分拨、本地配送三大体系建设，大力发展跨境 E 贸易，加快建设“买全球、卖全球”的国际物流中心。建立以集散型物流为骨干的区域性集疏运服务网络，打造以城市共同配送为支撑的特色城乡物流配送体系，完善重要物流基础设施，提高物流业信息化、标准化水平，提升物流园区功能。

四、提升城市基础功能

提升城市基础功能是建设国家中心城市的基本前提。郑州要以提高城市综合承载能力为目标，坚持超前规划与统筹实施，着力提升水、电、气、暖、能源、垃圾处理等城市配套基础设施档次，加强老城区基础设施改造，提高公用设施的承载能能力；以“井字+环线”城市快速路网和内外环高速为骨架，加快“双环+放射”路网、道路微循环、静态交通等系统建设，全面实施智慧、便捷交通工程。推进公交都市、智慧城市、安全系统、海绵城市和地下综合管廊等建设，提升城镇现代基础设施水平。

五、构筑内陆开放型经济高地

构筑内陆开放型经济高地是我国中西部内陆城市打造国家中心城市的必然要求，也是国家中心城市职能的基本体现。郑州建设国家中心城市，其目标就是要打造中西部地区的开放高地。在建设国家中心城市的过程中，要推进与“一带一路”沿线重要口岸互联互通，建设东联西进的陆海通道。聚焦物流、装备制造、工程承包等优势领域，深化与中亚、俄罗斯、东南亚、东中欧等重点区域的合作，建设双向经贸产业合作园区和海外物流基地，全面加强文化、旅游、教育、医疗、人才等领域交流合作。深化与连云港、西安、乌鲁木齐等城市的合作，提升在新亚欧大陆桥经济走廊建设中的重要节点作用。坚持以郑州航空港经济综合实验区作为现代化国际商都核心区，统筹推进郑州航空港经济综合实验区、郑州经济开发区、郑东新区等重要开放平台建设，扩大郑欧班列、跨境贸易电子商务等开放品牌效应，积极建设自由贸易试验区，形成多层次、全覆盖、立体化的开放平台支撑体系。坚持引进来与走出去相互结合，积极参与全球产业分工格局再调整，提高产业、企业国际化经营水平，加快培育开放合作和竞争优势，加快郑州深度融入世界经济进程。

六、提升城市文化影响力

文化影响力相对不足是郑州在与其他国家中心城市竞争中的巨大短板。郑州要立足弥补短板，传承保护和创新发展古都文化、功夫文化、根亲文化和儒释道文化，提升凝聚荟萃、辐射带动和展示交流功能，构建具有国内外影响力、亲和力、感染力的大文化体系。强化城市文化设计，塑造具有中原文化特色、传统与现代交相辉映的城市形象。加大对外宣传力度，积极参与各类重大国际活动交流，开展多种多样的城市形象推介活动，进一步扩大中原文化的国际影响力。围绕音乐、美术、历史、体育等多重领域，促进郑州文化与国际文化的频繁交流与互动，努力建设国际文化大都市，全面提升城市文化影响力。

第七章　郑州建设国家中心城市的创新能力提升战略

创新是引领发展的第一动力。一个国家和民族的创新能力，从根本上影响乃至决定一个国家和民族的前途命运。党的十八届五中全会确立了“创新、协调、绿色、开放、共享”的发展理念，并把创新摆在五大发展理念之首。国家发展改革委《关于支持郑州建设国家中心城市的指导意见》提出，郑州要坚持面向国内外聚合创新资源，推进创新链、产业链融合，提升科技创新、产业集聚、综合枢纽功能，加快形成发展新动能，形成更多以制度创新为引领、高端功能为支撑的发展新优势，努力建设成为具有创新活力的国家中心城市。提升郑州国家中心城市的创新能力，充分利用现有的创新资源，以创新人才发展为支撑，推动科技创新与大众创业万众创新有机结合，塑造更多依靠创新驱动，更多发挥先发优势的引领型发展。

第一节　郑州创新资源条件

一、区位交通文化优势明显

郑州地处我国地理中心，是全国重要的铁路、航空、高速公路、电力、邮政电信主枢纽城市，同时也是全国普通铁路和高速铁路网中唯一的“双十字”中心。郑徐高铁通车运营，郑万、郑合高铁加快建设，郑济、郑太高铁开工建设，“米”字形高铁网加快成形。郑州航空港经济综合实验区上升为国家战略，国家“一带一路”远景规划明确定位郑州为节点城市和内陆开放型经济高地，航空经济、国际陆港、郑欧班列已成为享誉全国的开放品牌。机场二期工程建成投用，机场货邮吞吐量近 5 年增长 4. 35 倍，增速连续 4 年居全国第 1 位，客运吞吐量突破 1730 万人次。跨境贸易电子商务走货量居全国试点城市前列。富士康、国家专利审协河南中心等一大批国内外知名企业和国家级功能平台落户郑州。郑州成为国家级互联网骨干直联点，跻身全国十大通信网络交换枢纽。郑州同时也是全国著名的历史文化名城，是中国八大古都之一和世界历史都市联盟成员。随着区位条件优越，交通网络发达，文化底蕴厚重等比较优势的发挥，郑州将会集聚更多的人流、物流、信息流和创新流，加强与其他城市创新协作，抢抓产业梯度转移和国家支持中部崛起的重大机遇，将区位优势、交通优势、文化优势转化为创新优势，挖掘更多创新利好。

二、高等教育资源蓬勃发展

改革开放以来，河南高等教育步履艰辛但却迎难而上，从高校扩招、向银行贷款建大学，到大规模发展高校园区、大学城，从扩大教育投入到加强学区配套建设，都充分体现了河南发展高等教育的决心和魄力。郑州作为河南省省会城市，集聚了一批优质的教育资源，全省唯一的 211 大学郑州大学、有“军中清华”之称的解放军信息工程大学，以及分布在城市周边的其他高等院校，集聚了省内大量的创新人才和创新资源。高水平大学建设成效显著，郑州大学“211 工程”加快建设，入选国家首批“双一流”建设高校；河南农业大学领衔的“粮食作物协同创新中心”成为首批 14 个国家级协同创新中心；华北水利水电大学、河南中医药大学、河南工业大学成为博士学位授权单位，郑州航院成为硕士学位授权单位。国家科技进步一等奖、长江学者、百篇优秀博士论文均实现了零的突破。中国科学院、河南省与美国加州大学洛杉矶分校（UCLA）共同组建高水平中外合作大学—加州大学洛杉矶分校即将落户郑州。推动郑州国家中心城市建设，提升创新能力，就需要充分发挥市域高等院校多学科、多功能的优势，积极联合国内外创新力量，有效整合创新资源，构建协同创新的新模式与新机制，集聚和培养一批创新人才，取得一批重大标志性成果，成为具有国内外重大影响的创新高地、区域创新发展的引领阵地和文化传承创新的主力阵营，推动知识创新、技术创新、区域创新的战略融合，进而支撑国家中心城市创新体系建设。

专栏：郑州市域范围内高等教育资源分布情况
1. 东大学城：又名龙子湖高校园区，包含有15所大学，分别为河南农业大学、河南财经政法大学、河南中医药大学、华北水利水电大学、郑州航空工业管理学院、河南警察学院、河南财政金融学院、河南牧业经济学院、郑州工程技术学院、河南经贸职业学院、河南司法警官职业学院、河南职业技术学院、郑州信息科技职业学院、河南省社会主义学院、河南大学（龙子湖校区）。 2. 南大学城：主要由中原工学院、河南工程学院、郑州升达经贸管理学院、河南工业贸易职业学院、河南省职工医学院、河南检察职业学院、中原工学院信息商务学院、西亚斯国际学院、河南机电职业学院、郑州工业应用技术学院、郑州工业安全职业学院等，其中有代表的是以上11所大学。 3. 西大学城：主要包括郑州大学、河南工业大学、郑州轻工业学院、中国人民解放军信息工程大学、河南经贸职业学院这5所大学，其中郑州大学为国家首批“双一流”建设高校。 4. 北大学城：主要包括郑州工程技术学院、郑州师范学院、河南牧业经济学院、河南艺术职业学院，一所民办全日制普通本科高校郑州财经学院。

三、创新平台建设成效显著

创新平台和载体是聚集创新要素，整合创新资源，有效提升自主创新能力的重要途径。郑州市始终坚持把构建科技创新平台载体作为实施创新驱动发展战略的一项基础性工作，整合全市优势资源，支持和引导企业增强自主创新活动，加大投入，为全市创新平台建设营造了良好的政策环境，初步形成了认定管理、评价考核、政策支持等一套系统完善的平台管理体系。高新技术产业园区发展良好，截至2015年底，航空港区、高新区高新技术产业总产值分别占全市高新技术产业总产值的41.3%与38.0%；构建了中原经济区大型科学仪器共享协作网；组建了郑州高端装备与信息产业技术创新研究院、郑州市物联网产业技术创新研究院、郑州大学产业技术创新研究院。先后拥有4个国家重点实验室、6个国家工程技术研究中心、8个国家科技企业孵化器、1个国家创新型产业集群试点、18个国家级企业技术中心、4个国家级创新型试点企业、省级工程技术研究中心201个、省级重点实验室26个、省级创新型试点企业134家、省级企业技术中心343个、69个院士工作站，全年专利申请量从2000年的1050项增加到2016年的37411项，比2015年增长41.7%，年均增长24.9%（见图7-1）。这些载体已经成为提升郑州国家中心城市创新能力的重要基础。

专栏：郑州市创新载体平台建设

1. 国家重点实验室：郑州磨料磨具磨削研究所有限公司建设超硬材料磨具国家重点实验室、中国中铁隧道集团建设的盾构及掘进技术国家重点实验室、河南农业大学建设的小麦玉米作物学国家重点实验室、郑州机械研究所建设的钎焊材料国家重点实验室。

2. 国家工程技术研究中心：国家小麦工程技术研究中心、国家超硬材料及制品工程技术研究中心、国家数字交换系统工程技术研究中心、国家电动客车电控与安全工程技术研究中心、国家钙镁磷复合肥技术研究推广中心、国家铝冶炼工程技术研究中心。

3. 国家创新型产业集群试点：郑州高新区智能仪器仪表创新型产业集群。

4. 国家科技企业孵化器：郑州市高新技术创业中心、郑州黄科企业管理咨询有限公司、河南省大学科技园发展有限公司、河南专利孵化转移中心有限公司、郑州经济技术开发区留学人员创业园管理服务中心、郑州高新技术产业开发区创业中心、郑州高新区大学科技园发展有限公司、河南众诚企业孵化器有限公司。

5. 国家级企业技术中心：郑州电缆有限公司技术中心、郑州宇通客车股份有限公司技术中心、郑州三全食品股份有限公司技术中心、河南华晶超硬材料股份有限公司技术中心、郑州煤矿机械集团股份有限公司技术中心、河南金丹乳酸科技股份有限公司技术中心、郑州新大方重工科技有限公司技术中心、郑州思念食品有限公司技术中心、好想你枣业股份有限公司技术中心、郑州飞机装备有限责任公司技术中心、河南秋乐种业科技股份有限公司技术中心等。

6. 国家级创新型试点企业：郑州新大方重工科技有限公司、郑州煤矿机械集团股份有限公司、郑州威科姆科技股份有限公司、河南黄河旋风股份有限公司。

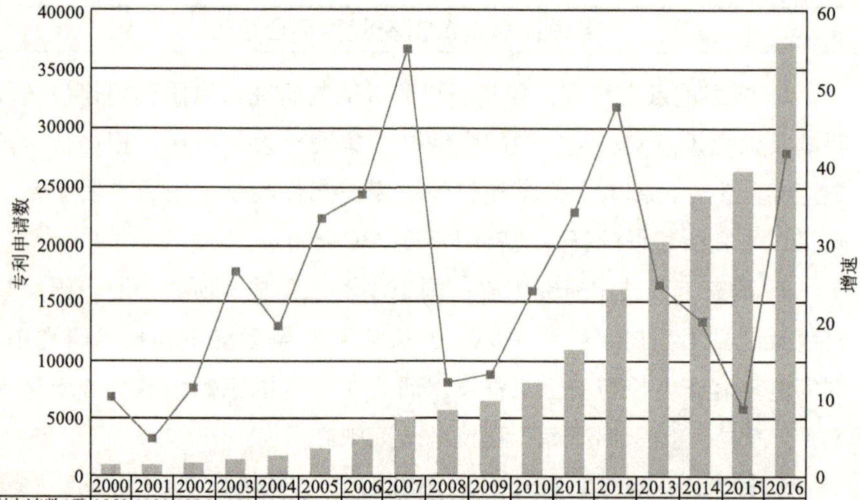

	2000	2001	2002	2003	2004	2005	2006	2007	2008	2009	2010	2011	2012	2013	2014	2015	2016
专利申请数(项)	1050	1100	1225	1550	1848	2466	3361	5214	5845	6613	8203	10997	16254	20259	24307	26406	37411
增速（%）	10.3	4.8	11.4	26.5	19.2	33.4	36.3	55.1	12.1	13.1	24	34.1	47.8	24.6	20	8.6	41.7

图 7-1　2000—2016 年郑州全年专利申请数及其增速

四、企业创新主体不断强化

企业是市场竞争的主体，是自主创新的发动机、主力军。郑州围绕强化企业在自主创新中的主体地位，开展了一系列卓有成效的工作，企业科技创新的内在动力不断增强，逐渐成为研发投入的主体、技术创新活动的主体、创新成果应用的主体，企业在全市实施创新驱动发展战略、建设创新型城市过程中发挥了重要作用。全市规模以上工业企业完成增加值从2004年的402.7亿元上升至2016年的3215.4亿元，年均增加20%左右；高技术产业完成增加值达到549.8亿元，占比增加到17.1%（见表7-1）。2016年，全市认定的市级科技型企业达到1892家；培育创新型（试点）企业432家，其中国家级4家、省级109家。全市共建立市级以上研发中心2062家，其中国家级35家，省级604家。全市集聚了河南省30%以上的国家高新技术企业、40%左右的科技型企业、30%以上的上市企业和50%以上的新三板挂牌企业。企业研发活动活跃，企业研发经费、研发人员占全社会总量的比重超过80%。高新技术产业蓬勃发展，全市累计认定高新技术企业达到472家，2015年实现高新技术产业产值6520亿元，比2010年增加3.1倍；高新技术产业增加值占规模以上工业增加值比重达到50%，比2010年增加9个百分点。高新技术产业产值和增加值分别位居中部6个省会城市的第3位。高新技术产业对全市GDP的贡献率超过20%。在新能源汽车、超硬材料、轨道交通装备、物联网等高新技术领域，已经形成明显的技术和市场优势。这些科技型企业在全市产业结构调整中做出了示范和引领，为推进郑州国家中心城市建设、郑洛新国家自主创新示范区建设提供了重要支撑。

表7-1　2004—2016年郑州规模以上工业企业完成增加值、高技术产业完成增加值及其增速

年份	规模以上工业企业完成增加值（亿元）	同比增速（%）	高技术产业完成增加值（亿元）	占规模以上比重（%）	同比增速（%）
2004	402.7	—	—	—	—
2005	569.7	41.5	—	—	—
2006	723	26.9	—	—	—
2007	923.8	27.8	—	—	—
2008	1223.7	32.5	30.8	2.5	—

续表

年份	规模以上工业企业完成增加值（亿元）	同比增速（%）	高技术产业完成增加值（亿元）	占规模以上比重（%）	同比增速（%）
2009	1332.5	8.9	33.3	2.5	8.1
2010	1756.1	31.8	43.9	2.5	31.8
2011	2340.2	33.3	175	7.5	298.6
2012	2613.8	11.7	224.8	8.6	28.5
2013	2857.7	9.3	310.6	10.9	38.2
2014	3094	8.3	409.1	13.2	31.7
2015	3312.3	7.1	514.5	15.5	25.8
2016	3215.4	-2.9	549.8	17.1	6.9

数据来源：2004—2016 年郑州市统计局发布的郑州市国民经济和社会发展统计公报。

五、创新开放合作持续深化

河南作为经济欠发达省份，急需借鉴利用国际科技资源来服务“三区一群”建设，以融入更多人力资本、知识资本等科技要素，进而提高河南经济效益和竞争力，推动中原更加出彩。基于这种认识，郑州把推动科技对外开放合作作为提高经济、科技竞争力的一项重要战略举措，积极采取多种形式拓宽科技对外开放的渠道，吸引、集成国内外的科技资源，不断增强承接技术转移和科技成果运用能力。郑州先后成功举办了“中国郑州科技成果交易暨高科技人才交流会”并积极参与“河南省科技开放合作北京对接活动”等系列活动；先后与 100 多家大学、科研院所达成科技战略合作；郑州高端装备与信息产业技术创新研究院、郑州大学产业技术创新研究院、郑州市物联网产业技术创新研究院、郑州信大先进技术研究院启动建设，中科院过程工程所郑州分所项目顺利启动，中国技术交易所郑州工作站如期运营；成功引进浙江大学郑州技术转移中心、上海交大中原研究院技术转移中心、西安交大郑州技术转移中心等 6 家技术转移服务机构；国家技术转移郑州中心已开工建设。郑州与省外及国外的对接项目大幅增长，2016 年全年共签订技术合同 6768 份，同比增长 47.2%，是 2004 年的 2 倍多；技术合同成交金额达 150.2 亿元，同比增长 15.4%，是 2004 年的 12.5 倍，位居中部 6 个省会城市的第 2 位，创新开放合作进入了新的发展阶段（见表 7-2）。

表 7-2　2004—2016 年郑州签订技术合同数、技术合同成交额及其增速

年份	签订技术合同数（份）	同比增速（%）	技术合同成交金额（亿元）	同比增速（%）
2004	3107	40	12	—
2005	3995	28	15	48.8
2006	3025	-24	20.8	38.2
2007	3558	36.1	28.3	36.1
2008	4200	18	33.6	18.9
2009	4566	8.7	38.1	13.2
2010	4606	8.7	43	13.1
2011	5187	12.6	50	16.3
2012	5500	6	65.1	18.1
2013	5083	-7.6	90.9	39.6
2014	4247	-16.5	110.9	22.1
2015	4599	8.3	130.1	17.3
2016	6768	47.2	150.2	15.4

数据来源：2004—2016 年郑州市统计局发布的郑州市国民经济和社会发展统计公报。

六、科技人才队伍逐步壮大

科技创新，人才为本，谁拥有一流的创新人才，谁就拥有了科技创新的优势和主导权。建设国家中心城市，建设创新型城市，关键是造就一支门类齐全、梯次合理、素质优良、规模宏大的创新人才队伍。郑州以科技创新创业人才引进和培育为重点，全方位营造尊重人才、重视人才的社会风尚，不断完善引才、育才、培才、用才的激励机制，全面打

造科技人才高地，实现科技创新人才队伍建设的新突破。郑州制定了《郑州市科技创新创业领军人才认定管理暂行办法》《郑州市引进高层次人才暂行办法》等政策，实施了“智汇郑州·1125 聚才计划”、科技人才队伍建设行动计划等，进一步放宽引进各类人才特别是高层次人才条件，科技人才队伍建设成效显著。近年来，郑州已重点支持了 306 个创新团队和领军人才项目，10 名“千人计划”专家签署项目落地意向书，5 人入选首批国家“万人计划”。中铁隧道盾构及掘进技术国家重点实验室荣获全国专业技术人才先进集体称号。全市拥有各类科技人才总量达到 11.5 万人，初步形成了一支门类齐全、梯次合理、素质优良、规模宏大的创新人才队伍。

七、创业创新环境不断优化

如何有效激发全民创业的热情与活力，为大众创业、万众创新提供持久动力，优化创业环境是关键。创业环境，既是激发创业种子生根发芽、促进创业要素加快聚集的关键推动力，又是保障创业不断成长的必要条件，是创新创业兴起和发展壮大的土壤和载体。近年来，郑州不断强化服务体系建设，积极打造创新创业政策支撑体系，创新创业环境持续改善，推动形成了大众创业、万众创新的新态势，各项创业创新环境指标排在前列（见表 7-3）。郑州大力营造支持“双创”发展的政策环境，先后出台了《中共郑州市委郑州市人民政府关于引进培育创新创业领军人才（团队）的意见》《郑州市人民政府关于加快发展众创空间推进大众创新创业的实施意见》《关于鼓励人才和大学生在郑创新创业的若干政策》等政策措施。多层次创新创业载体初步形成，政府主导建设的 20 个创新创业综合体快速推进，各类孵化器和众创空间达 78 家，在孵企业 5500 余家，科技服务机构达 260 家，科技创新创业者突破 3 万人。通过完善“苗圃+孵化+加速+园区”的孵化服务链条，打造创新链，融合资金链，支撑产业链，带动就业链。在现代种业、生态农业、特色农业等领域，组织实施了郑州市现代农业科技示范工程，培育了一批农业科技示范园、建成一批农民科技培训基地。在城市建设、交通、医疗、饮水安全、节能减排等领域，不断推广节能环保等先进适用技术，突破了多项生物工程与制药关键技术。郑州成功举办中国（郑州）国际创新创业大会、首届中国创客领袖大会暨双12中国创客日揭幕仪式，开展“双创”工作观摩经验交流会和每月一次的综合体建设观摩讲评会等活动。全市创新创业氛围日益浓厚，大众创业万众创新蔚然成风。

表7-3　郑洛新自主创新示范区创业创新环境相关指标比较

指标	单位	郑州	洛阳	新乡
每百人平均电话用户数	户	136.7	106.2	97.5
每百人平均国际互联网用户数	户	46.3	38.9	36.7
科技馆数量	个	11	7	4
科技馆参观人数	万人次	69.4	30.2	9.1
年度科普经费筹集额	万元	6003.2	4235.4	3132.6
进出口总额占GDP比重	%	7.4	6.4	6.5
居民消费水平	元	13248.7	11203.5	9830.5
高新企业数占规模以上工业企业数比重	%	10.3	7.3	8.9
对教育的投资占GDP的比重	%	3.3	3.8	3.7
16岁及16岁以上人口占大中专以上学历所占比例	%	57.8	54.1	52.8
平均每项国家创新基金获得资金	万元	67.6	62.5	63.4
规模以上工业企业研发经费内部支出额中平均获得金融机构贷款额	万元	2.6	1.7	1.4

数据来源：《中国科技统计年鉴2016》《河南统计年鉴2016》《河南科技统计年鉴2016》，以及郑州、洛阳和新乡三市2016年国民经济和社会发展统计公报。

第二节　郑州提升创新能力的制约因素

一、创新体系整体效能不高

郑州市近年来在强化科技创新、建设创新型城市、实施创新驱动发展战略方面做了很多具体工作，全市的区域创新能力总体上也呈现快速增强趋势，但由于科技基础实力还相对薄弱，科技对全市经济的快速发展明显支撑不够，区域创新能力在全国的排位仍低于经济发展水平在全国的排位，与先进城市相比，同建设国际商都、国家创新型城市的要求相比还有很大差距。特别是市域内具有较强研发能力的高端创新资源如大院大所相比东部沿海等地区较少，使得全市高新技术产业发展缺乏有力的技术源头、辐射中心以及高层次创新人才的支撑。根据中国科技发展战略研究小组发布的《中国区域创新能力报告》表明，郑州市区域科技创新能力在最近几年基本处于一个相同的水平，位列我国的中游水平，与深圳、武汉、苏州等相比差距很大。尤其是郑洛新国家自主创新示范区与全国其他6个国家自主创新示范区的创新环境指标进行横向对比后可以发现，以郑州为主的郑洛新国家自主创新示范区的基础设施、人力环境、市场环境、政策环境四个指标，与发展相当成熟的张江、深圳、中关村国家自主创新示范区的差距还较大。由此，科技创新对区域经济增长的贡献度不高、带动作用还不强，科技创新尚未成为郑州区域经济社会发展的主要依赖，区域创新能力仍亟待提高（见表7-4）。

表7-4　七大国家级自主创新示范区相关指标比较

指标	单位	张江	深圳	中关村	成都	东湖	沈大	郑洛新
每百人平均电话用户数	户	151.8	167.3	130.6	96.7	93.1	102.7	113.4
每百人平均国际互联网用户数	户	47.9	65.7	58.5	39.0	43.0	40.9	40.6
科技馆数量	个	49.0	45.0	57.0	43.0	32.0	15.0	22.0
科技馆参观人数	万人次	662.9	241.1	502.6	703.8	135.0	72.3	108.7
年度科普经费筹集额	万元	253182	49944	266999	61928	33995	15813	13371
进出口总额占GDP比重	%	35.6	57.6	13.9	11.4	3.4	1.7	7.6
居民消费水平	元	28404	23739	21628	14009	13912	13327	11427
高新企业数占规模以上工业企业数比重	%	8.9	15.2	9.7	6.8	6.2	5.7	7.8
对教育的投资占GDP的比重	%	3.5	3.5	3.7	4.6	3.2	3.9	3.6

续表

指标	单位	张江	深圳	中关村	成都	东湖	沈大	郑洛新
16岁及16岁以上人口占大中专以上学历所占比例	%	17.2	7.6	18.4	9.4	11.1	11.4	10.9
平均每项国家创新基金获得资金	万元	91.8	7402	86.4	84.9	88.8	63.8	64.5
规模以上工业企业研发经费内部支出额中平均获得金融机构贷款额	万元	2.1	2.5	5.1	1.3	2.6	0.6	1.9

数据来源：《中国科技统计年鉴2016》。

二、创新要素内在联系不畅

科技中介服务机构是连接政府、企业、高校科研院所等创新要素的纽带和润滑剂，是连接各创新要素并使之有效发挥作用的渠道。中介服务体系的发达程度是决定科技创新成功的重要标志。郑州市中小企业数量在全国位居前列，机制灵活、富于创新，但普遍存在技术基础设施薄弱、资金筹措困难等问题，对社会化的科技服务，比如：技术咨询、风险投资等需求十分强烈。而现有的科技中介服务体系建设虽然取得了一定成绩，但总体仍处于初步阶段，服务能力尚不能满足日益增长的服务需求。一是科技中介机构发展不平衡。受观念、科技水平、人才和市场经济发展程度等制约，在发展领域上，生产力促进中心、各类科技孵化器、技术市场发展较快，科技评估、创业投资服务等发展较慢。二是相当一部分科技中介机构缺乏竞争力。目前，郑州市现有的科技中介机构普遍规模较小，有的还处于起步阶段，发展不够规范，运行机制不完善、不灵活，从业人员素质偏低，服务质量、水平也较低、竞争力不强。三是支持科技中介机构发展的公共信息基础设施薄弱，公共信息流通不畅，各类科技中介机构相互联系少，难以实现信息资源共享。这就使得高校以及科研机构很多研究成果不能及时进入市场，大量研究成果被束之高阁，逐渐被市场所淘汰；与之相对应的是，一些急需解决部分技术难题的企业，却找不到合适的、有一定研发实力的合作伙伴。另外，在科技成果转化方面的风险投资机制、保险机制、科技信贷机制和信用评估机制等发展比较滞后，有的还处于酝酿阶段，资金支持不足仍将长期制约科技中介机构的发展和科技成果的有效转化。

三、激励创新发展动力不足

提升国家中心城市创新能力的出发点是科技，落脚点是经济，而体制机制正是搭建科技与经济紧密联系的桥梁和枢纽。良好的体制机制是企业创新的活力之源、科技事业发展的动力之魂，创新驱动发展战略的“加速器”。郑州在这方面仍存在自主创新体制不顺、机制不活等问题，已经成为创新驱动发展战略的重要制约因素。主要体现在：一是科技资源保障体制机制不健全，部分企业对科技发展的战略意识不强，尚未建立起科技投入稳定增长的长效机制，R&D 投入强度明显不够，长期以来，郑州市大多数大中型企业 R&D 投入占企业销售收入的比重都未达到研发费用的提取要求。二是创新创业服务载体内生动力不足。目前郑州市超过一半的孵化器都是政府出资设立的，运营经费和服务项目的获得都比较容易，发展和创新的动力严重不足，甚至有一些只是提供简单的场地服务和物业服务。部分众创空间等新型孵化器建设追求“高大上”，重硬件建设、轻软件保障，管理机制不够完善，载体使用效率亟待提高；由于盈利能力较弱，导致运营经费紧张，很难提供特色化服务和高层次科技服务，导致可持续发展能力弱。三是人才、技术、资金等创新创业要素集聚机制不健全。人才、科技和金融是创新创业活动中最活跃的要素，但从具体情况来看，这三个要素的集聚度整体偏低，严重制约了创新创业活动的动力。郑州不具备北京、上海等发达地区的高校和科研机构优势，高层次科技和人才资源比较欠缺。目前虽然实施了“智汇郑州·1125 聚才计划”，但在执行过程中还存在不利于激发科技人才活力和吸引高层次科技成果在郑落地的制度。科技金融配套支持政策还不够健全，科技金融产品种类较少，品种体系不完善，与北京、上海和深圳等地相比，郑州市科技金融生态体系还有待完善，特别是对一些初创型科技企业来说，获得风险投资的机会比较少。比如，二七区人民政府设立了 3000 万元产业引导基金，但在基金使用上政府与投资机构的风险与收益难以达成平衡，导致基金形同虚设。

四、支撑创新的高层次人才缺乏

科学技术的竞争归根结底是人才的竞争。在提升郑州国家中心城市创新能力的过程中，人才特别是具有较强创新能力的高层次领军人才和高技能人才是创新最重要的因素，只有培育和拥有一大批水平高、留得住、用得上的科技人才队伍，才能更有效地促进科技创新。目前，郑州市高层次人才只有 1.5 万人，仅占全市人才总量的 2.1%，而全国的高层次人才总数占人才总量的 5.5%。广州、深圳已经超过 11%，郑州市的高层次人才比例明显低于全国平均水平，与沿海发达城市相比差距更大，高层次人才明显不足。以高端人才人工智能（AI）为例，近 70%的制造业高端人才分布在北京、上海、广州、深圳等大城市，而分布在郑州的不足 1%（图 7-2）另一方面，人才结构性矛盾突出，分布不平衡。在专业技术人员中，教师和医务人员占 70%以上，而与郑州市产业结构调整和经济发展关系密切的工程技术人员和农业科技人员仅占专业技术人员数量的 12.3%和 1.5%，尤其是城市建设急需的轨道建设、信息通讯、计算机软件开发及应用、土地工程等高技能人才极度缺乏。

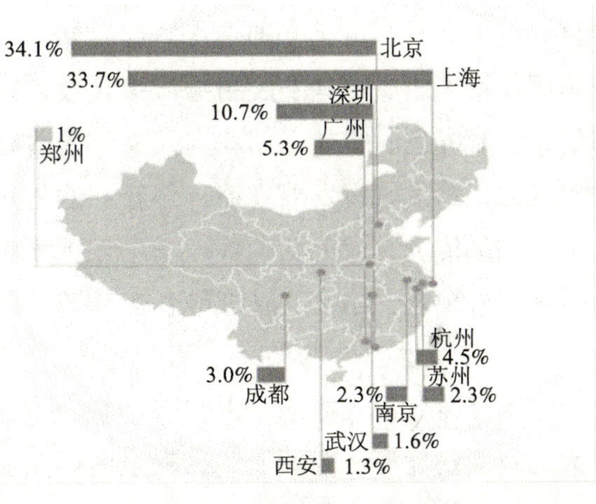

图 7-2　我国主要城市人工智能（AI）高端人才分布

数据来源：2016 年领英大数据《全球 AI 领域人才报告》。

第三节　郑州提升创新能力的政策建议

一、构建产业技术创新体系

一是发展智能绿色服务制造技术。围绕中国制造2025郑州行动纲要，大力推进制造业向信息化、智能化、绿色化、服务化方向发展。以电子信息和汽车装备制造业为战略支撑产业，重点研究基于“互联网+”的创新设计、基于物联网的智能工厂、制造资源集成管控、全生命周期制造服务等关键技术，发展绿色制造技术与产品，重点研究再设计、再制造与再资源化等关键技术，推动制造业生产模式和产业形态创新。二是发展高效安全生态的现代农业技术。以加快推进都市农业发展为目标，深入实施农业生物制造、农业智能生产、智能农机装备、设施农业等关键技术和产品，围绕提高资源利用率、土地产出率、劳动生产率，加快转变农业发展方式，突破一批节水农业、循环农业、农业污染控制与修复等关键技术，实现农业绿色发展。三是发展新一代信息技术。大力发展泛在融合、绿色宽带、安全智能的新一代信息技术，研发新一代互联网技术，保障网络空间安全，促进信息技术向各行业广泛渗透与深度融合。发展先进计算技术，重点加强云计算、量子计算、可见光通信、智能感知与认知、虚实融合与自然交互等技术研发及应用。四是发展新型城镇化技术。围绕新型城镇化领域的瓶颈制约，针对绿色、智慧、创新、人文、紧凑型城市建设，以系统工程理念为出发点，尊重城市发展规律，创新和改进规划方法，把生态环境承载力、历史文脉传承、绿色低碳等理念融入规划设计全过程，通过科技创新统筹引领城市规划、建设、管理等各个环节，研发系统性技术解决方案。五是发展现代交通技术与装备。面向建设“安全交通、高效交通、绿色交通、和谐交通”重大需求，以“三网融合、四港联动、多式联运”为核心，大力发展新能源、高效能、高安全的航空、铁路、公路、网络等交通系统技术与装备，完善郑州现代交通运输核心技术体系，培育新能源汽车、航空物流、口岸经济、E贸易等新兴产业。

二、打造高水平创新创业示范基地

一是推进郑洛新国家自主创新示范区郑州片区等建设，积极开展重大政策先行先试。以郑州高新区为核心，以航空港区、经开区、郑东新区、金水区等园区为辐射，以市县科技创新园区为支点，全面推进郑州国家自主创新示范区“一区四园多点”建设。其中航空港区重点建设电子商务园、古城电子信息基地、航空物流园区、精密机械产业园、智能终端产业园、生物医药产业园等；郑东新区重点建设龙子湖新技术产业园、电子商务产业园等；金水区重点建设金水科教园区的河南外包产业园、郑州启迪科技园、郑州北大科技园、西亚斯亚美迪国际软件园等；经开区重点建设智能汽车与电动汽车产业园、重大装备制造科技产业园、河南跨境电商智慧产业园、虚拟现实/增强现实科技产业园、机器人与智能制造科技产业园、智慧物流园等。二是培育产业技术研究院等新型研发机构，推进跨行业跨区域协同创新，建设制造业创新中心。加强与洛阳、新乡自主创新示范区的协同合作，以互利共赢方式深化科技交流；加强与中关村、张江、东湖、深圳等国家自主创新示范区的对话与交流，组织实施一批高水平科技创新合作项目，共建研发基地、成果转化基地，促进科技创新资源互相流动。充分利用河南获批国家自贸区的先行先试作用，建设一批科技创新合作平台，加快构建周边城市联合研发、人文交流、知识产权、技术转移转化等综合性合作平台。加快促进军民融合协同创新。深化与解放军信息工程大学、郑飞集团等军事学院或部门的合作，推进部分军事技术民用化发展。引导和支持我市相关企业积极进入国防装备的研发和生产体系，加强装备科技力量建设。开展军地联合科研攻关和科技创新，推动军用和民用高新技术双向转移，促进军民科技成果转化对接。积极开展科技拥军活动，支持中央驻豫科研单位、转制科研院所与地方科研院所、企业的兼并重组，共建产业共性技术研发和产学研合作基地。三是加快郑州航空经济综合实验区国家双创示范基地建设，发展开放式众创空间。大力发展包括互联网创业平台、科技众创空间、科技企业孵化器、加速器、创新创业综合体在内的梯级创新创业载体，构建市场化、专业化、集成化、网络化的众创空间，形成适合各类创新创业需求的生态圈。积极建设“创业苗圃+孵化器+加速器”的孵化体系，鼓励孵化形态多样化发展，探索建立网络虚拟孵化器、微型孵化器、农业科技企业孵化器、创新工场等新型孵化器。鼓励社会资本投资兴办孵化器，鼓励有条件的孵化器对外输出孵化服务。

专栏：郑州市高新区未来科技城建设规划
1. 大学创新城：引进清华、上海交大、西安交大、天津大学、华中科大、中科院计算所、航天九院等国内一流知名高校和研发机构，建立一批产业技术创新研究院，建成集科研办公、公共实验、高端实验于一体的公共技术平台，打造产学研合作平台。 2. 国家海外高层次人才创新创业基地：加大院士工作站建设进度，力争柔性引进20名以上两院院士，重点引进在北斗云产业领域从事国际前沿科学技术研究的科技团队和科研机构，培养一批熟悉国际市场、具有广泛国际联系的产业领军人才和创业团队。 3. 国家高端创新创业平台：依托解放军信息工程大学等高校，积极争取国家实验室和综合性科学中心等高水平创新平台落户未来城，不断完善“众创空间+孵化器+加速器+产业园”孵化培育体系。 4. 科技成果展示交易中心：建设高校、科研院所和各类专业中介组织广泛参与、与国际接轨的科技成果转化和知识产权展示交易中心；加快建设国家知识产权示范园区；积极申请建设河南省知识产权法院。 5. 国内外知名企业研发总部、研发基地：高标准建设未来城，吸引国际国内知名企业设立研发基地、区域总部，力争形成独角兽企业、瞪羚企业（成长性好、具有跳跃式发展态势的高新技术企业）、科技小巨人企业、科技型中小企业、科技雏鹰企业等金字塔结构企业群体。

三、积极推动大众创业万众创新

一是积极整合资源，建设带动性强的创新创业中心。支持郑州大学开展一流大学、一流学科建设，引进国内外高水平大学和国家级科研院所设立分支机构，建设全国重要科教中心。提升科学研究水平。以国家和河南省经济社会发展需求为导向，以省内高等学校博士点、重点学科和重点实验室、工程技术研究中心及重点研究基地等为依托，提高基础研究水平，加强战略性、全局性和前瞻性问题研究，提升解决重大问题能力和原始创新能力。加强省高等学校协同创新中心、人文社会科学重点研究基地建设，推进科研组织模式的创新，围绕重大科研项目进行联合攻关，开展协同创新，优化资源配置，提升科技创新能力。打造新型高等学校智库，发挥高等学校在战略研究、政策建言、人才培养、舆论引导、公共外交的重要功能，提高服务郑州、服务河南和国家决策的能力。二是全面提升科技服务业全链条发展能力。围绕创新链完善服务链，大力发展科技中介服务组织。重点发展研究开发、技术转移、检验检测认证、创业孵化、知识产权、科技咨询等业态，基本形成覆盖科技创新全链条的科技服务体系。充分运用现代信息和网络技术，依托各类科技创新载体，整合科技服务资源，推动技术集成创新和商业模式创新，培育一批拥有知名品牌的科技服务机构和龙头企业，形成一批科技服务产业集群。三是健全支持大众创业万众创新的金融体系。以争创国家促进科技和金融结合试点城市为契机，搭建科技金融投融资平台和科技金融服务平台。加快建立以政府财政投入为引导，财政资金与社会资本、股权融资与债权融资、直接融资与间接融资有机结合，覆盖科技研发、科技创业、科技产业化等不同阶段的多元化、多渠道的科技投融资体系。加大财政投入科技金融资金力度，运用科技创业投资引导基金、科技贷款风险补偿、融资费用补贴、投资风险补助、科技金融服务平台奖补等措施，吸引社会资本、金融业机构参与科技创新，支持科技成果转化，促进科技企业发展。

四、加快培育集聚创新型人才队伍

进一步改革创新人才发展体制机制。结合郑州建设国家中心城市的产业发展和事业需要，突出“高精尖缺”导向，坚持引进和培养相结合，大力实施本地优秀人才素质提升工程。加快研究出台郑州市《关于深化人才发展体制机制改革推进国家中心城市建设的实施意见》，以人才管理、引进、培育、激励、服务保障等体制机制的改革为重点，着力破解制约人才发展的体制机制障碍。建立技能人才、专业技术人才、社会工作人才等各类人才队伍的培养管理办法，补齐政策短板。一是构建高层次人才政策体系。根据国家自主创新示范区建设方案，对照郑州市“1125”人才政策，整合现有政策，出台高层次人才认定和支持办法，扩大政策覆盖面，分类别享受扶持政策，打造政策新优势。创新人才引进方式，探索与高端人才中介服务机构合作，在国内外经济发达地区建立“郑州市高层次人才工作站”，拓宽引才渠道，延伸引才触角。二是完善更加开放、更加灵活的人才培养、吸引和使用机制，集聚国内外创新型领军人才、高水平创新团队和专业人才队伍。强化高层次人才的支撑引领作用，培养和引进一批活跃在国际或国内学术前沿、满足我省及国家重大战略需求的一流科学家、学科领军人物和创新团队。积极引进“两院”院士、“万人计划”和“千人计划”各类专家、“973”和“863”首席专家、“长江学者”“杰青”等高层次人才及其创新团队。三是进一步提升完善“智汇郑州·1125 聚才计划”。要对“智汇郑州·1125 聚才计划”实施工作流程进行修订完善，探索建立“资金+基金”的政府资助办法，进一步优化项目财政扶持方式。围绕郑州“四重点一稳定一保证”（新型城镇化、产业发展、开放创新、生态建设“四大重点”，维护社会大局稳定、强化党建保证）的工作格局，突出“人才+项目”导向，瞄准国内外高端前沿和郑州市主导产业，力争多引进培育创新创业团队以及领军人才和紧缺人才。四是不断优化人才发展环境。把郑州加快建设国家中心城市的着力点从依靠物质资源转到依靠人力资源上来，走一条高品质、差异化发展道路。找准郑州城市定位，站在全国看郑州，站在全球看郑州，通过抢占人才这一竞争制高点，增强郑州综合竞争力、核心竞争力和国际竞争力。

五、全方位融入全球创新共同体

一是加强与“一带一路”沿线城市的科技合作。积极融入“一带一路”建设，加强与郑欧班列沿线城市的科技创新合作，重点推动农业农村、城镇化及城市发展、新一代电子信息及网络技术、新材料、高端制造、交通运输、生物技术、人口与健康、公共安全等领域的重大国际合作。利用郑州航空港区国际航空物流枢纽优势，加强与世界主要航空城市的科技创新合作，重点推进飞机制造与维修、航空物流、航空电子、智能制造、节能环保、新能源、电子商务等领域的重大国际合作，推动相关领域的技术和设备引进，解决重大、核心和关键技术问题。二是促进创新资源双向开放和流动。围绕产业发展的科技需求，与相关领域具有创新优势的国家或区域合作建设一批联合研究中心和国际技术转移中心。支持企业、科研机构和高校参加国际大科学计划和大科学工程，鼓励有条件的企业通过设立海外研发机构、联合研发中心等方式，积极利用外部资源。以国家技术转移郑州中心为核心，推动创新主体积极主动融入全球和全国创新网络，积极吸纳外部创新要素，主动承接技术转移，提高自身研发能力。鼓励外商投资战略性新兴产业、高新技术产业、现代服务业，鼓励国外跨国公司、研发机构、研究型大学在郑设立或合作设立高水平研发机构和技术转移中心。加强科技对外开放合作平台建设，重点建设一批国际创新园、国际联合实验室、国际科技合作基地和院士工作站。加强创新创业国际合作，深化科技人员国际交流，吸引海外杰出青年科学家来郑工作、交流，开展国际青少年科普活动等。三是完善科技创新开放合作机制。深化政府间科技合作，分类制定国别战略，推进与科技发达城市建立创新战略伙伴关系。创新国际科技人文交流机制，丰富和深化创新对话机制，扩大对话范围，围绕研发合作、创新政策、技术标准、知识产权、跨国并购等开展深度沟通。加大科技计划开放力度，支持海外专家牵头或参与科技计划项目，参与科技计划与专项的战略研究、指南制定和项目评审等工作。与国外科技发达城市共设创新基金或合作计划。实施更加积极的人才引进政策，加快推进签证制度改革，围绕重大需求面向全球引进首席科学家等高层次科技创新人才，健全对外创新合作的促进政策和服务体系。

第八章　郑州建设国家中心城市的产业升级战略

雄厚的经济基础和强大的区域经济控制能力是成为国家中心城市的必要条件，产业结构的高效合理是决定国家中心城市的经济实力及未来经济发展具有可持续性的关键所在。国家中心城市的产业升级不同于一般城市的产业升级，它既要充分考虑我国正处于工业化发展阶段这一国情约束和路径依赖，还要与产业体系发展的规律、外部环境及自身优势相适应，更要与国家中心城市的功能定位相匹配。随着经济新常态的到来和供给侧结构性改革的深入，郑州的产业结构进入深度调整阶段。如何在国家中心城市这一新的功能定位下找准产业升级的战略，对于郑州顺利建成国家中心城市来说具有重要意义。

第一节　郑州产业发展现状

一、第一产业加快融合发展

郑州结合农业自然资源条件、区位优势和产业基础，推动农林牧渔业与种养加工、现代物流、休闲娱乐、涉农服务业等产业深度融合，重点培育了以三全、思念、白象、好想你、雏鹰等为代表的冷冻食品、面制品、枣制品、肉制品等种养加工型产业；以万邦物流、双桥花卉等为代表的农业流通型产业，以休闲农庄、农家乐为主体的休闲农业型产业；以万庄化肥等为代表的涉农服务型产业，等等，都市型生态农业逐步加快发展。同时，郑州围绕优质粮种、绿色蔬菜、现代渔业、花卉、大枣、石榴、草莓、休闲观光和山地特色农业等农业主导产业，启动实施了现代农业示范区建设，不断拉长产业链条，建立了省内首家草莓工程技术研究中心和蔬菜新品种研发中心，培育了好想你红枣产业集群、雏鹰生猪产业集群、三全食品生猪养殖基地、河南花花牛集团奶牛牧场等产业化集群，农业产业规模化经营呈现良好的发展态势。“十二五”期间，郑州的林业增加值年均增速 15.4%，高于农林牧渔业 11.9 个百分点；畜牧业增加值年均增速 5.4%，高于农林牧渔业 1.9 个百分点；2015 年登记在册的规模型（200 亩以上）休闲农业庄园 186 家，休闲农业特色村 18 个，休闲农业接待人次 2300 万人次，营业收入 27 亿元，同比增长近 50%。① 截至 2016 年底，郑州的国家级、省级龙头企业分别达到 13 家、62 家，农业产业化集群达到 29 个；十大现代农业示范区规划已编制完成并全面启动建设，首批 6 万亩都市生态农业示范园基本建成，30 个现代农业特色产业园和 60 个现代农业特色产业项目梯次推进；新建和改造提升标准化农贸市场 30 家，农产品质量安全监测合格率稳居全国前列。

二、第二产业持续优化升级

郑州围绕化解产能过剩和实施创新驱动，推动工业产业结构深度优化。通过传统工业改造和现代工业构建同步发展，加快发展高端制造业，逐步降低高能耗、高污染产业及过剩产能比重，培育了汽车及装备制造业、电子信息工业、新材料产业、生物及医药产业、铝及铝精深加工产业、现代食品制造业、家居和品牌服装制造业七大主导产业，形成了一批规模大、竞争力强的工业企业。新兴主导产业集群正在逐渐替代传统产业集群，逐步形成制造业行业覆盖全面、创新驱动作用凸显的现代工业体系。七大主导产业中的四大新兴战略性产业已成为郑州工业发展中新的增长点。在现代化高端制造业方面，宇通客车企业建成了底盘车架电泳、车身电泳、机器人喷涂等国际先进的客车电泳涂装生产线，是目前世界单厂规模最大、工艺技术最先进的大中型客车生产基地，产品远销美国、法

---

① 郑州市统计局．“十二五”郑州市产业结构调整情况分析．郑州市人民政府网站，http：//www.zhengzhou.gov.cn/html/www/news4/20160503/172933.html.

国、伊朗等130多个国家和地区，其中，2012年建成投产的新能源厂区是中国客车行业最先进、世界规模最大的新能源客车基地。在电子信息工业方面，郑州引进富士康集团落户郑州航空港区，以生产苹果手机、提供6C科技整合服务为主体业务。截至2015年底，以富士康为代表的智能终端产业集群，集聚手机整机和配套企业近百家，手机产量达到2亿部，智能手机产量占全球的1/8。

“十二五”期间，规模以上电子信息工业增加值年均增速80.1%，2015年占规模以上工业增加值的比重与2010年相比上升了13.5个百分点（见图8-1）。

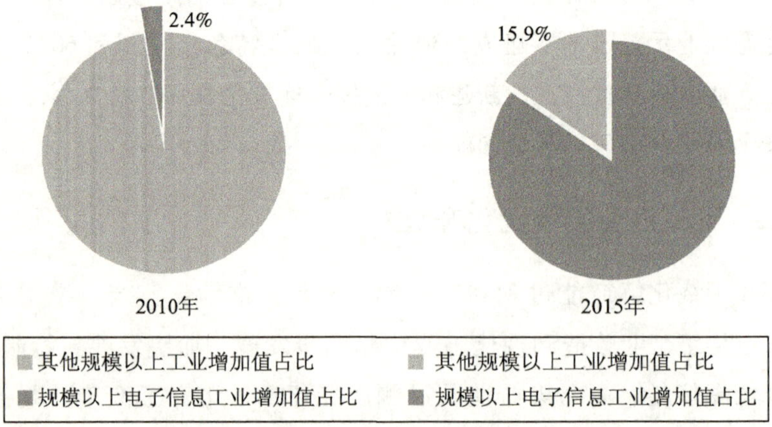

图8-1 “十二五”时期郑州规模以上电子信息工业增加值占比变动情况

数据来源：郑州市统计局.“十二五”郑州市产业结构调整情况分析.郑州市人民政府网站，http://www.zhengzhou.gov.cn/html/www/news4/20160503/172933.htm.

在加快培育主导产业的同时，郑州实施创新驱动发展，加大对科技创新的支持力度，科技创新对现代工业发展的带动作用逐步显现，部分行业快速发展，形成了一批拥有国内外领先技术和核心竞争力的企业。比如：郑州新大方重工科技有限公司的“轮胎式可伸缩型百米级风电安装专用起重机”技术达到国际领先水平并填补了全球风电安装专用吊机的空白；郑州安图生物工程股份有限公司的“重大疾病全自动高精免疫诊断系统”填补了该领域的国内空白；中铁工程装备集团有限公司成为国内首家能够自主独立生产硬岩掘进机的公司，成为世界上能独立生产硬岩掘进机并具有自主知识产权的三大企业之一，盾构产能、科研实力和市场占有率位居国内第一。截至 2016 年底，郑州规模以上工业增加值完成 3215.4 亿元、增长 6%，七大工业主导产业完成工业增加值 2294.9 亿元、增长 7.8%，汽车产业首次突破千亿元，千亿级产业集群达到 5 个，高新技术工业增加值占工业增加值的 43%，成为制造业发展的重要力量。

三、第三产业加速规模扩张

加快发展服务业是构建现代产业体系的关键，也是“十二五”时期郑州产业结构优化升级的战略重点。郑州在加快传统服务业转型升级的同时大力培育现代服务业和新兴服务业，逐步打造网上商店与实体商店相互补充的批发零售业格局，培育线上交易与线下体验协调发展的住宿餐饮业业态，形成了信息集成和管理智能深度融合的现代物流业体系，为服务业的发展奠定了坚实基础。2015 年，郑州限额以上批发零售业法人单位通过互联网实现的商品销售额为 105 亿元。同时，与现代工业紧密联系的技术资本和知识密集型服务业不断发展，特别是现代金融、商贸物流、文化创意旅游、公共服务、房地产等产业呈现快速发展态势，有效提升了服务的整体质量和水平。郑东新区金融集聚区累计入驻金融机构 288 家，中原金控、九鼎金融租赁等新兴非银行金融机构迅猛发展；郑州成功举办了首届中国（郑州）国际期货论坛，金融集聚核心功能区的影响力和辐射力进一步增强；郑州会展经济稳步发展，入选中国会展最具办展幸福感城市；郑东新区中央商务区成为河南省首个六星级服务业“两区”。2016 年，金融业增加值达到 817.0 亿元，占第三产业增加值的比重达到 20.14%。[①]

在新兴服务业发展方面，郑州依托航空港区、综合保税区和跨境电子商务综合试验区等平台，深度融入“一带一路”战略，大力发展跨境物流业和跨境电商业，跨境贸易电子商务产业迅速崛起并呈现井喷式增长。比

① 郑州市统计局．“十二五”郑州市产业结构调整情况分析．郑州市人民政府网站，http：//www.zhengzhou.gov.cn/html/www/news4/20160503/172933.html.

如：河南民航发展投资有限公司收购了卢森堡货航的35%的股权，借助其全球航线资源，大力发展国际航空货运业务，使郑州迅速融入全球主要经济体货运航线枢纽网络；成立河南省进口物资公共保税中心有限公司，通过深入解决中国跨境电子商务“三难”问题，持续在信息化建设、业务规模、单日放量等方面引领全国，探索出一条中国特色的跨境电子商务+邮快件的全球采购、出口、分拨、配送的商业模式。2016年，郑州直接进出口总额550.3亿美元，跨境电子贸易走货量8233万包，较2015年增长58.6%；货值62.5亿元，增长51.8%。总之，郑州加大对第三产业扶持力度，形成了二、三产业双轮驱动经济增长、传统服务业与现代服务业齐头并进的格局。2016年，郑州的第三产业增加值超过第二产业，达到4057.10亿元，对GDP的贡献率达到50.75%（见图8-2），第三产业对郑州经济增长的支撑作用明显增强。

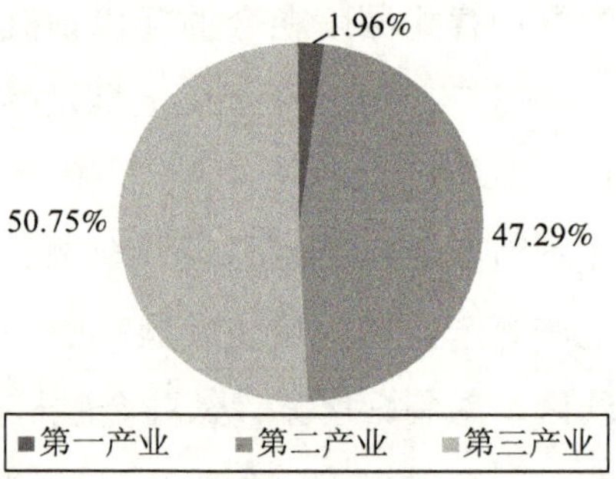

图8-2　2016年郑州三次产业产值所占比重情况

数据来源：2016年郑州市国民经济和社会发展统计公报。

四、经济质量效益整体趋优

从三大产业产值变动情况看，改革开放初期，郑州农业所占比重过大，工业和服务业发展不足，产业结构严重失衡。随着工业化进程的加快，郑州产业结构发生了显著变化，大体经历了以下几个过程：1978—2002年，第二产业所占比重逐年下降，第三产业所占比重整体呈现上升趋势；2002—2012年间，郑州产业结构持续升级，重点扶持高新技术产业的发展，制造业发展迅速，第二产业所占比重持续上升；2012 年以来，经济进入新常态，产业结构深度调整，郑州依托投资、消费双轮驱动，加快推动物流、信息、金融保险等现代服务业的迅猛发展，第三产业所占比重持续攀升。与此同时，郑州坚持对内开放与对外开放并举，扩大规模与提高质量并重，积极打造对外开放平台，拓宽对外开放领域，提升对外经贸水平，推动开放型经济再上新台阶，对外贸易保持高速增长态势，对外开放水平大幅提高。经过近 40 年的发展，郑州的第一产业所占比重逐年下降，近几年基本稳定在 2%左右的水平；第二产业所占比重有所下降，这与郑州工业化后期的阶段是相符合的，尤其是 2016 年第三产业所占比重是自 2003 年以来首次超过第二产业，产业结构由二三一转变为三二一，第三产业的支柱性作用正在形成，郑州的产业结构进一步优化（见图 8-3）。

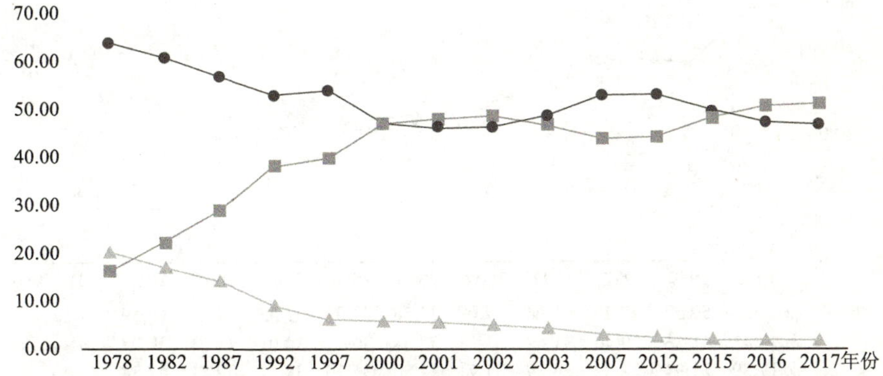

	1978	1982	1987	1992	1997	2000	2001	2002	2003	2007	2012	2015	2016	2017
第一产业	20.20	17.12	14.33	9.08	6.33	5.82	5.55	5.18	4.49	3.14	2.55	2.06	1.96	1.91
第二产业	63.55	60.66	56.71	52.75	53.80	47.13	46.47	46.12	48.71	52.87	53.16	49.56	47.29	46.89
第三产业	16.26	22.22	28.96	38.17	39.88	47.05	47.98	48.70	46.80	44.00	44.29	48.37	50.75	51.20

图 8-3　1978—2016 年郑州市三次产业产值所占比重变动趋势

数据来源：郑州统计局网站，2017 年为 1~6 月份数据。

从三大产业劳动力投入变动情况看，随着经济社会的发展，一个国家或地区的劳动力逐渐由第一产业向第二、三产业转移。在 1983—2015 年，郑州市第一产业所占比重大体上呈逐年下降趋势，表明劳动力人口逐步由第一产业向第二、三产业转移。截至 2015 年底，第一、二、三产业从业人员所占比重分别为17.12%，37.48%和45.40%，表明郑州的产业结构正在逐步优化并向更高层次发展（见图8-4）。“十二五”期间，郑州市消费对GDP的贡献率由2010年的33.4%上升为2014年的42.1%，上升8.7个百分点；投资占GDP的比重由2010年的52%下降为2014年的51.1%，下降0.9个百分点；投资对GDP的贡献率由2010年的66.9%下降为2014年的57.8%，下降9.1个百分点。2016年，郑州市全市生产总值完成7994.2亿元、增长8.4%，分别高出全国、全省1.7个、0.3个百分点；地方财政一般公共预算收入突破千亿元大关、达到1011.2亿元、增长14.3%，高出全省6.3个百分点，占全省的32.1%，地方财力更加充足，经济调控能力显著增强。

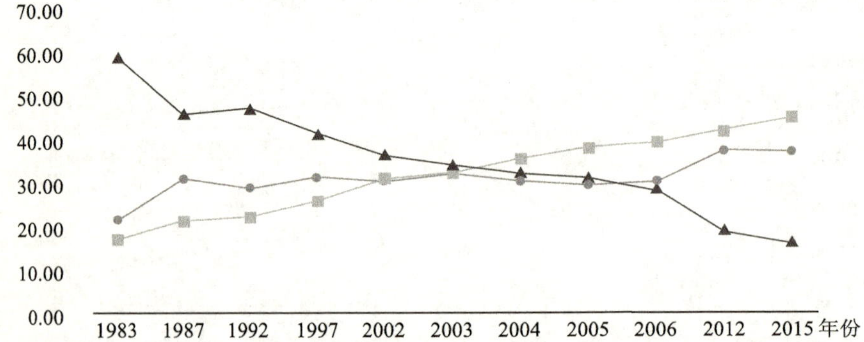

	1983	1987	1992	1997	2002	2003	2004	2005	2006	2012	2015
第一产业	59.54	59.52	47.70	41.94	37.09	34.58	33.02	31.53	29.21	19.59	17.12
第二产业	22.42	31.56	29.44	31.68	31.23	32.58	30.91	30.01	31.01	38.08	37.48
第三产业	17.80	21.91	22.82	26.39	31.71	32.84	36.10	38.47	39.81	42.34	45.40

图8-4　1983—2015年郑州市三次产业劳动力投入比重变动趋势

数据来源：郑州统计局网站。

第二节　郑州产业发展面临的挑战

一、产业结构仍需进一步优化

产业规模相对较小。2016年，郑州生产总值达到7994.2亿元，是

2010 年 GDP 的两倍。然而，无论是在经济规模还是在产业结构的合理性方面，郑州与武汉、成都、南京、杭州等中心城市相比，仍存在较大差距（见表 8-1）。2016 年武汉、成都、杭州、南京四个城市的 GDP 均突破了万亿元大关，其中 GDP 最小的南京为 10503.02 亿元，仍比郑州高出了 31.38%。可见，郑州急需加快扩大产业规模，才能支撑其成为国家中心城市并发挥龙头和引擎作用。

表 8-1　2016 年成都、武汉、杭州、南京、郑州经济规模及产业结构比较

指标 城市	地区生产总值（亿元）	第一产业增加值（亿元）	占地区生产总值比重（%）	第二产业增加值（亿元）	占地区生产总值比重（%）	第三产业增加值（亿元）	占地区生产总值比重（%）
成都	12170.20	474.90	3.90	5232.00	42.99	6463.30	53.11
武汉	11912.61	390.62	3.28	5227.05	43.88	6294.94	52.84
杭州	11050.49	304.84	2.76	3977.39	35.99	6768.26	61.25
南京	10503.02	252.51	2.40	4117.20	39.20	6133.31	58.40
郑州	7994.20	156.40	1.96	3780.70	47.29	4057.10	50.75

数据来源：分别来自成都、武汉、成都、南京、郑州 2016 年的国民经济和社会发展统计公报。

主导产业的发展优势不够凸显。工业化发展后期的产业主要以高端设备及装备制造业为主要代表，① 这也符合中心城市产业发展的基本趋势。当前，郑州已经进入了工业化后期阶段，但现有主导产业仍只有铝及铝精深加工产业、现代食品制造业、家居和品牌服装制造业。2016 年，郑州七大主导产业中的四大战略性新兴主导产业增加值为 1576.81 亿元，占七大主导产业增加值的比重为 68.70%，占第二产业增加值的比重为 41.71%。虽然传统产业目前仍有较大的产出能力和带动效应，但其带来的能耗和污染相对更高，目前郑州高载能行业比重仍占 40%以上。郑州近年来引进的项目多为城市综合体和商业开发项目，制造业大项目偏少，难以形成工业

① 张艳，程遥，刘婧．中心城市发展与城市群产业整合——以郑州及中原城市群为例［J］．经济地理，2010（4）：579-584.

转型升级的有效增量，工业发展后劲不足。因此，战略新兴产业仍需加快发展才能尽快替代传统产业成为郑州产业优势。

高端服务业发展比较缓慢。尽管近几年来郑州加快发展服务经济，在2016年服务业产值占GDP的比重首次超过第二产业，但与许多国家中心城市相比，服务业所占的比重仍有待提高，且生活性、传统型服务业居多，生产性、现代性服务业发展不足，没有形成高端化的发展趋势。郑州现有的城市环境与其他中心城市相比竞争力相对较弱，生产性服务业面临资源相对分散、业态种类较少、集聚程度偏低的问题，与现代工业息息相关的技术研发、人员培训、会计、法律、信息服务等关键环节得不到相关支撑服务体系的协作配合，导致产业发展一直难以跳出价值链的中低端，也导致在更大范围内配置资源的能力大大减弱，周边城市无法利用郑州作为中心城市的城市品牌和环境条件来吸引人才和打开产品服务市场，郑州也很难利用自身的服务功能有效地组织周边城市的经济协作。

制造业与服务业的关联度相对较低。现阶段郑州制造业企业的市场竞争力主要源于生产成本的降低，而不是源于“产前”“产后”的生产性服务业，对生产性服务业的需求主要集中在批发零售、交通运输、货运仓储，对金融保险、房地产等高技术、高人力资本、高附加值服务业的中间需求较少，这也在一定程度上反映了郑州制造业部门的社会化、专业化、服务化程度偏低。从发达国家和城市的发展经验来看，只有生产性服务业的快速发展，企业才能获得较高利润，才能创造持久的竞争优势。

二、科技创新对产业的支撑作用不突出

产业的转型升级和高端化发展都离不开技术的进步，而技术进步要通过具有创新精神的高素质高科技人才来实现。科研力量和高等教育资源是科技创新的主要动力来源，一个城市的科研院所和高校的数量和质量能够反映高素质高科技人才的储备量，进而反映一个城市科技创新潜力的大小。2016年，郑州、武汉拥有国家级的技术研究中心、实验室、企业技术

中心、创新型试点企业分别为28个、90个，拥有985、211高等院校分别为1所、8所；高新技术产业增加值分别为449.80亿元、2423.18亿元，占总GDP的比重分别为5.63%、20.34%。每万人高校在校生人数、高技术制造业占规模以上工业增加值的比重、超过百亿规模的高新技术企业数量、专利授权数等方面，武汉也均远远领先于郑州。可见，在科技力量方面郑州与武汉差距较大。当前，全国各地展开新一轮人才争夺战，纷纷制定吸引创新要素集聚的政策措施，竞相加大创新要素引进力度，抢占创新资源高地以提高其科技和人才的竞争力。郑州作为内陆城市，与东部发达地区相比，在吸引创新资源的竞争中处于弱势，导致长期以来创新创业人才、高层次专业技术人才短缺、高技能人才供给不足、高素质复合型人才严重匮乏。

与此同时，与其他中心城市相比，郑州的科技研发投入力度仍然不够，不仅与东部发达地区的城市差距较大，在中西部地区也处于中下游位置。2016年，郑州与武汉、杭州、南京、成都等城市相比，R&D的经费投入及其占GDP的比重也相对较少，处于最低位置，自身实现创新的能力相对较弱（见图8-5）。而且，由于传统的行政管理体制的影响，创新研发的成果与产业调整和技术升级需求还存在错位，投入的科研经费"广而全"或主要投向大企业和企业集团，导致作为自主创新主力军的中小企业面临创业无依、投入无靠、链接无主、发展无力等困境，使得郑州高新技术产业的创新能力长期发展不足。① 这些问题的存在导致郑州产业的自主研发能力不高，综合创新能力较弱，创新主体不多，核心技术对外依存度高，高端新兴领域的重要设备、关键零部件和元器件等大多依赖进口或者到沿海地区采购，传统产业的关键技术环节亟待实现突破。

---

① 陈江生，郑智星．国家中心城市的发展瓶颈及解决思路——以东京、伦敦等国际中心城市为例［J］．城市观察，2009（2）：14-20.

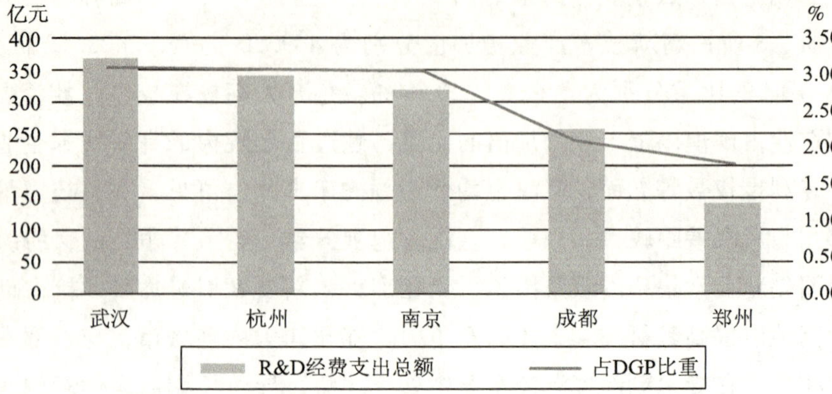

图 8-5 2016 年武汉、杭州、南京、成都、郑州的 R&D 经费支出及其所占 GDP 比重比较

数据来源：分别根据武汉、杭州、南京、成都、郑州 2016 年的国民经济和社会发展统计公报中的数据计算整理。

三、产业的集聚和辐射功能有待增强

从产业集聚功能来看，产业集群的最佳状态是上下游产业链的众多企业在园区内集聚，围绕核心产业形成高度专业化分工，供应链上的企业联系密切，各个生产单元高度集聚，从而产生较高的集聚效益，推动经济发展。2012—2016 年，郑州规模以上工业增加值从 2451.5 亿元上升到 3215.40 亿元，整体呈现上升趋势，但这五年来规模以上工业增加值的增长率是逐年下降的（见图 8-6），产业集聚呈现减缓趋势，产业集聚的效率亟待提升。尽管近年来郑州加快产业向园区、基地集聚，推进产业园区和整合和归并，已形成了 5 大千亿级产业集群，但仍有大量零散的低级别的产业园区分布，行业集聚度仍然不高，没有在全国形成一个市场核心，产业集约化发展仍待加强。在全国城市产业同构的大背景下，郑州至今没有形成一个能够在全国范围内为郑州代言的行业产业。在服务业集聚发展方面，除了金融和物流业呈现相对集聚的趋势外，其他服务业尤其是生产性服务业由于本身发展尚不成熟，目前很难在短期内形成规模和集群发展的格局。

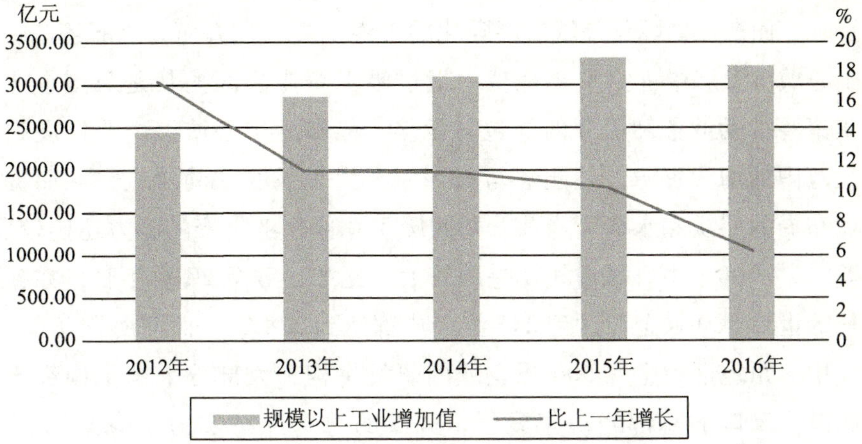

图 8-6 2012—2016 年郑州市规模以上工业增加值变动趋势

数据来源：2012—2016 年郑州市国民经济和社会发展统计公报。

从产业辐射功能来看，当中心地区的聚集经济发展到一定程度后，规模经济效益下降，资金、劳动力、技术等生产要素回流向外围地区，从而带动外围地区快速发展。按照增长极理论，这需要具备三个条件：适当的有利于经济发展的环境、一定的规模经济效益和创新能力的企业和企业家群体。由于郑州现有的产业集约化发展程度不高，规模经济效益还未充分显现，产业辐射效应没有充分发挥出来，同时中低端产业正加快向外转移。在低端转移高端不进的阶段，可能导致产生原有的比较优势因外移而丧失、新的比较优势没有培育形成的困境。再者，产业辐射作用的发挥需要有行业龙头企业来引领带动，当前郑州的行业龙头企业集聚程度仍较低。以上市公司为例，根据 WIND 资讯统计，2017 年 2 月 3 日郑州 A 股和 H 股上市公司共有 32 家，总市值 3267. 36 亿元；相比之下，武汉 A 股和 H 股上市公司共有 58 家，总市值达到 7777. 18 亿元。可见，与其他中心城市相比，郑州产业辐射带动力相对较小。

四、产业国际化水平亟待提升

国家中心城市具有中心性、国际性两大特征，能够在全国乃至全球范围内参与配置各种要素资源，因此，提升国际化水平是国家中心城市的基本要求，而产业国际化是城市国际化的关键支撑。一方面，总部经济在国家中心城市发展中占据重要地位，通过吸引企业总部尤其是跨国企业总部集聚并推动业务和服务的外包与承接，能够为中心城市产业发展引入更大范围的增量资源，且能够与服务业产生很强的联动效应，从而提升产业布局的层次和水平。当前，郑州吸引总部经济集聚的能力还比较弱，与武汉、成都等中心城市相比差距较大。比如：截至2016年底，在武汉投资的世界500强企业达到243家，成都达到278家，而河南省仅有121家。中三角地区中世界500强企业的研发机构和大部分采销机构都集中在武昌、汉口的总部经济集聚区，武汉的总部经济实力跻身全国前10位，稳居中部第1位。另一方面，郑州在承接国外产业转移方面的力度明显不够。这是受到发达国家经济低迷，以及我国长期以来外需市场持续萎缩、外贸增速明显下滑的影响。近年来，发达国家纷纷实施再工业化战略，推动制造业回流，重塑制造业竞争优势，而东南亚地区依托低要素成本，积极参与全球产业再分工而承接国际产业转移，国内许多城市面临双向挤压的局面。由于外向型经济不发达、创新能力基础薄弱，国际型人才培养和储备不足，基础设施国际化水平不高，城市营商环境缺乏竞争力等因素，郑州对境外跨国企业的吸引力明显不足，已引进的企业以产业链低端的制造加工基地为主，能够带动产业结构向高端转型的服务业部门设立较少，导致郑州的全球资源配置参与度和与世界经济的紧密度都较低。比如：富士康主要以苹果公司的智能终端设备为主，但是加工贸易一般处于产业价值链的中低端，其产业发展对进出口贸易的依赖性非常高，国际贸易形势对其影响重大，从而导致郑州电子信息产业发展受外部环境制约十分明显。同时，郑州走出去的本土企业大多集中在第一、二产业，服务业优势并没有发挥出来，分布较为零散，层次相对较低，大多数缺少具有跨国经营管理的能力，也没有跟其他境外豫企形成抱团发展优势，在经济效益和市场竞争力方面与其他地方的跨境投资企业相比还存在较大差距。

五、支持产业发展的环境不够完善

从政策环境来看，郑州急需加快支持产业发展的体制机制创新。产业政策的合理性决定了产业转型升级的实效性。当前，郑州在产业准入的评价机制、产能淘汰的促进机制、企业推出的援助机制等方面创新还不够，对产业的扶持还停留在普惠式扶持政策阶段，没有站在国家中心城市的职能定位来制定产业发展政策。同时，支持产业发展的相关法律法规还不健全，知识产权等方面的法规还不适应现实需要，缺乏行业标准体系，市场准入标准、技术服务标准、行业监管体系等也不健全，影响了市场的规范化发展。在老旧产业退出机制方面存在缺失，转型的大部分成本被转移给企业和个人，从而在很大程度上扼杀了企业转型的积极性。再者，金融服务实体经济的机制还不够健全，金融机构对民营企业惜贷、抽贷问题仍然普遍存在，企业尤其是民营企业融资难、融资贵的问题没有得到根本解决，对正处于转型升级关键阶段的企业，资金链断裂的风险加大。

从城市环境来看，支撑郑州产业发展的环境承载力明显不足。与其他中心城市相比，郑州除了在交通区位、邮电通信设施方面走在中部前列之外，如城市基础设施和公共服务设施、人力资本、保障体系等其他方面均比较薄弱。随着郑州城市建设步伐加快，城市框架不断拉大，郑州土地资源日趋紧张，项目承载能力较弱。郑州近年来在全国的空气质量排名中均处于靠后位置，交通拥堵、教育医疗资源紧张等一系列生态环境和社会环境问题较为突出，导致支撑郑州产业发展的环境承载力明显不足，高端要素难以集聚。

从人文环境来看，郑州缺乏支持产业转型升级和产业创新的人文环境。由于缺乏吸引高端人才的城市环境和政策环境，郑州推动产业结构升级和创新的人才还十分匮乏。郑州被定位为国家中心城市的时间很短，从普通市民，到企业、政府部门的工作人员都还对国家中心城市功能、职责、使命等方面的认识还很模糊，市民素质和公职人员的服务意识亟待提高。郑州与其他城市一样，处于新常态下新旧动能转换的关键时期，创新驱动更需要高质量投资。在传统领域普遍过剩、机会较少的情况下，企业家对新领域投资意愿明显不足，尤其是一些企业在投资新技术时出现尝试失败而陷入困境。同时，政府部门的服务意识还不强，对于“四新经济”（新技术、新产业、新业态、新模式）等新经济发展态势还不甚了解，对于新经济发展环境要求与传统产业存在巨大差异没有转变理念，导致可持续的产业生态培育较为困难。

第三节　郑州产业升级战略

一、国家中心城市产业升级的基本原则

与国家中心城市的功能定位相匹配。国家中心城市要对资源要素具备较强的集聚、引领、辐射、管理、服务等功能，其产业是实现这些功能的核心要素。一般而言，与国家中心城市的功能定位相适应的产业应该具备以下特点：①以高端制造业和先进生产性服务业为主导产业，体现高端性；②通过技术、产品、体制机制等多维度的创新来化解产业发展中的瓶颈，体现创新性；③基于产业链的联系、成本的节约与分摊、信息沟通的便捷及技术的扩散学习效应等在内的产业集群，体现集聚性；④突破地区和产业的界限，在全球范围内具有引领能力和竞争力，体现开放性；⑤强调低碳、环保、高效、智能，突出与生态环境的协调，体现可持续性。同时，各个国家中心城市还有自己的独特定位和个性。比如：北京的定位是国家创新中心、全国文化中心、信息通信枢纽城市、现代化国际大都市；上海的定位是具有全球资源配置能力的国际经济、金融、贸易和航运中心；天津的定位是国家海运中心、制造业中心和北方开放门户，等等。因此国家中心城市必须立足于共性和个性，明确与其功能定位相匹配的产业发展定位和战略方向。

与全球产业体系发展趋势相吻合。从微观上看，信息网络技术、智能技术等新技术的广泛应用，使产业加快向智能化和网络化方向发展。智能技术、网络技术、信息技术的深度融合将加速资源、信息、物品与人的互联，产品生产过程和服务过程将进一步融合，产业发展的需求引领更为明

显，生产和消费方式将发生根本性变革，新价值创造的产业链分工将被重组。这些变化导致产业之间的边界愈发模糊，生产与服务的连接更加紧密。从宏观上看，全球新一轮科技革命和产业革命逐步从孕育期转向深化，科技创新资源配置的全球化竞争将更加激烈。以美国为代表的发达国家开始“再工业化”战略，强调用新的信息技术和互联网技术对传统的劳动密集型制造业重新定义、整合，满足消费者个性化、集成化、便利化的需求，创新人才、技术标准、创新平台等将成为全球产业创新的争夺焦点。同时，随着我国综合经济实力和国际地位的不断提升，我国在国际贸易、国际资本格局、产业经济活动中的影响力进一步凸显，将颠覆现有的全球产业链秩序。国家中心城市的产业发展必须遵循全球产业体系发展的趋势，把握这一轮产业变革的机遇，实现产业优化升级。

与产业发展的外部环境变化相适应。产业发展的外部环境影响日趋内部化，成为影响或约束产业发展的重要因素。目前我国的能源消费结构仍然以煤为主，这导致了巨大的环境压力，而且尽管各地的单位产出能源消耗有所下降，但是仍不乐观，能源与环境约束还需要通过能源的生产与组织方式变革来实现。人类正在经历历史上首次以省资源、省空间、省劳力为基础的新工业革命，其实质就是数字制造技术、互联网技术和再生性能源技术的重大创新与融合，这能够导致工业产业乃至社会产生重大变革。据测算，2050 年全球碳排放总量将在现有基础上降低一半。节能、环保、低碳、集约将成为全球共识。更加严格的标准和政策措施或将出台，全球产业将进一步集约化、高效化发展，绿色低碳、可持续的循环经济发展模式将不断强化。因此，国家中心城市的产业发展必须与外部环境实现友好协同，需要针对环境、能源、资源制定标准清晰、切实可行的政策措施，在产业发展过程中实现资源集约化利用和生态环境保护。

与城市自身发展优势相协调。每个城市在区位、交通、资源等方面都有着各自的发展优势和劣势，比如：北京是首都，拥有无与伦比的政治政策优势资源，但同时又要在产业调整过程中考虑如何疏解其非首都功能；天津有着天然良港，但是在发展过程中如何定位其在京津冀城市群中的地位并与北京、河北在产业上实现错位互补发展；郑州是中原城市群核心城市，在区位、交通等方面有着天然优势，但是在中西部地区的经济综合实力方面并不突出，如何借助已有优势通过产业优化升级提升经济综合实力和在中西部地区的综合竞争力，突出其在中部地区的引领作用，是必须考虑的问题。总之，每个城市必须根据自身的城市发展定位、区位优势、要素禀赋来确定产业调整优化重点。

二、国家中心城市产业升级的目标导向

国家中心城市要在遵循产业升级相关原则的基础上，通过产业升级构建与国家中心城市相适应的产业体系，其核心就是要建立具有竞争力的产业体系，具体表现为具备产业链价值链控制力、产业持续自主创新能力和产业空间均衡发展能力，三位一体能力的构建是国家中心城市实现由现行产业体系向新型产业体系转变的目标（见图 8-7）。

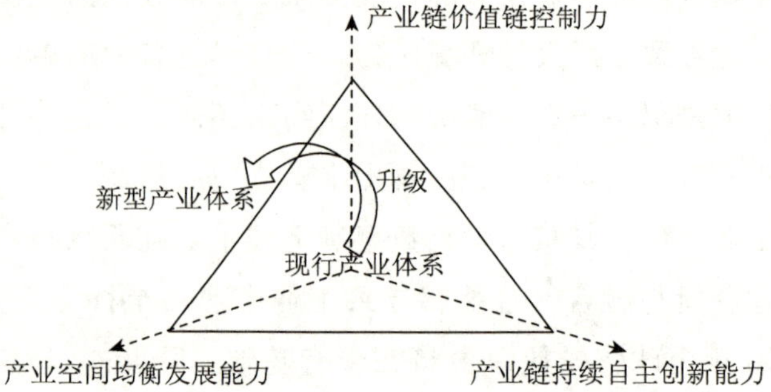

图 8-7　国家中心城市产业升级的目标导向

资料来源：肖林，周国平．卓越的全球城市：不确定未来中的战略与治理［M］．上海：上海人民出版社，2017 年第 1 版：617.

一是具备产业链价值链控制力。随着国际分工由产业间分工向产业内分工和产品内分工的转变，企业掌握产业链和价值链的控制力非常重要。产业链和价值链控制力是指企业参与产业链分工中利用自身的核心能力或核心优势控制产业链中的关键资源和关键节点的程度。国家中心城市需要在已有的比较优势产业中掌握产业链和价值链控制力，还需要有前瞻性地提前布局未来新兴产业，研究掌握相关核心技术，为未来取得产业链和价

值链控制力储备力量。

二是具备产业持续自主创新能力。新兴产业体系国际竞争力可以通过产业链价值链的控制力反映，该核心能力的构建越来越依托产业持续资助创新能力，只有持续不断地创新才能保证对关键资源和关键节点拥有核心能力，才能保证该产业在全国范围乃至全球范围内处于领先水平。国家中心城市必须以科技创新中心为目标，从教育培训、科研投入、企业研发、市场机制等多方面入手，切实提高产业的自主创新能力。

三是具备产业空间均衡发展能力。国家中心城市要建立具有国际竞争力的产业体系，必须要有与之相匹配的空间载体。对于建立国家中心城市目标而言，其产业必然是多元化的。有效地布局相关先进制造业、高端生产性服务业和综合生活性服务业等，使之既有利于产业发展，又符合国家中心城市发展规划，是产业空间均衡发展能力的重要体现，同时也是国家中心城市成功构建新型产业体系的重要标志。通过将产业转型与空间格局转变相结合，充分利用空间分布的集中优势，形成各具特色的产业集群，同时引导落后产业在城市与城市间进行梯度转移，根据比较优势形成合力的产业分工格局。

三、国家中心城市产业升级的总体思路

形成高端服务业云集、高新制造环节引领力强、功能高度融合的产业价值链。围绕拓展提升城市服务功能，集聚具有全国乃至全球生产、管理、研发的管控功能，辐射面广、服务能力强、服务能级高，处在价值链高端的金融、贸易、科技、信息、专业服务等服务业门类；集聚具有战略前瞻性、技术引领性、产业关联链长、价值链控制力强、高智能化等特性的生产制造环节；形成体现制造与服务高端融合、传统产业与新兴产业深度融合以及文化与科技、资本及其他产业有机融合的产业价值链融合生态，通过融入全球产业链带动产业结构优化升级。

构建占据科技前沿、技术创新活力高、自主创新能力强的产业科技创新体系。构建全方位合作交流、具有创新要素吸引力和创新要素配置功能的产业创新要素集聚平台，打造国家产业创新资源重要枢纽；坚持以市场

需求为导向、以产业发展为指引，构建与产业链高端融合发展、集知识发现、科技研发、创新中试以及创新成果产业为一体的体系完备的产业创新链；集聚一大批具有全国乃至全球影响力、拥有自主知识产权和核心技术产品的创新型企业；加强合作交流、平台共享、合理规划布局，建立一批有国际水平的、开放式的、适应市场经济发展和全球化趋势所需要的科技基础设施。

创建产分工合理、功能集成高效、互通互享便捷的网络化产业集群组织。以地方特色为旗帜，打造平台共享、平等参与、协作高效、开放互联、影响力大的产业组织群落，形成资源要素支撑力强、联系广泛便捷、制度开放、体系完善的产业组织网络系统；集聚一批代表国家最高生产管理水平、具有国际知名品牌价值和国际影响力的旗舰型企业和众多具有创新活力和全球竞争优势的中小企业，共同塑造区域品牌；引导集群内发展循环经济运营模式，并通过创建知名地域品牌提升产业集群在国际、国内市场的竞争力。

打造高度开放包容、高端要素集聚、综合功能强的产业要素综合配置平台。以更宽阔的视角审视城市自身发展和区域发展，更加注重区域协同和整体竞争力的提升，构建与国际规则全面接轨、市场化程度高、具有全国乃至全球产业资源要素吸引力的产业要素环境，打造成为全国产业资源要素网络核心节点；成为国际化高端人才、产业信息、产业技术的重要集聚地，形成产业资源要素流动有序、具有全国产业要素定价权和影响力的国家产业要素综合配置平台。

建设集约高效、低碳环保、与生态文明相协调的产业文明。实现互联网、信息技术与实体产业深度融合，形成根据市场需求快速调整产能、品质统一可控、满足个性化需要和低成本、高效率、集约化的生产方式；建立智能制造、清洁制造等特征明显的生产制造体系；形成以集约化利用、集群化布局、多样化配置等为特征的生产投入模式，产业投入产出效率达到世界领先水平；构建具备可持续发展能力的产业协同发展机制和与生态文明相协调的产业文明，实现城市、环境和产业体系的协同。

四、郑州市加快产业升级的主要任务

加快发展先进制造业。坚持主业突出、板块联动、优势互补、特色鲜明的原则，构建创新驱动、集约高效、融合共生、具有核心竞争力的新型工业体系，推动制造业向规模化、高端化、智能化、品牌化发展。强化电子信息、汽车、新材料三大战略性产业引领发展，引导现代食品制造、品牌服装及现代家居、装备制造、铝及铝精深加工四大传统优势产业转型发展；加快生物及医药、机器人及智能制造装备、新一代信息技术三大新兴产业跨越发展，有效提升郑州制造业的基础能力和创新能力，逐步把郑州打造成为全国一流的电子信息产业制造基地、国内外知名的汽车及装备制造基地。依托中国中车在郑州投资建设生产基地，利用郑州中车四方、思维列控、辉煌科技等企业在细分领域的技术及资本优势，将郑州建设成为中部地区领先的轨道交通装备产业基地。以航空港经济综合实验区、上街通航试验区、登封市通用航空产业园和郑州航空产业技术研究院为载体，打造综合功能部地区重要的通用航空产业集群。推动工业发展布局优化，推进工业向新城区、外围组团和新市镇产业集聚区、工业园区集中，培育一批具有国际影响力、国内辐射力、国内外资源整合力的战略性企业（集团），打造若干具有国际竞争力的产业集群。推动生产制造向研发设计、高端定制、核心制造、配套服务等全环节延伸拓展，发展跨产业边界、跨产业链环节的新兴业态，推动形成人才链、研发链、生产链、销售链、服务链“五链一体”发展格局。

加快发展现代高端服务业。以现代金融商贸物流业和文化创意旅游业为战略支撑产业，加快推进服务业集聚和服务模式、产品和业态创新，依托国际物流通道和文化旅游交流功能，提高服务业外向度，积极引进跨国公司和企业集团区域性、功能性总部，提高郑州对区域高端要素资源的集聚力和控制力。依托工业园区、航空港区和科技园区，衍生发展电子商务、金融、研发、物流、培训等高成长性服务业，引进国际国内零售业龙头企业在郑州建设中部地区的运营中心。加快郑东新区金融集聚核心功能区、郑州期货交易所等平台发展，搭建辐射全国的特色化、专业化服务平台，提升服务经济层次和水平。加快发展服务型制造和生产性服务业，创新发展商务服务、信息服务、文化创意、健康养老等服务经济。支持建设跨境 O2O 新型特色商业供应链项目和多业态融合创新商贸综合体项目，努力把郑州打造成为服务全省、辐射中原经济区、影响全国、享誉全球的“新商都”。

加快发展都市生态农业。以农业供给侧结构性改革为主线，加强农业基础设施建设和农业科技创新力度，加快构建结构优化、产城互动、功能互促的都市生态农业发展新格局，推动现代都市农业精准化、集群化、品牌化发展。按照“一圈两区、一带一廊”的总体布局，围绕主城区周边调整农业种植结构，精准发展花卉、苗木、林果、牧草等生态农业和生态林业，构建集生产、生态、休闲观光三大功能于一体的都市生态农业和都市生态圈。发展精深加工农业和物流商贸农业，推进农产品电子商务和一体化冷链物流，建设全国有影响的现代农产品批发和集散中心。深入推进农业改革创新，积极稳妥推进农村土地产权改革，健全农产品质量安全检验检测和市场准入制度，加快构建以龙头企业为引领、农户家庭经营为基础、合作与联合为纽带、社会化服务为支撑的立体式复合型信息化现代农业经营体系。

加快发展“互联网+”新业态。加快“互联网+”新业态创新发展，实施互联网+制造业、服务业、农业一批重大行动专项，形成网络化、智能化、服务化、协同化的“互联网+”产业体系。大力发展大数据产业，深化大数据在一、二、三产业的创新应用，依托泛在网络、信息技术和智能技术发展，全面提高郑州生产产品和装备的数字化、智能化和网络化程度，推动生产过程向自动化、柔性化和集成化方向发展。加快建设融合、泛在、安全的宽带网络基础设施，推进大数据、云计算、下一代互联网等新一代信息技术与经济社会发展各领域深度融合创新，全面推动“三网融合”发展，打造区域性数据中心。大力拓展互联网与经济社会各领域融合的广度和深度，培育发展分享经济、平台经济、体验经济、社区经济等新兴经济业态，实现新兴产业的趋向成熟化、规模化发展。

第四节 郑州推进产业升级的对策措施

一、突出中心城市功能，增强产业发展支撑力

郑州跃居成为国家中心城市，必然要以产业为发展基础提升经济实力，在经济发展过程中形成“产业高地”，对周边区域进行辐射，从而产生不同程度的影响。在经济新常态的现实背景下，郑州必须突出国家中心城市的功能定位，深化产业结构转型升级，率先完成产业结构转型，为建设国家中心城市夯实产业之基，在下一轮经济增长周期到来时赢得先机。一要突出提质增效，加快供给侧结构性改革，实施创新引领、质量品牌、技改提升、智能制造、服务型制造、绿色制造、承接产业转移、产业集群培育、过剩产能化解、企业减负降本等工程，提升有效供给能力。二要聚焦一批龙头型、基地型项目，加快配套企业集群式引进，形成产业集聚效应，争取用三至五年时间尽快培育出3~5个新的千亿级支柱产业集群，着力把郑州打造成为全国重要的先进制造业中心、中西部地区制造业创新发展引领区、内陆城市开放型制造先行区、传统资源型城市转型升级示范区。三要充分利用郑州航空、铁路、公路等交通区位优势，积极对接航空港、自贸区、自主创新示范区、中原城市群等国家战略，加快构建与国家中心城市相匹配、相支撑、相依存的“品质之都”现代产业品牌体系，在全国打造独具特色的“郑派产业”。四要创新机制体制，营造良好产业生态，强化企业主体地位，积极培育发展本土品牌，实施大企业大集团品牌升级工程，瞄准支柱、优势产业，推动企业从产品竞争、价格竞争向质量竞争、品牌竞争转变，完善品牌培育服务体系，提高郑州的产业竞争力和话语权。

二、坚持科技创新驱动，培育产业持续增长力

郑州未来要致力于提高产业自主创新能力，突出科技创新对产业的支撑作用，持续加大科技力量的培育，厚植科技创新优势，为郑州的产

业升级提供强大的创新活力源泉。一要构建多元化、多层次、多渠道的研发合作交流机制和投入机制。围绕产业链部署创新链，以郑洛新国家自主创新示范区建设为契机，推进科技园区建设，依托盾构及掘进技术国家重点实验室、中船重工713所、郑州大学等科研院所和高等院校组建产业技术创新战略联盟，吸引大连理工大学、华中科技大学、中科院等高校和科研机构来郑州建立研究院所和分支机构，不断充实科研创新平台。二要强化创新主体培育，深入推进创新主体协同合作。加快培育一批科技创新龙头企业，支持搭建科技自主创新服务平台和技术研发机构，推动创新要素向企业集聚。综合运用各种财税、金融、创新政策，引导社会企业加大研发投入，增强技术研发能力，突破一批前沿技术和关键共性技术，形成技术领先优势，推动产业向价值链中高端迈进。三要发挥创新创业综合体的示范带动作用，不断强化产业技术创新要素功能平台建设，建立由政府主导的科技综合服务平台，拓展创客空间，实现与部门、孵化器、高校、科研院所、企业之间的交流互动。四要完善科技成果转化机制，不断完善促进科技创新成果交易、转化的服务支撑体系，增强科技创新的产业化水平。

三、优化城市空间布局，强化产业集聚辐射力

郑州要按照区域合作发展的大格局，不断调整优化城市区域布局和功能结构，增强中心城市的影响力、带动力和辐射力。一要深化周边地区的联动发展与合作。按照组团发展、产城融合、统筹协调、跨界互动的原则，加快在郑州周边小城镇培育“副中心”或“卫星新城”，与开封、新乡、许昌、焦作等周边城市共建集约、智能、高效的组合型大都市区，依托中原城市群构建具有较强空间连绵、功能联系的城市区域。探索建立产业发展协作配套协调机制，推动城际间要素流动、功能互补、资源共享、构建合理分工和错位发展的产业体系。二要逐步优化产业空间布局。加快关停并换土地产出效率地，生产附加值低的工业企业，实行“腾笼换鸟”，整理出更多低效或限制的土地用以发展现代服务业。结合产业转型升级，整理整顿污染严重、能耗强度大的产业，加快其向外转移或关停并转，对

具有比较优势的战略性新兴产业实施战略性扩张政策，引导其更好地融入国际产业链，并从低端向中高端迈进，逐步提升产业空间布局的品质。结合城市和产业空间发展布局优化，制定人口空间布局优化策略，逐步降低中心城区人口密度并提高郊区人口密度，实现城市、产业、人口的和谐共生。三要大力发展产业功能区，配置经济新增长点。综合考虑功能定位、发展特征、资源宾服、社会环境、生态条件等因素，按照一主一城的城市发展规划，加快在城市地域边界框架内布局产业主体功能区，培育新的产业功能区增长空间，改变郑州产业空间发展的非均衡发展格局。加快中心城区内部圈层现代服务业集聚发展，建立服务业电轴功能区分布模式，加快调整以外部圈层为重点工业布局，同时完善服务业发展功能，推动二、三产业协调发展，规划引导都市型农业圈层布局，形成全市的生态保护屏障。

四、加快对外开放发展，提升产业资源配置力

郑州要按照国家中心城市的功能定位，坚持内外联动，加快构建开放型的产业体系，提升郑州作为国家中心城市的产业资源配置力，积极融入全球价值链网络。一要强化“一带一路”节点作用。深化与中亚、俄罗斯、东南亚、东中欧等重点区域的合作，建设双向经贸产业合作园区和海外物流基地。利用航空港经济综合实验区的平台优势，加快优化航空物流网络，通过国际航空枢纽的地位提升郑州的国际竞争力。巩固郑州铁路枢纽领先优势，拓展郑欧货运铁路线网和腹地范围。探索建立全国领先的跨境电子商务通关、物流、财税、贸易、金融等全产业链新体制。二要提升口岸经济发展的层次和水平。找准功能定位优化完善郑州的口岸布局，加快功能性口岸体系建设，推进跨区域口岸联盟，构建“大通关”的协作模式，促进口岸与枢纽、物流、贸易、金融联动发展。规划布局一批与其主导产业相配套的零部件制造园区、冷链物流园区、综合物流园区、商务会展中心、商品交易市场、出口基地等专业园区，形成集聚发展格局。三要构筑双向开放大平台，加快推动企业“引进来”“走出去”。制定全产业链布局和国际化战略，加快引进重点产业和跨国企业，打造一批开放程度

高、综合服务效率好的中外合作专业园区，增强国际资源要素吸附能力。加快吸引世界500强企业、跨国公司及其区域总部、研发中心落户，建设区域性总部经济高地。加强企业“走出去”的顶层设计和整体规划，挥“深耕国外”的老企业的带动作用，探索联合河南其他在境外发展的企业组成“河南企业产业联盟”，按照“一省一国”的发展思路建立海外河南工业园区，引导企业走差异化发展的道路。

五、营造良好的发展环境，激发产业发展的活力

一要坚持政府引导和市场调节相结合促进产业转型升级。发挥市场在资源配置中的决定性作用，突出企业的主体地位，通过招商引资、引智、印制等方式，将人才、技术和装备等优势与灵活的体制机制、先进的市场理念相融合，提升产业市场化程度。更好地发挥政府作用，坚持以企业需求为导向，加快转变政府职能，推动行政审批制度改革，完善产业发展政策和相关的配套政策，提升政府的产业服务功能，让企业和创业者感受到政府的支持、服务的效率和监督的善意，从而营造出良好的政策环境。二要培育支撑产业发展的人才环境。加快形成具有郑州特色的人才政策体系，实施本地优秀人才素质提升、全民技能振兴、海外人才聚焦三大工程。出台招才引智的优惠政策，加强人才引进的平台建设，聚焦创新驱动引进人才。加快整合科教资源，健全以企业为主体、以职业院校为基础、学校教育与企业培养紧密联系、政府推动与社会支持相结合的高技能人才培养体系。做好人才资源规划，健全人才培养选拔、评价选用、流动配置、激励保障机制，逐步形成集政府、市场和社会服务于一体的人才发展体系。三要打造生态宜居宜业的城市环境。加快完善互联互通、智慧高效、绿色安全的现代化基础设施，提高教育、医疗、文化、社保等公共服务的供给水平。围绕郑州城市定位，持续开展大气污染防治，推进城市生态水系建设，提高城市绿化水平，注重延续城市文脉，通过持续改善生态环境，为产业发展营造良好城市环境。加强与其他国家和地区、城市间的人文交流合作，充分利用历史文化资源丰富、交通便利发达的优势，统筹建设一批国际学校、国际医院、国际社区，提高城市国际化水平。

第九章　郑州建设国家中心城市的交通发展战略

郑州是一座因铁路而兴、因路网而繁荣、因枢纽而发达的城市，现代综合交通优势是郑州市建设国家中心城市的突出优势之一。面对激烈的枢纽之争和国家中心城市建设难得的机遇，河南省、郑州市两级党委政府认真贯彻落实习近平总书记打好“四张牌”的要求，始终把交通建设和枢纽发展摆在十分突出的位置，将交通建设特别是以铁路、公路为基础的现代交通体系建设作为基础设施建设的重中之重，以航空港综合实验区和郑欧班列作为深化对外开放的基础战略，强力推进国际性交通枢纽建设，着力为河南未来发展打造新动能、拓展新空间、提升新优势。

第一节　郑州综合交通体系发展历程与现实基础

一、郑州综合交通枢纽形成的历史脉络

（一）从东方要道到陆地交通十字口

郑州地处中国第二、三阶梯过渡带，直面太行山脉与秦巴山脉交接地带。特殊的地理位置，使之具备了连接南北、承东启西的良好自然条件。宋元以前，郑州始终位于沟通东西方的交通要道；宋元以后，特别是明清以来，随着政治中心东移北上、经济中心南下，南北交通尤其是由都城北京到湖广的南路通道逐渐变得重要，与传统的东西方通道在郑州相交，使郑州成为陆地交通十分重要的十字交叉口。需要指出的是，中国古代的交通运输始终是政治军事为主、经济功能为辅，而长距离大宗运输以水运为主，陆路交通主要用于近距离和紧要信息传递，因此中国古代交通枢纽往

往是政治中心、水陆码头。尽管郑州区位条件优越，在近代以前除了短期作为王朝首都或者诸侯首府起到重要作用外，大部分时间都没有承担枢纽作用。中原地区的交通枢纽，在古代前期主要是地处黄河中下游分界的洛阳地区，它由于政治地位极为重要（往往是首都或陪都），又是全国经济腹地向政治中心输送的重要水陆转运枢纽，长期作为道路交通总枢纽存在；宋元以后，则随着政治中心和水运交通的东移北上而转向政治地位相对重要、水运相对方便的开封一带，特别是在宋代极盛一时。明清以后，随着政治中心北上、经济活动南下，同时受黄河水害侵夺湮没自然河道、运河对水运产生的不利影响，中原地区在古代政治经济和交通运输中的地位也日益式微。

（二）从火车拉来的城市到铁路心脏

工业革命的发生，带来了交通技术和交通工具的重大革新，使交通运输方式产生了重大的变革，铁路和公路运输逐渐取代水运成为内陆运输最重要的运输方式。1906 年通车的京汉铁路与 1931 年贯穿河南省的陇海铁路在郑州交汇，给古老的驿路通道赋予了新的经济和社会功能。以铁路沿线重要城镇为起点，主要沿传统驿道修筑的公路交通逐步兴起，并逐步形成了以省会开封为中心的公路路网。新中国成立后，逐步对京广铁路、陇海铁路等铁路持续进行了复通和全面复线化、电气化，新建了焦枝、孟宝等干线铁路和一些支线铁路、地方铁路，以郑州火车站、郑州北站、郑州东站（现圃田西站）为主体实施现代化改造和铁路场站功能布局优化，使铁路通道能力得以进一步提升、运输网络进一步得到优化、枢纽功能进一步增强；河南省省会由开封搬迁至郑州后，国道 107 和国道 310 线、京港澳和连霍高速先后在郑州交汇，优化了国道和省道网络布局，初步构建了“一纵一横”、连通各省辖市和重点旅游城市的高速骨架，形成了以郑州为中心、以高速和国道为骨干通达全国的交通网络。这样，郑州枢纽以位居铁路干线交汇的区位优势、客货集疏和列车编解的服务能力，成为名副其实的中国铁路心脏；与此同时，郑州市作为国内重要的陆路交通枢纽地位，也得到巩固和提升。

（三）从国内枢纽到国际性综合交通枢纽

“十一五”以来，河南交通进一步快速发展，高速公路和高速铁路大规模兴建，航空运输异军突起。河南省高速公路通车里程自2006年起连续8年保持全国第1位，已经基本形成“网络完善、核心突出、衔接顺畅、覆盖广泛、出行便捷”的高速公路网络；随着京广高铁、徐兰高铁的陆续投入运营和逐步贯通，以及郑州东站的投入运营，郑州成为高速铁路大发展时代的高铁枢纽，进一步巩固了拥有四个特等站和一个一等站的郑州枢纽铁路心脏地位；形成了以郑州新郑机场为核心，南阳姜营机场、洛阳北郊机场等为主要节点，运输机场和通用机场多层次布局的发展局面。郑州市集航空、铁路、公路多种交通枢纽于一体，成为连通河南省内外、通达五湖四海的国内综合交通枢纽。与此同时，随着对外开放的深入推进，河南省也在努力探索一条适合自身发展的对外开放路径。在国家和相关部门的支持下，在全省及郑州市的努力下，按照“货运为先、以货带客，国际为先、以外带内，以干为先、公铁集疏”的发展思路，河南省充分发挥区位优势，将航空港经济实验区建设放在对外开放的突出位置加快发展，2012—2016年新郑机场旅客吞吐量和货邮吞吐量分别实现了15%和32%的年均增速，2017年上半年已双双居中部地区第1位；从2013年7月18日首趟郑欧班列运行开始，河南省充分发挥铁路路网心脏优势，目前已经实现每周去八回六常态化运行、在国内率先往返基本均衡。郑州市正在逐步形成以航空港、铁路港为主体，依托区位交通优势，通达多数国际主要航空货运枢纽、覆盖欧洲主要城市和国内重要经济区域、口岸种类基本齐全，空、铁、陆、海多式联运的连通国际、畅通国内的重要国际交通枢纽。

二、郑州现代综合交通运输体系发展现状

（一）立体化现代交通网络日趋发达

经长期的历史积累特别是新世纪以来的大规模建设，郑州已经形成了集铁路、公路、航空为一体的立体化交通网络，并且在国家及相关部门支持下和省市的共同努力下，逐步完善、日趋发达。陆地交通运输网络方

面，京广和陇海干线铁路、京广和徐兰高速铁路、京港澳和连霍高速公路、国道107线和310线均在此交汇，形成了高速铁路、高速公路、干线铁路、国道等重叠交汇的“十”字大动脉运输通道；省域高速公路已密织成网、通达各县城以上城镇，至开封、洛阳、新乡、焦作、许昌五市之间的快速通道网络和中心城区到周边城市组团之间一级公路快速通道加快建设，以郑州为中心、辐射周边、通达各地的快速交通网络日趋完善；郑州至重庆、合肥、济南、太原等高速铁路以及新郑机场至郑州南站、郑州南站至许昌、郑州南站至登封至洛阳、焦作至济源至洛阳等城际铁路建设加快推进，以郑州为中心的“米”字形高速铁路网、中原城市群核心区城际铁路网初具形态；干支结合、货运优先、突出集疏的民航运输体系和航线网络初步形成。截至2015年底，以郑州为中心、覆盖河南全省的铁路营运里程达到5118公里，其中高速铁路865公里、城际铁路171公里；拥有高等级公路8418公里，其中高速公路通车里程达到6305公里、八车道里程突破1000公里，省际出口达到27个；郑州机场共有客货运航线171条，全货机航线从2条增长到34条。

（二）全国性综合交通枢纽地位进一步巩固提升

郑州是国家确定建设的全国性综合交通枢纽城市之一。在国家的大力支持下，河南省、郑州市持续加强投入，各类客货运枢纽建设成效显著，全国性综合交通枢纽地位进一步得到巩固和提升。郑州枢纽作为全国铁路路网的心脏，拥有亚洲解编作业功能最完善的列车编组站郑州北站、中国最大的零担货物转运站圃田西站和高铁十字枢纽站郑州东站，同时依托郑州铁路一类口岸在中部地区率先开行了直达欧洲的铁路国际货运班列并实现常态化运营。随着郑州南站的建设和枢纽内部场站进一步优化，郑州在丝绸之路经济带上的重要节点地位将进一步提升，铁路枢纽地位更加牢固。郑州市作为河南省及中原地区的公路网络中心、国家级公路运输枢纽、国家级公路转运中心、全国高速公路客运中心和公路物流中心，建成郑州长途汽车站、客运北站2个现代化综合客运枢纽，截至2015年，拥有二级以上客运站73个，客运企业48家，客运班线691条，其中省际222条，全年共完成客运量10643万人，完成货运量18069万吨，公路枢纽地位进一步巩固。郑州机场作为国内干线运输机场、国家一类航空口岸、全国八大区域性枢纽机场之一，在实验区上升为国家战略的历史机遇和河南省坚持民航优先发展战略推动下，全面完成机场二期工程建设，服务能力显著提升，航线网络更加完善，初步确立了连通境内外的航空枢纽地位。

（三）现代物流发展迅速

依托便捷的交通区位条件和实验区建设，郑州持续放大综合枢纽优势，做大做强航空物流、跨境电子商务，物流集聚高地优势显现，第三方、第四方物流发展迅速，现代物流信息化水平不断提高。郑州初步形成了以航空港区、郑州国际陆港、郑州国际物流园区为主要载体和核心区，以新郑华南城综合物流园、中牟汽车物流园、中原家居物流园、荥阳大宗物资及农副产品综合物流园等物流功能区为重点的郑州现代物流业发展格局，全国性物流节点城市辐射带动作用明显增强。“郑州—卢森堡”双枢纽建设卓有成效，郑欧班列实现了每周去八回六常态化运营，创新性地实现了“单一窗口”“秒通关”模式，打通了通往世界的空中通道、陆上通道、网上通道，成为全国首批综合性跨境贸易电子商务试点城市之一，连接境内外的国际性综合交通枢纽作用日益凸显。

（四）综合能力日益增强

通过加强城市交通建设和智慧交通建设，郑州综合交通枢纽的服务支撑能力、信息化水平和产业支撑能力日益增强。“畅通郑州”建设不断加快，“公交都市”建设成效显现，“环形+井字”快速路系统和次干道、支线路网日益完善，以轨道交通和快速公交为骨干、常规公交为主体、出租车和微型公交为补充的城市公共交通网络，有力地服务了枢纽建设。郑州成立了交通数字化综合指挥中心，实施了一系列交通信息化项目，实现了三级以上客运站联网售票，持续推进智能交通、智能高速等信息化工程，物流信息平台作用日益凸显。多式联运的货运信息网络初步建立，基本实现公路、铁路、航空为支撑的四通八达物流网络，智慧交通建设水平不断提升。围绕综合枢纽建设，郑州大力发展以高端制造和现代服务业为重点的枢纽经济，智能终端、生物医药、会展服务等乘势而起，与综合交通枢纽建设强力互动，有力地支撑了枢纽建设，发挥了枢纽优势。

第二节　郑州建设国际性综合交通枢纽的主要优势与制约因素

一、郑州与相关城市的比较分析

根据《“十三五”现代综合交通运输体系发展规划》，“十三五”期间，我国将着力打造12个国际性综合交通枢纽，其中重点打造北京—天津、上海、广州—深圳、成都—重庆4个国际性综合交通枢纽，建设昆明、乌鲁木齐、哈尔滨、西安、郑州、武汉、大连、厦门共8个国际性综合交通枢纽。这些国际性综合交通枢纽城市是国家中心城市布局的重要考虑因素，它们所形成的主要综合交通枢纽优势和作用，对郑州市建设国际性综合交通枢纽，具有重要的影响和积极意义。

总体来看，这些城市综合交通优势和作用存在明显的三大类型。第一类国际性综合交通枢纽是以京津冀、长三角和珠三角城市群首位城市为代表的综合发展型。这类综合交通枢纽依托高度发达的区域经济和城市群及高强度的国际联系，与枢纽建设相互促进，正在向全球性城市群和综合交通枢纽演进。城市群内部港口、机场走向以分工协作实现优化提升，枢纽建设走向多式联运、无缝衔接，综合交通枢纽建设总体上服务于城市群发展，并且存在明显向周边城市疏解的趋势。第二类国际性综合交通枢纽是以成渝、长江中游、关中—天水等城市群首位城市为代表的枢纽发展型。这类综合交通枢纽依托优越的区位条件和高速发展的区域经济与城镇体系，在不断强化多式联运、无缝衔接能力，以及加快功能完善的过程中，促进区域经济社会快速发展，服务中心城市参与全球分工、走向国际竞争。第三类是国际性综合交通枢纽是以乌鲁木齐、哈尔滨、大连、厦门、昆明等为代表的特色发展型。这类综合交通枢纽依托有利的区位条件和特殊的地缘政治条件、国际人文交往优势，在我国“一带一路”中具有重要的战略支撑作用，成为我国实施“一带一路”的前沿，同时也支撑着这些城市在国际舞台上发挥重大作用。

表 9-1　“十三五”期间建设的国际性综合交通枢纽城市主要优势比较

城市	区位条件	基础能力	支撑条件
北京—天津	位于华北平原与黄土高原、内蒙古高原、东北平原交接地带，东临渤海，是内地通往东北地区、内蒙古的陆路咽喉	北京是全国路网和空中交通中心，天津是北方重要陆运枢纽，京津冀、内蒙古、山西等地的重要海运枢纽，有铁路特等站 7 个、国际机场 2 个、国际港口 1 个，首都机场、天津港在全球分别列第二、第五；京津交通一体化进程正在加快，区域交通网络进一步优化和完善，在建的北京新机场将进一步提升京津的综合交通优势	北京是全国政治、文化、国际交往、科技创新中心，天津是全国先进制造研发基地、北方国际航运核心区、金融创新运营示范区、改革开放先行区，在京津冀协同发展中，以北京为核心、京津联动，共同发挥高端引领和辐射带动作用，将京津冀地区打造为具有较强国际竞争力和影响力的重要区域
上海	位于长江黄金水道和钱塘江入海汇合处、南北海岸中心点，背靠经济发达的长江三角洲，面临国际海运要道，与日本韩国隔海相望，具有通江达海、腹地广大的独特优势	上海是全国重要的路网、航运和空运枢纽，具有良好的港口条件，是长江经济带货物转运中枢和建设中的国际航运中心，有 3 个铁路特等站，2 个国际机场，上海港、浦东机场在全球分别列第二、第九。随着长江经济带、长江三角洲城市群建设的深入推进，区域交通一体化进一步加快，上海市综合交通枢纽功能将进一步提升	上海市面临着打造国际经济、金融、贸易和航运中心的重要战略使命，同时也是重要的国际科技创新中心，肩负着推动长江三角洲城市群提升发展和带动长江经济带加快发展的重要历史使命；长江三角洲是我国经济社会相对发达地区，长江经济带和沿海地带是我国经济发展的重要轴带，区域经济社会的高度发达和快速发展，为上海国际性综合交通枢纽建设带来新的机遇和挑战
广州—深圳	广州位于珠江入海口，深圳紧邻香港特别行政区，背靠经济发达、市场活跃的珠江三角洲为腹地，面临国际海运要道，与港澳和东南亚隔海相望	广州是全国重要的路网、航运和空中枢纽，深圳是全国重要的航运枢纽，广深通道是全国最繁忙的城际客货通道，有铁路特等站 4 个，白云机场和宝安机场、广州港和深圳港均是我国重要的对外贸易枢纽，其中广州港在全球港口排第六；随着大珠三角湾区合作进一步深化，广深枢纽的国际综合交通枢纽地位将进一步提升	广州是广东省省会、国家历史文化名城，我国重要的中心城市、国际商贸中心和综合交通枢纽。深圳市毗邻香港，是我国经济特区，全国性经济中心和国际化城市；珠江三角洲是我国最早实施对外开放的地区，区域经济社会高度发达，科技创新能力强，对外联系紧密，对外贸易活跃，是世界人口和面积最大的城市群，连同香港、澳门的大珠江三角洲是世界第四大湾区

表 9-2 主要国家中心城市的综合交通优势

城市	区位条件	基础能力	支撑条件
成都—重庆	成都地处成都平原腹地，是西部高原的门户，重庆是进入西南大后方的咽喉，共同构成了连接西南、西北和华中三大区的天然纽带	成都和重庆是我国西南地区路网、航空和水运枢纽，有铁路特等站 5 个，重庆港是长江上游最大的内河港口，成都双流机场是中西部客货吞吐量最大的机场；随着川藏铁路、京昆高铁、成都天府机场加快建成和成渝交通网络日益完善，成渝的国际枢纽地位将进一步提升	重庆是我国第四个直辖市，西部开发开放战略支撑和长江经济带西部中心枢纽，长江上游地区经济、金融中心、商贸物流、科技创新和航运中心；成都是西部地区重要的经济、科技、文创、对外交往中心和综合交通枢纽；成渝城市群立足西南、辐射西北、面向欧亚，是西部地区推进“一带一路”战略重要支撑点
昆明	昆明南下越老达泰柬、西接缅甸连印巴，是我国面向南亚、东南亚地区和印度洋周边经济圈的桥头堡	昆明是我国面向南亚、东南亚各国的重要陆运和空中门户，有铁路特等站 2 个，是泛亚铁路的中国起点；昆明长水机场是面向东南亚、南亚和连接欧亚的国家门户枢纽机场，是仅次于成都双流机场的西部第二大机场	昆明是中国面向东南亚、南亚开放的门户城市，国家级历史文化名城，我国重要的旅游、商贸城市，西部地区重要的中心城市之一；昆明与南亚、东南亚经济联系密切，人文交往频繁，是西南地区全面推进“一带一路”战略的重要战略支点和国家门户
乌鲁木齐	乌鲁木齐地处亚洲大陆地理中心，是新欧亚大陆桥中国西段桥头堡和西部对外开放门户	乌鲁木齐是我国面向中亚、西亚地区的门户城市，乌鲁木齐站是新疆地区唯一的铁路特等站，乌鲁木齐集结中心是中欧（中亚）班列出入境编组集结门户，地窝堡机场是我国国际门户机场之一	乌鲁木齐是我国西北地区重要的中心城市和面向中亚西亚的国际商贸中心，与中亚西亚国家习俗相近，对这些国家具有独特的国际交往便利条件，是陆上丝绸之路核心区建设的核心城市
哈尔滨	哈尔滨地处东北亚地理中心位置，是第一亚欧大陆桥国内枢纽城市	哈尔滨是东北亚陆运通道和空中交通枢纽之一，有铁路特等站 2 个，太平国际机场是东北地区乃至东北亚地区重要的交通枢纽之一	哈尔滨是我国对俄合作中心城市、东北亚国际商贸中心城市、东北亚区域性中心城市和国际冰雪文化旅游名城，具有独特的对俄交往便利条件

续表

城市	区位条件	基础能力	支撑条件
西安	西安位于中国陆地版图中心和中国中西部两大经济区域的结合部，是西北通往中原、华北和华东各地市的必经之路	西安是我国西部地区和中东部地区的重要咽喉，通往西北、西南、华北、华东、中原路网辐辏与此，有铁路特等站 4 个，其中新丰镇站素有西部大开发“桥头堡”之称；西咸国际机场是我国重要航空港，年旅客吞吐量居中西部第三位	西安是我国重要的科研、教育和工业基地，西部地区重要的中心城市，世界历史文化名城，科技创新能力强，国际交往频繁；西安市是陆上丝绸之路中欧（中亚）班列西进东出的必经之地，在“一带一路”战略和对外交往中占据重要地位
武汉	武汉居江汉汇流之处、长江水道与京广通道交接之地，是全国最大的水路综合交通枢纽，有九省通衢之称	武汉是我国中部地区重要的综合交通枢纽，既能依托长江水道通江达海，又能依托国家陆运通道通达各发达经济区，有铁路特等站 5 个；武汉港是交通部确定的水铁联运主枢纽港，武汉天河国际机场是我国重要的枢纽机场	武汉是我国重要的工业和科教基地，城市国内生产总值、高等院校和国家级科研院所数量均居中部地区之首，交通便利、工业基础雄厚、科研创新能力强，正在全力打造长江中游金融中心、国家商贸物流中心、全国重要会展中心和世界设计之都
大连	大连位于辽东半岛最南端，西、南与京津冀、山东半岛相望，东眺日韩，是东北地区主要出海口	大连港是东北亚地区国际性枢纽港、我国东北地区唯一的不冻港、欧亚大陆桥的东方起点，通过哈大、鹤大等陆运通道与东北主要城市相连，大连周水国际机场是国家级干线机场	我国东北地区重要的经济，航运、工业、科技创新和旅游城市，夏季达沃斯论坛常驻地，东北对外开放窗口城市；依托辽阔多产的东北腹地，大连市正在努力打造东北亚国际航运中心、国际物流中心、区域性金融中心
厦门	厦门濒临台湾海峡，是中国内地与台湾距离最近的城市	厦门与台湾金门县近在咫尺，也是距高雄等主要港口城市最近的大陆城市，厦门港是我国东部重要的天然深水良港	厦门我国传统的通商口岸、著名的侨乡和台胞祖籍地，海峡西岸重要的中心城市，与台湾往来密切，历来是对台工作的前沿

注：全球十大机场排名来自《Cadas 2016 全球最大机场排名 TOP10 上海浦东入榜》，http：//news. carnoc. com/list/390/390881. html；全球十大港口排名来自新华网转载浙江日报《2016 年全球十大港口排名》，http：//news. xinhuanet. com/local/2017-08/09/c_ 129675857. htm.

二、郑州的主要优势与有利条件

郑州建设国际性综合交通枢纽有着得天独厚的区位优势、坚实的基础能力优势、明显的政策优势和独特的创新优势，成为河南省和郑州市实现强省富民、开放发展的重大战略。

郑州建设国际性综合交通枢纽具有得天独厚的区位优势和坚实的基础能力优势。郑州有承东启西、连接南北的传统区位优势，不但使其在近代以来成为我国路网的关键枢纽，这种优势随着高速经济的到来变得更加突出。据测算，以郑州为中心，500公里为半径可覆盖全国3.5亿人口，800公里可覆盖全国7亿人口、一半以上经济总量，1600公里可覆盖全国92%人口、95%经济总量。在此区位优势下，持续加强的交通基础设施建设为郑州市建设国际性综合交通枢纽打下了坚实的基础能力优势。目前，郑州拥有四通八达的高速公路，米字型高铁正在持续推进，国内外航线不断完善，以五大铁路特等站为骨干的铁路枢纽体系正在持续优化，以新郑机场为中心的航空港功能正在持续提升，公、铁、空、海等无缝衔接、多式联运能力建设如火如荼。

郑州建设国际性综合交通枢纽是国之大计，具有相对完善和不断加持的政策支持。新中国成立以来，郑州作为国家路网枢纽的地位就不断受到国家重视。随着高速经济的到来和对外开放的深化，郑州建设国际性综合交通枢纽的条件越来越成熟，必要性日益增强，成为国家战略的重要组成部分。中原经济区战略中，建设重要的现代综合交通枢纽作为重要定位之一被放在突出位置。郑州航空港经济综合实验区是我国首个由国务院批复、被纳入国家战略的国家级航空港经济综合实验区，写入国家“十三五”规划。中国（河南）自由贸易试验区依托郑州综合枢纽优势，明确提出要求加快建设贯通南北、连接东西的现代立体交通体系和现代物流体系，将河南自贸区建设成为服务于“一带一路”建设的现代综合交通枢纽、全面改革开放试验田和内陆开放型经济示范区。中原城市群发展规划明确提出，要持续完善郑州站、郑州东站和郑州新郑国际机场三大枢纽场站功能，建成郑州南站等一批枢纽场站，加快航空港、铁路港、公路港三大物流园区建设，将郑州打造成为国际性枢纽城市。国家发改委支持郑州建设国家中心城市的指导意见里，明确要求郑州市建设贯通南北、连接东西的现代立体交通网络和现代物流体系，提升内陆开放门户地位。《“十三五”现代综合交通运输体系发展规划》明确提出支持郑州市建设国际性综合交通枢纽，民航、铁路、高速公路等专项、中长期规划都提出了支持郑州市综合交通枢纽的部署，综合交通枢纽示范城市等相关试点正在不断落地、扎实推进。

河南省、郑州市和相关部门高度重视郑州市综合交通枢纽建设，项目谋划、推进持续有力。河南省国民经济“十三五”规划、“十三五”现代综合交通运输体系规划、民航发展规划等综合性和专项规划均将郑州综合交通枢纽建设放在突出位置、重点部署，还出台了支持郑州航空港综合经济实验区建设的指导意见、郑州—卢森堡“空中丝绸之路”建设专项规划和工作方案等多个支持郑州推进重大项目实施、完善体制机制以加快综合交通枢纽建设的指导意见、实施方案和重大举措。郑州市委市政府、郑州铁路局和郑州航空港等地方政府和相关部门在国家、省的部署与支持下，围绕综合交通枢纽建设着力加快项目进展、完善枢纽功能、创新体制机制，取得了明显成效。新郑机场已经完成二期改建工程，实现双跑道运营，服务能力有效提升，2017 年上半年客货运输量双双领跑中部地区；目前，着力增强货运能力和物流集疏能力的三期工程也即将启动。米字型高铁未建线路已经全部启动，新建的郑州南站将与新郑机场形成空铁双核驱动，将共同带动枢纽经济快速发展。轨道交通建设如火如荼，地铁 1 号线、郑焦、郑汴城际通车，地铁 2 号线与市郊铁路贯通运营，规划 300 公里的地铁线路和郑登洛城际正在加快推进，机场至许昌、开封城际正在加快完善规划。

多式联运、跨境电商、航空港区和自贸区探索取得积极进展，体制机制不断完善，国际枢纽地位日益凸显，枢纽经济快速发展。创制“单一窗口”“秒通关”郑州模式，跨境电商进出口业务量规模全国第一，占据了全国 50%的份额。位于航空港区的领事馆区规划已经展开，卢森堡飞行签证中心即将率先落户。河南航投股权投资卢森堡货航，联袂打造郑卢双枢纽，使郑州机场成为全货机货邮吞吐量最大机场；构建郑州航空物流大数据平台，国内首个国际物流数据标准联盟，催生航空货运“郑州价格”；郑州—卢森堡“空中丝绸之路”已经获得国家层面支持，正在由概念照入现实。郑欧班列实现每周去八回六常态化运行，覆盖国内1500公里集货范围，网络遍布欧盟、俄罗斯及中亚地区的24个国家121个城市，并在国内率先实现来去班列相对均衡。枢纽建设推动枢纽经济发展，高端装备制造、生物医药、电子信息、现代物流、现代仓储、电子商务、会展服务等高附加值现代制造业和商务服务业迅速崛起，成为郑州国家中心城市建设和中原城市群发展的重要支撑。

三、郑州市建设国际性综合交通枢纽的影响因素

郑州建设国际性综合交通枢纽具有天然的区位交通优势，并且在国家和相关部门支持下，经过历届党委政府努力，目标越来越明确，思路越来越清晰，条件越来越成熟，成效越来越显著。然而，郑州建设国际性综合交通枢纽还面临着诸多突出问题和种种风险挑战，只有克服这些影响因素，郑州才能顺利依托国际性综合交通枢纽建设，不断完善城市功能，建成具有重要国际影响力和竞争力、有效服务国家“一带一路”和区域发展战略的国家中心城市。

外部运输通道仍待进一步完善，内部交通网络有待进一步优化。目前，以郑州为中心的米字型高铁仅完成纵横两大通道，“一撇”“一捺”尚未完就，以郑州为中心的环形城际轨道交通网络亟待加快推进；公路运输通道中仍存在多处省际断头路亟待打通，已建公路部分路段拥堵严重、“肠阻塞”问题明显，亟待加快实施升级、扩容和复线化改造。枢纽建设方面，郑州东站和郑州站接发能力已发挥到极限，新郑国际机场经二期建设仍难以满足快速增长的客货运输要求，并且面临突出的航线资源、空域容量瓶颈问题。城市交通对国际性综合交通枢纽建设适应性较差，城市快速路和轨道交通与各类枢纽和高速公路网络衔接仍待进一步优化，城市道路建设质量差、生命周期过短、管理效率低下问题突出。

枢纽结构亟须优化，多种运输方式协调亟待进一步完善。当前，郑州

各类型各大交通枢纽空间布局分散、枢纽间联系条件有限问题正日益突出，路权、线路、场地资源竞争激烈，公、铁、空、海等多式联运、无缝衔接仍然面临突出的结构性问题。如何通过优化轨道交通、城市路网和枢纽布局，增强各大铁路枢纽之间、各类型枢纽之间一体化效应，成为当前面临的突出问题。此外，交通运输主体多元化、方式多样化和组织复杂化的特点日益明显，各运输方式技术标准间衔接问题突出，使多种运输方式间协调难度进一步增强。

集疏运网络有待进一步提升，服务水平和能力亟待提升。随着国际性综合交通枢纽建设的深入推进，在发挥综合交通优势达到沟通国内外、连通四面八方的同时，长距离运输成本控制、广域网络深度覆盖和大数据复杂信息服务等问题越来越多的浮出水面；由于铁路、航空和海关边检等管理体制机制与地方发展存在的固有矛盾和限制，在站线建设、航权航线资源分配和海关边检资源分配及客货通关能力方面还存在很大的制约性；随着国际郑建设的深入推进，无领事馆、缺少顶尖人文交往机构，大区性金融、物流、跨国公司总部稀少等问题也日益凸显，国际人才短缺、国际交流经验不足、国际化发展支撑体系不健全，成为郑州完善国际交往功能和提升国际影响力的突出短板。

面临竞争形势复杂，急需进一步提升城市综合发展实力。综合交通枢纽优势，是区域经济发展的基础优势之一，建设国际性综合交通枢纽成了各地尤其是新兴城市凝聚发展新优势、抢占发展制高点的重要竞争目标。郑州尽管占据了建设国际性综合交通枢纽的天然优势，但是随着经济社会发展格局的调整和技术手段的不断进步，这种自然区位优势也在不断弱化。从竞争主体来看，三大综合发展型枢纽正在由个体发展走向区域优化，五大特色发展型枢纽也在聚焦特色优势、强化枢纽功能。与郑州相似的三大枢纽发展型枢纽则面临着明显剧烈的相互竞争，其筹码是城市实力、区位优势和基础能力，争夺的对象是交通资源、运输市场和发展空间。单从城市实力来看，郑州市明显输重庆、成都、武汉一筹，比西安在很多方面也显逊色；区位优势和基础能力方面，尽管郑州有扼据路网心脏、平原交通建设和运输成本等优势，但是总体上仍是各有千秋、各具特色。另一方面，随着经济社会的发展和技术手段的进步，随着我国综合交通运输通道的逐步完善，郑州原有的部分优势有明显弱化的趋势，城市实力的不足将对郑州建设国际性综合交通枢纽产生着越来越明显的不利影响。

第三节 郑州建设国际性综合交通枢纽的战略路径和举措

一、加快完善路网航线布局强化枢纽地位

现代综合交通优势，是郑州建设国家中心城市的最大优势。在围绕国际性综合交通枢纽建设国家中心城市的过程中，郑州的首要任务是继续强化区位交通优势，通过加快完善连接发达地区和西部地区的快速交通网络，以及连通国内外的航线网络布局，强化连接东中西、连通国内外的枢纽地位。

以国际货运为重点，带动客运和国内货运发展，完善航线布局。充分发挥郑州航空港综合实验区和郑州跨境电子商务试验区的试点优势，与民用航空和交通运输部门紧密合作，落实中原经济区、航空港综合实验区、跨境电子商务试验区和中原城市群及郑州建设国家中心城市等相关政策，探索在航权、航线和空域管理方面进行试点，落实航权开放和航线开通倾斜政策，优化空域管理。充分利用郑州区位和路网优势，积极发展陆空联运和航空中转网络，大力拓展陆空、空空国际中转市场，在强化郑州—卢森堡中欧“空中丝绸之路”能力建设和功能作用的同时，积极开辟至北美、中东、非洲、南美和澳大利亚的国际货运干线，强化新郑机场国内、国际货运中转枢纽地位。依托国际货运中转，深化国内机场合作和国际人文交流，加快发展国内航空货运和国内外客运航空市场。

以米字型高铁建设为重点，加快优化路网布局。一方面，以《中长期铁路网规划（2016—2020）》为标志，我国正在全面迈向由大容量向高效率推进的新的路网提升时代。大力推动米字型高铁建设，是郑州市在新的路网提升时代凝聚发展新势能、塑造竞争新优势的根本物质基础，成为激

烈竞争环境下抢占发展机遇、发挥综合交通优势的优先战略。另一方面，随着郑州建设国家中心城市的深入推进，郑州市各区域之间和郑州市与周边城市、中原城市群其他城市之间，以及中原城市群与其他城市群之间联系将更为密切。因此，亟须加快城市轨道交通、城际铁路建设，加快主要普通铁路干线和高等级公路提升扩容与新通道、联络线建设，加强城市快速通道、轨道交通与国家和区域运输通道的衔接，加快优化完善路网结构，构建“内畅外达”的立体综合交通网络。与此同时，随着新高速铁路和城际铁路的接入，郑州市区原有线路资源不足、效率不高问题将会逐步凸显，应未雨绸缪，结合各类交通枢纽建设，适时展开高铁环线和货运环线的规划建设。

二、加快推进重点工程建设优化枢纽结构

合理的枢纽结构，是发挥现代综合交通优势的重要基础。在现代交通运输市场日益发达的背景下，交通运输的主体多元化、方式多样性和组织复杂性持续增强，枢纽城市交通枢纽呈现出网络化、综合化和服务化发展趋势。随着以郑州为中心的米字型综合交通运输通道逐步形成、航空经济的迅速崛起和城市区交通流量的快速增长，枢纽容量不足、综合服务能力不强的问题日益凸显，亟待加快完善综合交通枢纽的布局和结构优化，以适应国际性综合交通枢纽和国家中心城市建设的需要。

加快推进重点枢纽工程建设，补齐枢纽建设发展短板。围绕新郑国际机场基础能力提升和功能完善，加快推进机场三期工程和郑机城际延长线建设，拓展（航）空（高）铁联运市场，从根本上提高机场客货集疏、中转运输和物流服务能力，打造连通国内外的国际航空枢纽。围绕提升承载能力和优化功能分布，按照客内货外的总体布局，加快推进郑州南站建设和郑州站、郑州东站提升改造，加快铁路港体系优化调整和其他重点场站提升改造，适时推进郑州北编组站搬迁和原场地改造利用，强化郑州枢纽铁路路网心脏地位。围绕功能对接、优势互补，依托高速公路、干线公路网络布局，对接航空港和铁路港及其枢纽建设，以及城市及其公共交通发展，加快推进一批航空、铁路、公路客货枢纽和物流园区建设，充分发挥

公路运输纽带作用，增强国际性交通综合枢纽集疏能力和服务国家中心城市建设能力。

优化枢纽功能布局，提升枢纽总体效能。围绕枢纽效能提升，统筹郑州及周边空、陆、水交通运输资源，优化枢纽功能布局，构建客运零换乘、货运无缝衔接的现代化综合交通体系，提升郑州国际综合交通枢纽总体效能。构建“三港、多站、大口岸”货运枢纽体系。按照“依托产业、科学布局、合理分工、高效衔接”的思路和“区港联动、区区联动”的要求，对接海、陆、空通道及城市交通格局，结合城市产业布局和交通发展需求，围绕航空港、铁路港、公路港建设，系统改造提升既有铁路场站，科学规划建设公路货运场站和物流园区，加快完善口岸功能和强化信息互联互通，构建充分发挥郑州现代综合交通优势。适应现代生态、高效、便捷物流发展的功能互补、分工明确、系统科学的货运枢纽体系。构建“四枢、多站”客运枢纽。依照“均衡布局、方式衔接、系统优化”的思路，以郑州机场、郑州东站、郑州站和规划的郑州南站为主体，对接全球、全国及区域主要陆空通道，建设系统衔接多种运输方式的四大综合客运枢纽；依托高等级公路、城际铁路和地铁，衔接城市轨道交通、城市公交和城区主干道路及城市出租，加快完善衔接城际交通和城市公共交通的公路和城际铁路枢纽，以及衔接城市轨道交通和城市公交、出租等方式的城市公交枢纽布局。通过优化城市客运枢纽布局，形成对接国际、国内、省内及市域交通四个层次，科学衔接、系统优化的客运枢纽体系，提升郑州国际交通枢纽运行效能和服务水平。

三、围绕现代综合交通优势发展枢纽经济

国际性综合交通枢纽建设，是郑州市建设国家中心城市的重要环节和最大基础优势。然而，作为河南省省会和中原城市群发展核心，不能止步于枢纽建设，更要充分发挥这一优势条件，以现代物流业为先导，逐步完善金融服务、信息服务、会展服务等其他现代服务功能，集聚高附加值、高时效性先进制造业，与枢纽建设互相支撑、相互辉映，才能从根本上提升其国际综合交通枢纽地位，进而完善国家中心城市功能。

依托枢纽建设发展现代物流产业。依托航空枢纽、铁路枢纽和公路枢纽建设，按照“科学布局、功能互补、合理分工、有机衔接”的思路，做好航空运输与高速铁路、高速公路运输之间，铁路运输与公路运输、水路运输之间的科学布局和有机衔接，充分发挥郑州路网心脏和自由贸易示范区、航空港综合实验区、跨境电子商务试验区等试点示范的优势，积极完善各大枢纽物流服务功能和提升重点场站现代化物流功能，构建深层次、广覆盖的现代物流集疏网络，打造连通国内外、覆盖中东部的航空、公铁物流基地和内陆“无水港”，形成现代物流产业与国际性综合交通枢纽互相促进、共同发展的良好格局。

发挥综合交通优势发展先进制造业。围绕郑州市综合交通优势形成的人文往来便利、物流高效便捷条件，按照“完善服务、构筑优势、科学布局、集群发展”的思路，积极完善城市功能，优化发展环境，以电子信息、生物医药、高端装备制造和航空产业等为主要代表的高附加值、高时效性先进制造业为主，根据产业发展的人才集聚、物流运输特征，科学规划和培育、引进相关产业集群，充分发挥现代综合交通优势和相关试点政策优势，努力打造“一带一路”和中西部地区先进制造业基地，夯实综合交通枢纽物流集疏的产业基础，形成先进制造业发展与枢纽建设相互支撑、共同提升的互动格局。

挖掘综合交通潜能发展其现代服务业。围绕现代物流产业和先进装备制造业发展需求，依托航空经济、跨境电子商务 E 贸易和人员往来便利条件，加快发展高端金融、信息服务和物流服务等支撑产业。同步推动会展服务、科技服务、电子商务等快速发展，加速国际商贸、文化创意、休闲旅游、康健养生等生活服务业发展，积极争取政策发展国际教育、过境游、免税店等行业和业务，形成以国际性综合交通枢纽为基础，现代物流产业和先进装备制造业为支撑，现代服务业全面发展的格局，夯实国家中心城市建设基础。

四、围绕建设目标发展短板完善枢纽功能

尽管拥有得天独厚的区位交通优势，然而由于开放发展起步相对较

晚、区域经济社会发展总体水平相对低下，郑州市围绕国际性综合交通枢纽建设国家中心城市还存在着功能短板突出、开放能力不足、服务水平较低、互动发展不够等问题，亟待对照国家中心城市和国际性综合交通枢纽总体目标以及自身存在的突出短板，尽快完善枢纽建设的各项功能。

一是强化连接功能。这里的连接功能主要是指连接国内国外两个市场和交通网络的功能，突出短板是缺少领事机构和对外免签政策，海关和边防机构偏弱。目前，郑州市是国家已公开支持建设国家中心城市和国际性综合交通枢纽城市中，少数几个没有外国领事机构和没有开放对外免签的城市之一，经由郑州出境需要先赴外地办理签证，同时也不能接受外来临时访问人员，使人员往来便利性受到极大限制。此外，由于历史原因，郑州市海关和边检机构偏弱，尽管经过内部挖潜暂时可以满足当前发展需要，但是对于支撑郑州国际性综合交通枢纽建设还存在明显不足。因此，郑州市围绕现代综合交通优势建设国家中心城市过程中，应将补足功能短板放在突出位置，依托自贸区、航空港、电子商务试验区和自主创新示范区试点探索优势，积极争取一批外国领事机构进驻和对外免签政策落地，同时努力争取更多的海关和边检改革试点政策。

二是拓展开放领域。作为不沿边、不靠海、不临江的内陆城市，开放度不够是郑州市围绕现代综合交通优势建设国家中心城市的先天不足，需要积极探索更广泛领域的对外开放。总体思路是坚持建设大枢纽、发展大物流、培育大产业、塑造大都市，扩大航空服务对外开放，拓展郑州国际航空口岸和国际铁路口岸功能，加快自由贸易试验区郑州片区开放探索，提升郑州航空港经济综合试验区、郑州经济技术开发区等开放功能，深化金融、国际投资、知识产权和人才服务等领域开放创新，积极有效吸引境外资金、先进技术和高端人才，努力发展高端制造业和现代服务业，创新国际医疗、旅游、教育产业融合发展，以物流带动人流、以枢纽建设聚集发展要素、以高端产业发展推动国家中心城市建设。

三是完善服务链条。坚持高效市场、有限政府目标，进一步加大简政放权、放管结合、优化服务力度。一方面，加快政府职能转变，全面建立权力清单、责任清单、负面清单，全面实施政府办事“单一窗口”模式，切实加强事中事后监管，充分放开市场活力，切实履行政府职能。另一方面，坚持有所作为，提高相关机构效能，发动社会力量，搭建各种国际文化交流和人员往来合作平台，在国家“一带一路”中根植中原元素、培植中原优势，为企业走出去和引进来提供文化、法律、金融、技术等咨询服务。

四是深化市场合作。坚持优势互补、合作共赢，以铁路港和公路港为主体，依托郑欧国际货运班列和陇海铁路等出海通道，加强与沿海、沿边口岸城市的国际物流合作，打造覆盖东中西、连接国内外、连通亚欧的国内物流中转基地和国际物流中枢；以航空港为核心，依托航空和路网优势，深化与交通运输、货运代理企业合作，打造覆盖中部和东部区域、连接国内外的国际航空中转枢纽；创新国际合作模式，利用并购、股权投资、合资等方式，通过共建双枢纽和各类园区等合作载体，逐步搭建“走出去”和“引进来”合作平台。坚持创新引领，加强信息技术、运输标准和通关边检等技术创新和管理创新支撑，在进一步巩固“郑州价格”的基础上，进一步发展“郑州数据”“郑州标准”“郑州模式”等，充分发挥市场优势，深化市场合作。

第十章　郑州建设国家中心城市的国际化战略

城市国际化是城市在全球范围内运用和配置各种资源，全面参与国际分工、交流与合作的过程，它是经济全球化的结果，也是城市化发展到高级阶段的产物。城市国际化水平不仅取决于城市的规模和经济实力，还取决于城市功能现代化程度和城市文明的开放程度。国家中心城市作为全国城镇体系的“顶端”城市，体现中心性、国际性两大特征，提升国际化水平是国家中心城市的基本要求。郑州作为内陆地区的中心城市，既没有沿海、沿江等地理区位优势，也没有首都政治功能战略支撑，现有的国际化程度相对较低。未来，郑州要通过全面融入“一带一路”、深化企业“引进来”“走出去”战略、实施大口岸发展战略、强化人文国际交流合作战略，加快推进城市国际化进程，努力提升城市的国际竞争力。

第一节　全面融入“一带一路”

一、郑州融入“一带一路”的概况

“一带一路”的实质是跨区域合作，经济合作是核心，通道是基础条件，必须有交通、信息、物流等作为基础支撑，加强交通、能源、信息等通道建设，实现区域间人流、物流、资金流、信息流畅通。郑州是“一带一路”建设中内陆地区的核心节点城市，推动郑州与沿线国家和城市之间的交流合作，实现国内市场与国际市场全面对接，能够使郑州站在开放前沿，提高郑州的国际综合竞争力和影响力。从世界各国的经验来看，航空运输越发达的地区，经济外向度越高，发达的航空运输已成为各国迈向国际化的重要衡量指标。近年来，郑州依托航空港和国际陆港，发挥公路网络、铁路网络、航空枢纽优势，通过构建铁、公、机、海一体的多式联运交通物流体系，强化与“一带一路”沿线国家和地区的市场对接，形成了以郑州航空运输为核心的“空中丝绸之路”、以中欧班列（郑州）为载体的“陆上丝绸之路”和以跨境电子 E 贸易为重点的“网上丝绸之路”的多维立体开放格局，积极融入“一带一路”建设。

在“空中丝绸之路”建设方面，2014 年河南民航发展投资有限公司收购了卢森堡货航 35%股权，借助其全球航线资源，通过郑卢货运“双枢纽”合作战略，使郑州迅速融入全球主要经济体货运航线枢纽网络；河南与其他省份合作，通过卡车运输与航空运输相衔接、航空运单“一单到底”的方式进行中转集拼，卡车航线网络已覆盖北上广等全国 70 个大中城市，货运种类由单一传统轻工业品发展到高精尖的精密仪器等 10 余大类 200 多个品种，基本形成以郑州为枢纽，连接亚欧美澳等四大洲的航空国际货运网络。截至 2017 年 7 月底，郑州机场已开通全货机航线 34 条（国际航线 29 条），通达全球前 20 位货运枢纽机场中的 15 个航点，完成货邮量 24. 8 万吨，郑州机场客、货运量在中部机场中实现“双第一”。

在“陆上丝绸之路”建设方面，中欧班列（郑州）是国内较早实现双向对开的班列，率先推出班列送货“门到门”服务，在全国设立 19 个办事处和国际部、电商部、业务部，构成区域营销网络，并与内蒙古、新疆等沿线城市的相关部门建立直通放行机制，使班列实现境内全城绿灯；郑州海关与哈萨克斯坦、俄罗斯、德国等沿途海关签订协议，班列可直达汉堡，并开通了郑州至青岛、连云港等海港的郑港班列。截至 2017 年 8 月，中欧班列（郑州）运输频次实现每日常态化开行；网络遍布欧盟、俄罗斯、中亚地区 24 个国家和地区 121 个城市及境内 22 个省、自治区和直辖市，服务企业超过 400 家；搭载班列的运输货物也由最初的工业品扩展到加工食品、计算机，再到农产品、艺术文化交流品、精密设备等对箱体有特殊需求的货物，品种达到1300余种。

中欧班列（郑州）凭借货运总量高、承运货类全、境内境外集疏分拨范围广、开行频次密、市场化程度高等综合实力（见表10-1），在全国28家开行的中欧班列中持续领跑。

表10-1 2013—2017年郑欧国际货运班列运营情况

	2013年	2014年	2015年	2016年	2017年
累计班数（班）	13	87	156	251	168
累计承运货物数（万吨）	0.89	3.61	6.35	13.00	10.70
累计货值（亿美元）	0.5	4.3	7.14	12.94	10.44

数据来源：http：//www.zzguojilugang.com/templets/郑欧国际货运班列2017年6月份开行简报.pdf，2017年数据截至6月30日。

在“网上丝绸之路”建设方面，郑州以“E贸易”为平台，发展以跨境电商为代表的数字贸易新业态，首创“电子商务+保税中心+行邮监管”的通关监管模式，建立了“1+9”智能物流查验分拣分拨中心。通过高度集成的信息化系统、智能机器人、传动装置、运载机械等，将9个智能仓库的分拣货物通过一个查验中心集中查验出区，大幅提高分拣、查验、分拨时效，降低成本，是全球跨境电子商务产业链物流环节的重大突破。目前，跨境贸易电子商务园区吸引了阿里巴巴、天猫国际、亚马逊等电商集聚，敦豪、顺丰、邮政等知名物流企业参与；培育了“班列购”“万国万品”“航投臻品”等86家本土电商企业，并带动内贸电商、农村电商、社区电商快速发展，带动了不沿海不沿边的郑州朝着“买全球、卖全球”目标迈进，实现从“国际枢纽”向“国际商港”的转变升级。

郑州在融入“一带一路”建设方面取得了良好效果，但也存在一些问题。一是缺乏市场主导的运营机制。以郑州航空港为核心的临空经济发展模式仍是以政府为主导的建设和投融资模式，而中欧班列（郑州）对财政补贴存在较强依赖性，通过补贴形成的价格优势在各地班列运营中形成恶性竞争，给未来班列独立市场运行埋下隐患。二是跨境金融服务体系尚未形成。目前缺乏高效率的供应链金融、航空金融租赁、离岸贸易结算、贸易融资等支撑国际航空物流和铁路物流产业发展的金融服务体系。三是货源及运输需求方面还存在隐忧。在郑欧班列的货源中，京津冀地区货源占30%，南方沿海城市货源占40%，本地货源占30%，返程货物以酒类、果汁饮料和食品类为主，这些在中国消费市场接受情况还有待观察。在运输组织方面出境车型不匹配入境货物，不能卸后利用，仍需长距离大量调配空车确保入境货物运输，且现有航空集装箱与铁路、公路等集装箱不相匹配，导致货物转运时存在困难。四是运输组织体系尚不健全。沿线国家铁路运输及关检规定和限制存在差异，而且空、公、铁还没有实现无缝对接，缺乏有效的物流链条、仓储配送体系，限制了航空物流业务规模并增加了物流成本。

二、打造“空中丝绸之路”核心区

从交通、区位、物流集散的速度、成本及辐射范围来看，郑州都具有成为最佳航空枢纽的条件。加快建成国际航空物流中心和内陆开放高地，这也符合2013年国家批复的航空港区规划中航空港区的五大定位。因此，郑州有必要抢抓机遇，利用航空港经济综合实验区的平台优势，加快优化航空物流网络，探索打造“空中丝绸之路”核心区，为郑州在国际交通运输格局中赢得一席之地，通过国际航空枢纽的地位提升郑州的国际竞争力。

加快提升载体平台功能。进一步明确郑州航空港的国际功能定位，加强基础设施建设和航空港北货运区建设，把机场打造成为直通中亚、东亚、东南亚和欧洲的国际机场，把航空港打造为综合性国际港口。强化与国际物流服务商的合作，加快引进基地航空公司和国际物流集成商，完善航空货物中转集散中心、国际快件集中监管和分拨中心、冷链物流基地等功能设施，打造“1+N”通达全球的航空物流网络。

发挥多式联运的综合性优势。拓展郑州机场“空空+空地”货物集疏模式，扩大“卡车航班”覆盖范围和运营规模，推动实现国际航空货运与国内高铁集疏无缝对接、双向联运，构建以郑州空港为中心500公里范围的公路集疏圈。加快推进郑州机场国际物流多式联运数据交易服务平台建设，实现“一单到底、物流全球”的目标。通过发挥各种运输方式齐备、多式联运、衔接高效的综合性优势，提升郑州综合交通枢纽在国际、国内的知名度，加快形成品牌优势。

加强沿线节点城市的合作。加强与沿线国家航空网络建设，支持发展民航运输和航空物流产业，利用沿线国家和节点城市的资源和航空网络的互补性，拓展航空产业发展空间。按照“开美、稳欧、拓非、连亚”的思路，鼓励航空物流企业并购当地的货航公司或者入股、控股当地机场，同时以连通国际枢纽机场为重点，加密拓展航线航路，完善航空运输网络，提高航空运输规模和效益，构建联系全球的航空货运通道。注重连通国内枢纽机场和国内航线网络，提高郑州至其他省会、主要旅游城市、景区和沿海开放城市的航线密度，加快货运支线开发，进一步扩大郑州航空运输腹地范围。

培育国际化的金融生态环境。加强金融机构与航空物流企业的合作，发展供应链金融和航空金融，为航空物流的发展提供全方位、高层次金融服务。引进和培育一批规模大、影响力强的融资租赁公司，探索互联网金融、第三方支付等新型金融服务，推动人民币跨境业务、离岸金融结算等领域的金融创新，为航空物流产业的发展提供金融租赁、航运保险、贸易融资等专业性化金融服务。

三、巩固“陆上丝绸之路”战略支点地位

优化市场机制及其功能定位。合理控制财政补贴的规模和时限，创新政策扶持手段，减少直接财政补贴，促进班列运营企业创新投融资及运行模式，稳步推进班列运行常态化、运输组织多元化、经营模式市场化，使其尽快摆脱低成本扩张模式，提升郑欧班列的市场运营能力。争取丝路基金的倾斜，先期给予一定的补贴。建立补贴逐步退出机制，通过中欧班列市场的培育和发展及综合效益的提升，推动班列逐步成为真正的市场主体，即使减少和取消政府补贴也能实现班列的正常运转。

巩固郑州铁路枢纽的领先优势。按照“国际一流、四通八达、内捷外畅”的建设理念，加快建设“米”字形高速铁路网和城际铁路网，按照“客内货外、客货分线”的思路，加快郑州都市区铁路货运线网建设，构建“十字+圆环”货运铁路网，提升郑州铁路网货运疏解能力。拓展郑欧货运铁路线网和腹地范围，通过铁海、铁公、铁空等联运模式，打通中国台湾、中国香港、日本、韩国、东南亚经郑州中转至中亚并直达欧洲腹地的海陆联运线。

提升郑欧班列的品牌影响力。研究郑欧班列的货源分布、运输需求和汇集方法，有针对性地制定优惠政策，承接具有对欧出口潜力的先进制造业企业和大型跨国公司，让更多“中国制造”源源不断地从全国各地集结河南再向世界各地出发。在境外设立分拨集疏中心，开辟新的班列线路，积极开展国际运邮业务，拓展电商和运邮等增值服务，不断扩大回程货物量，推动双向运输平衡。通过完善郑欧班列的运营规模、服务增值能力和通关便利能力，提升郑欧班列品牌的国际影响力。

构建中欧班列的沟通协调机制。积极争取国家铁路部门的支持，与其他开通班列城市联合组建国际班列协调服务机构，统一对欧洲铁路货运通道进行谈判并签订过境和运价协议，通过与其他国家的政府、企业联合建立公共信息平台，实现信息共享、价格优化等功能。利用铁路国际组织、欧盟货运通道管理机构、国际铁路运输政府间组织等多个国际组织平台，与沿线国家协商建立国际通道的统一轨距，减少换装程序，并争取形成中欧之间稳定、可靠、快速的集装箱直通班列协议，从而提高我国与境外国家谈判的效率和话语权，使中欧班列逐步走上市场化的良性运营轨道。

四、加快“网上丝绸之路”建设

加快建设跨境电子商务综合试验区。加快建设功能共享、产业一体、业务规模化发展的跨境电子商务集聚区，为国内外贸企业提供出口一站式服务，引导出境购物消费资金回流。探索建立全国领先的跨境电子商务通关、物流、财税、贸易、金融等全产业链新体制，吸引更多的国内外知名电商、网商、支付商和物流商聚集郑州，探索跨境电子商务的欧亚采购试点，不断丰富境外货物的采购品种，建立与沿线国家乃至全球各地的电子商贸长期合作关系。打造以博览展示、线上线下相结合为特色的电商集聚区域和购物天堂，建成全国重要的进口消费品集散中心和全球网购商品集散分拨中心。

加强信息基础设施建设。加快宽带通信网、数字电视网和下一代互联网的互联互通、共建共享，推动“三网融合”发展，不断提升郑州信息集散中心和通信网络交换枢纽地位，力争建成全国重要的区域性数据中心。建设全国跨境电子商务综合服务平台和大数据、云计算中心，推动郑州经验上升为国家标准。通过境外采购点推动沿线国家的信息化基础设施建设，为实现境内外信息交换提供支撑。

增强金融服务功能。拓展跨境电子商务金融服务，开展跨境电子商务人民币结算，推动跨境电子商务线上融资及担保方式创新，鼓励保险机构发展出口信用保险，拓宽服务领域。重点推动互联网在金融、物流、商贸等领域的运用，加快金融服务向智能化方向转型升级。进一步简化资金池管理，允许经银行审核真实、合法的电子单证办理经常项目集中收付汇、轧差净额结算业务。

发挥郑州的先发优势和首创带动作用。充分利用“E贸易”的跨境交易信息优势、航空快递的快捷和分拨中心效率高的物流优势、行邮税比关税低35%的商贸优势三大优势的叠加组合，形成国际资源要求的集聚效应，推动更多国际品牌商店和高端商贸中心集聚在郑州。积极培育跨境电商本土品牌，探索将已有本土电商品牌加以整合，加大电商购物网站的宣传力度，支持其与知名电商企业联合，推动本土电商品牌做大做强。鼓励郑州周边各地建设发展一批跨境电商产业园区，促进跨境电商与传统产业线上线下融合发展，实现多城联动、多点布局、多主体运行、多模式发展，助推“河南制造”更好更快走出国门。通过空中、陆上、网上丝绸之路多维度立体式发展，不断提升郑州参与国际要素资源配置的竞争力，实现打造国际商都的目标。

第二节　深化企业“引进来”“走出去”战略

一、郑州企业“引进来”“走出去”发展概况

产业国际化是城市国际化的关键支撑，它能够带动城市政治、经济、文化、教育等方面更加频繁和深入地交流。随着经济全球化的加速和新一轮产业革命的兴起，国际产能合作越来越受到重视。国际产能合作是一种国际产业转移与对外直接投资相结合的新模式，强调国家间产业互通有无、调剂余缺、优势互补。“引进来”与“走出去”是推动国际产能合作的具体表现形式，通过“引进来”和“走出去”，能够扩展产业发展空间，加快产业结构优化升级，推动城市实现产业高端化发展，加快参与全球产业分工格局再调整，深度融入世界经济进程。

近年来，郑州不断加快体制机制创新，进行商事制度改革，对承接国际产业转移项目给予土地、人才、税收等方面的政策优惠；引进普华永道会计师事务所入驻郑州，帮助本土企业走向资本市场或参与全球并购，并借助其全球网络优势和客户资源吸引跨国企业来豫投资发展；打造合作平台，多次开展国际产能和装备制造合作专题对接会，并组织企业赴俄罗斯、意大利、德国等国开展推介对接活动，引领郑州融入全球产业分工体系。郑州的国际产能合作项目在境内外落地开花，产业涉及制造、商业、建筑、房地产、交通运输、农业、教育等多个行业，有些项目逐渐由单一的制造向管理、服务等全产业链延伸，投资地域遍布非洲、欧洲、中亚和南亚地区，郑州产业加速切入国际市场。比如，郑州引进了全球最大的电子产业专业制造商富士康；郑州宇通客车、海马汽车将产品远销法国、英国、以色列、埃及等40多个国家外，还在缅甸、巴基斯坦、俄罗斯朗等国建立了散件组装基地和技术研发基地；河南航投集团收购了卢森堡货航35%股权业务，开展合资货航、飞机维修、卡车航班等业务。另外，中铁隧道股份有限公司承揽乌兹别克的安帕铁路隧道工程、郑州大学西亚斯国际学院项目、河南林德国际物流有限公司在德国投资项目，等等。“十二

五”期间，郑州对外经济增长较为迅速（见图 10-1），进出口总额增速居全国 35 个大中城市首位。

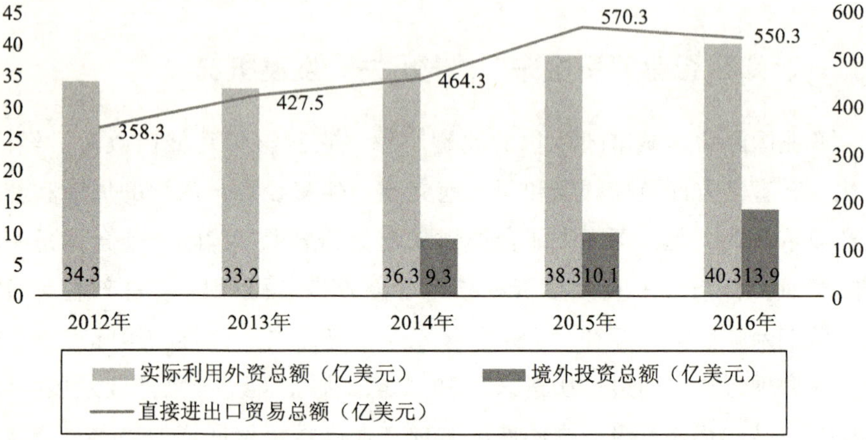

图 10-1　2012—2016 年郑州市对外经济发展情况

数据来源：2012—2016 年郑州市国民经济和社会发展统计公报。

然而，郑州推动企业“引进来”“走出去”面临一些制约因素。从发展规模和质量看，郑州的对外经济与武汉、成都等中心城市相比差距较大（见图 10-2）。在郑州投资的世界 500 强企业数量较少，多数企业在郑州设立的是处于产业链低端的制造加工基地，研发、销售等高端服务业部门设立较少，而且“走出去”的企业大都很零散，层次相对较低，这说明郑州的全球资源配置参与度和与世界经济的紧密度都较低。从国外经营环境看，各国的经济发展水平、政治社会情况、文化传统、管理制度等多方面存在差异，有些国家的政局不稳定、政策法规缺失、产业配套能力较弱、税收政策较为严苛，给“走出去”的企业带来安全、经营管理、政策冲突、信息沟通、文化认同、劳动力雇佣等一系列的风险。从国内经营环境看，由于尚未形成跨地域、跨部门的协调机构，且国际产能合作所需的政府推动、企业主导、市场运作、项目化管理的合作机制方面很不完善，境内外投资的保障保险机制、境外经贸争端解决能力、境外护商能力等还比较弱，企业缺乏足够支持，存在“进不来”“出不去”的现象，实际开展产能合作面临许多困难，难以实现产业国际化的目标。从自身发展条件看，由于外向型经济不发达、创新能力基础薄弱，国际型人才培养和储备不足，基础设施国际化水平不高，城市营商环境缺乏竞争力等因素，郑州对境外跨国企业的吸引力明显不足，“走出去”的企业则缺少具有跨国经营管理的能力，在经济效益和市场竞争力方面较弱。

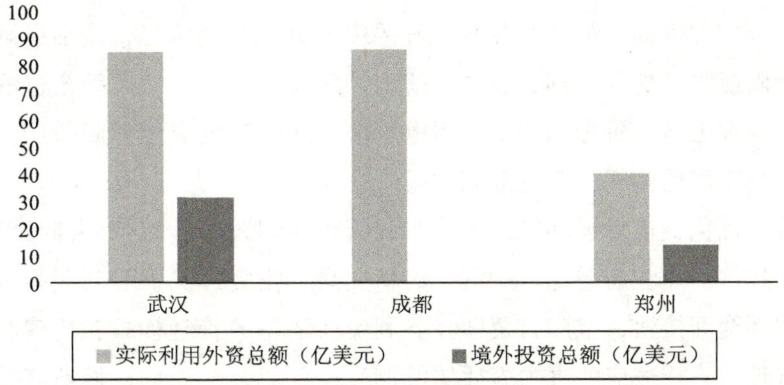

图 10-2　2016 年武汉、成都、郑州对外经济发展情况比较

数据来源：2016 年武汉、成都、郑州市国民经济和社会发展统计公报。

二、企业“引进来”发展战略

制定全产业链布局的国际化战略。一方面，对郑州未来产业链国际化发展方向进行梳理和规划，找准现阶段郑州产业结构亟待优化的重点和急需引进的产业类别，引导国际经济合作从重视生产项目向完善生产链条转化。另一方面，编制对外产业转移地图，对产业境内外转移的方向、目标、步骤和相关的政策措施进行预告，从而使企业对未来产业转移的前景有所了解，还可以对企业对外投资的区位选择进行引导。

加快引进重点产业和跨国企业。利用自身的综合交通优势、人口优势及市场优势，积极承接与郑州支柱产业相关联、与现有资源相适应、与城市建设相匹配的产业主体。加快吸引全球高端要素集聚尤其是世界 500 强企业、跨国公司及其区域总部、研发中心落户，全力承接和发展高端装备、新材料、电子信息等高端制造业及金融、信息、电子商务、物流等高端服务业，建设区域性总部经济高地。通过国际化高端化的产业集聚，提高产业、企业国际化经营水平，加快培育开放合作和竞争优势，提高郑州产业融入全球产业链的能力和竞争力。

加强产业园区和平台建设。借鉴成都“中国—欧洲中心”项目建设和中德创新产业园建设的经验，在推动高新技术产业开发区、科技创新园区等产业园区集群发展的基础上，争取与有关国家、机构共同合作，打造一批对外开放程度高、综合服务效率好的中外合作产业园区，增强国际资源要素吸附能力。建立谈判、签约、落地、建设、投产、壮大等全过程服务链条，发挥土地、资金、用工、用电、市场开拓等全方位保障效应，使产业项目真正落地生根，实现健康发展。

持续优化城市发展环境。加快行政管理体制改革，减少外商投资准入限制，加快企业注册登记、融资、跨境交易、投资者保护等与国际规则和国际惯例全面接轨，推广自贸区经验和负面清单的管理模式，构建与负面清单管理方式相适应的事中事后监管制度，创建公开透明、便捷高效的政务服务环境。构建社会全覆盖的产品质量监管体系，接轨国际技术标准，推动专业服务国际化，形成与国际规则对接的市场环境。加强基础设施和公共服务设施建设，加强国际社区和国际化语言环境建设，加大医疗、教育等公共服务和科研院所的投入力度，营造良好的社会环境。

提高金融对内对外开放力度。进一步简化经常项目外汇收支手续，推动金融服务业对符合条件的民营资本有序开放。积极开展离岸金融业务创新，探索自贸试验区内符合条件的单位和个人按照规定双向投资于境内外证券市场；放宽跨国公司外汇资金集中运营管理准入条件，逐步允许境外企业参与商品期货交易和外资股权投资管理机构、外资创业投资管理机构在自贸试验区发起管理人民币股权投资和创业投资基金。支持保险机构在自贸试验区内开展业务创新，探索特殊风险分散机制，加大再保险对巨灾保险、特殊风险的保险保障力度。

三、企业“走出去”发展战略

加快企业“走出去”步伐。结合东道国市场及国际国内市场的需求情况，加强企业“走出去”的顶层设计和整体规划，重点制定轻工业、装备制造、原材料工业、电子商务等主要行业的“走出去”规划，明确发展定位、产业选择、区位抉择、投资趋向、合作方式，引导优势企业有序到境外投资，以资本输出支持制造业向价值链高端延展。推动电力、城建、路桥、水利、房建等行业有条件的企业开展重大国际项目合作和工程承包，培育一批适应国际通行项目管理模式的工程总承包企业。鼓励市属企业到境外上市融资，开展境外投资并购，培育具有国际竞争力的本土跨国公司。发挥跨境电子商务和自贸区平台优势，推动喜买网等本土电商企业走出去，在海外建立“海外仓”，实现本地销售、本地配送；支持黎明重工、郑州锅炉、圣戈班陶瓷传统制造业通过跨境电商销往全球，不断拓展海外市场，实现“优进优出”。

加快发展境外园区和产业集群。发挥一些“深耕国外”的老企业的带动作用，通过市场化的办法带领大家“抱团出海”，通过市场化手段联合向某国投资，加快形成协同促进、优势互补且均衡发展的国际化产业格局，真正将参与国际产能合作企业做大、做强、做优。探索联合河南其他在境外发展的企业组成“河南企业产业联盟”，按照“一省一国”的发展思路，重点选定几个国家进行全方位合作，建立河南工业园区，制定在外经贸园区发展框架方案，对经贸园区未来的产业方向和商务功能做出明确、具体的定位，引导企业走差异化发展的道路。

提高政府综合保障服务能力。充分发挥政府间的交流和合作机制，整合政府、协会、商会、企业、金融机构、中介服务机构的信息资源，搭建综合信息服务平台，及时发布全面准确的国外投资环境、产业政策、市场需求、项目合作等信息，为企业的国际化经营提供全方位的综合信息支持和服务。构建政府为企业“走出去”多边投资担保机制，制定各种税收优惠和贷款优惠等政策。发挥航空港、中欧班列（郑州）的国际物流枢纽功能优势，为郑州企业走出去提供交通物流基础设施支撑。

健全境外投资的投融资机制。加快推动金融豫军走向国际化，鼓励中原证券等证券机构在重点国家建立分支机构，加强与国际多边金融机构合作，搭建区域性多边金融合作平台，鼓励信用良好的企业开展国际产能合作专项融资，在提升融资能力的同时扩大金融豫军的国际影响力。争取丝路基金、亚投行、中欧亚经济合作基金、邮银豫资“一带一路”（河南）发展基金等国家和省级基金的支持。探索建立与自贸试验区相适应的本外币账户管理体系，促进跨境贸易、投融资结算便利化，允许自贸试验区内跨国企业集团开展跨境双向人民币资金池业务。

积极参与东道国的综合开发建设。企业“走出去”不只局限于经贸往来合作，还要带动境外地区实现综合发展，这也是走出去的企业应该担负的社会责任。企业应该秉持开放包容、互利共赢的合作精神，积极参与东道国城市基础设施和公共服务设施及重大项目开发建设，提高其医疗、教育等公共服务水平和环境治理水平，适当参与当地的公益事业，深度融入当地的经济政治社会文化环境中。

第三节 实施大口岸发展战略

一、郑州口岸经济发展概况

口岸是经济、金融、贸易中心的基本依托和基础，是一个国家对外来往的门户和窗口。一个城市或地区要吸引外资、实现产业结构优化、参与国际市场竞争、发展对外贸易等都需要依托大口岸。口岸经济是一种以国际市场需求为导向，通过对外贸易活动引领和联动关联产业及业态发展的开放型经济，还是一种在全球范围内进行资源配置的大网络经济，是一种崇尚开放、追求效率、讲究分工协作的新经济形态。

近年来，郑州口岸以航空港、国际陆港、跨境贸易电子商务、口岸通关建设为突破口，不断创新跨境电子商务监管模式，构建现代化口岸功能体系和“一站式”大通关机制，关检合作“三个一”通关模式全面推行，“四港一体”多式联运物流体系基本形成，努力完善全方位、宽领域、多层、内外融通、流通便捷的开放格局，初步形成与沿海相当、和国际接轨的对外开放体制机制和载体平台。目前，郑州航空口岸已成为中国空运进口水果、海鲜产品、肉类主要集散地和分拨中心之一。郑州国际陆港也加快建设中欧多式联运综合服务平台，开发投用多式联运场站管理、订舱管理等20个信息子系统，在全国率先实现铁路口岸跨境电子商务智能化监管。另外，境外旅客购物离境退税政策的实施，让口岸业务范围更广，有力地提升了郑州的国际知名度。[①] 截至2017年6月，郑州已有进口肉类、冰鲜水产、水果、进口粮食、种苗、汽车整车等十大功能性口岸和国际邮件经转口岸，成为内陆地区口岸数量最多、种类最全的城市之一。

然而，郑州口岸经济发展面临新的挑战。一是郑州口岸的建设与管理必须要以“买全球，卖全球”目标和“一带一路”节点城市的使命为出发点，满足省会经济政治文化社会的对外交流需要，适应郑州国家中心城市建设的步伐和需要，这对口岸的建设和管理提出了更高标准。二是郑州建设国家中心城市经济特征已经显现，大力发展服务业和以高新技术及低耗能为特征的战略性新兴产业将成为今后发展的战略重点，这要求郑州必须转变发展意识，口岸发展必须适应经济转型产业升级的新需求。三是随着“一带一路”战略的深入推进和航空港综合实验区的发展，一个辐射面更广、区域合作更深、优势资源互补更强的国家中心城市对外经贸格局正在形成，郑州必须加快推动空港与陆港功能的复合叠加，还要加强跨境电子商务和物流贸易合作，从而构建内陆地区的国际化对外开放门户，这需要对口岸发展赋予新内涵。因此，在国家中心城市建设背景下，郑州应跳出“过手洋芋”的老套路，把“口岸经济”作为开放型经济转型升级的重要突破口，实施大口岸发展战略，实现从单一的“通道经济”到外贸、物流、加工、仓储等多元的“口岸经济”的角色转变。

二、提升口岸经济发展层次和水平

找准功能定位优化完善口岸布局。找准郑州口岸功能定位对其进行合理的区域布局，推动郑州航空、铁路口岸的发展为国际枢纽口岸，依托电子口岸公共平台建设国际贸易“单一窗口”，构建以“两区十一口岸”互为依托、

① 赵振杰．砥砺奋进的五年：河南口岸从“第一次”到“第一名”[N]．2017-07-14（07）．

面向全球的、功能叠加完备的、综合立体的国际化内陆口岸体系，逐步形成与沿海沿边等主要口岸群紧密合作、辐射全球主要经济体的口岸开放新格局。突出海关特殊监管区域功能优势和高端产业引领作用，促进形成具有世界竞争力的高技术含量产品售后维修中心，规划布局一批与其主导产业相配套的零部件制造园区、冷链物流园区、综合物流园区、商务会展中心、商品交易市场、出口基地等专业园区，形成集聚发展格局。

提升空港和陆港的带动力。构建完善联通全球主要通航城市、辐射亚、欧、美、非、澳的航空物流网络，提升国际货运能力，增强国际客运功能，做大做强航空口岸经济。扩大郑欧班列境外合资合作，开辟新线路，与国内城市联合打造境内外多枢纽集疏网络，拓展特种集装箱、冷链物流、跨境电商等增值业务，提高班列的核心竞争力。充分发挥口岸与产业的联动作用，引导口岸与产业发展联动，大力发展仓储贸易、保税加工、展销购物、国际旅游以及与口岸配套的金融、物流、中介、电子商务等产业，将郑州口岸优势转化为经济发展优势。

探索推进跨区域的口岸联盟。鼓励机场、陆港、保税中心等企业加强一体化合作，强化与霍尔果斯、二连浩特等陆路边境口岸以及与上海、天津等海港口岸的产业合作，打造“1+3+5”的口岸联盟，提升郑州在多式联运方面的国际话语权。借助丝绸之路国际交流会、跨境电子商务峰会的品牌知名度，扩大郑州口岸的全球影响力。

引进口岸管理服务的国际标准。加强与世界卫生、国际生态等组织的合作，积极参与国际生态安全示范港建设，增强港口资源凝聚力和安全防控能力，明确口岸安防责任，实现口岸安全责任机制区域全覆盖。建立口岸管理服务标准和质量评价体系，提升口岸管理服务水平。

三、加快功能性口岸体系建设

做强做优现有功能性口岸。基于地区特色和产能优势，将口岸建设与产能优势结合起来，建成并规模化运营汽车整车、肉类、粮食、水果、冰鲜水产品、食用水生动物、药品、植物种苗等进口指定口岸。重点提升邮政国际邮件郑州口岸功能，开拓郑州直航国际邮路，实现郑欧班列运邮常态化，加快中国邮政郑州航空邮件集散分拨中心建设，推动郑州建设成为全国重要的国际邮件经转口岸；加快建设郑州汽车整车进口口岸二期工程，完善机动车检测线等设施，申请开展郑州平行进口汽车试点，引入国际化大企业，完善贸易、金融、汽车后服务等产业链条；扩大肉类等制定口岸运营水平和规模，完善口岸检查设施和条件，优化通关通检流程，完善并延长产业链。高起点建设专用口岸通关设施和特色商品物流集散中心，以进口带动出口，以外贸带动内贸，促进郑州相关产业链联动发展，融入全球市场体系。

积极申报新口岸。推动各类进口商品指定口岸在郑州落地运行，打通郑州口岸与全球市场进行全经济要素交换的物流通道。建立重大口岸项目储备机制，储备一批重大口岸项目，形成动态有序的项目储备制度。依托上街通用机场，探索开拓国内直升机等支线运营模式并申报建设低空客运口岸，争取成为内陆试点城市。增加跨境铁路客运功能，充分利用郑州铁路口岸通关基础条件和郑州客运集散优势，申请设立铁路客运口岸，开放客运功能，以丝路游和港澳游为主打特色，谋划开通郑州至德国、俄罗斯的国际旅游班列以及郑州至香港的高铁客运列车。

加快口岸基础设施和配套设施建设。按照国家中心城市建设的要求高标准规划建设口岸基础设施，满足落实“三互”所需各项配套需求并适度超前，为口岸发展和大通关建设提供硬件保障。加快电商仓库、过境中转仓、公海仓建设，强化中欧班列（郑州）沿线各类物流平台的功能对接融合。加快完善国际陆港一期各项配套基础设施建设，探索在自贸区内建设一批拥有国际教育、国际医院、高端酒店、特色商业、中原文化旅游、艺术交流等东西方文化交融的国际化社区。

四、构建“大通关”协作模式

加强制度设计，实现“一站式”通关便利化。作为口岸进出境货物管理中最主要的两个部门，关检的合作程度基本决定了口岸的通关效率。有必要加强制度设计，对现行政策法规进行完善，对关检双方的操作规程进行统一，实现多方协调沟通，针对不同的通关模式和监管要素，设置相应的合作流程和放行节点。争取在郑州航空和铁路枢纽口岸实行“7×24小时通关”和旅客72小时过境免签、境外旅客购物离境退税、建设航空口岸进境免税店等政策落地，推动卢森堡等一批国外领事馆落地并开工建设，为主要客源国提供便捷的联程中转、过境免签和落地签服务。探索构建由政府、海关、检验检疫、边防、机场、铁路等相关单位共同参与的联席会议制度，会商协调解决全市口岸发展重大问题。

加强科技投入，提高通关和监管的信息化水平。按照现代化、国际化要求，持续推动“三个一”全流程信息化操作，探索闭合电子信息围网技术在内地口岸监管区的应用，实现郑州市范围内各口岸及海关特殊监管区现场“三个一”关检合作机制的全覆盖。依托各现场通关信息平台系统，围绕国际航空货运、中欧班列（郑州）和跨境电子商务等业务创新发展需求，探索建立符合郑州发展特点的“三互”通关模式，推动各口岸单位之间数据共享、信息交换和业务协同。整合口岸监管设施资源和查验场地，推进无纸化通关改革，提高通关水平。利用新兴信息技术，通过掌上报关终端，推动试行“掌上APP”快捷报关业务新模式，将更多关检人员配置至查验一线，提升报关效率。通过信息平台对口岸运量统计、通关效率和发展状况的监测分析，合理预测中远期客货运量，为口岸开放布局、优化整合、投资建设提供数据支撑。加快旅客通关信息化建设，积极推广旅客自助通道系统和车辆“一站式”电子验放系统。

加强域内域外通关合作，构建便捷高效的大通关服务体系。简化从口岸到货源地或目的地在途监管手续，实现各区域货物的自由调拨，确保郑州在内陆城市中的通关“效率最高、成本最低”，在全国形成“买全球、卖全球，关口在郑州”的对外开放新优势。以丝绸之路经济带通关一体化实施为契机，加强与丝绸之路经济带沿线城市、长江经济带、京津冀地区、泛珠三角地区及东北地区的跨区域关检合作，打造多种运输方式无缝对接的货物转运监管体系，实现全国通关一体化。坚持从区域经济发展的全局着眼，推动长三角与中部六省口岸大通关合作联席会议常态化运行，逐步建立郑州与沿海、沿边口岸业务联动、直通放行的区域大通关体系。积极争取加入“安智贸”协议[①]，实现在郑州海关上货，到终点卸货，沿途海关不再检查的运输方式。

第四节　强化人文国际交流合作战略

一、郑州开展人文国际交流合作的概况

一个城市的国际化水平不仅取决于城市规模、经济实力，还取决于城市功能的现代化程度和城市文明的开放程度。城市的国际化不仅是交通、经贸、产业的国际化，也是城市功能的国际化和人文交流的国际化。也可以说，国际化城市必然是充满国际元素的城市，能够吸引到国际企业和国际机构，适宜国际居民居住，按国际规则办事，经常性地开展国际性科技、教育、文化、旅游、体育等交流活动，有众多“建交”的外国城市，还要有良好的国际形象和较高的国际知名度。

近年来，郑州在文化、旅游、会展等方面开展了国际交流合作。在承办国际性会议方面，2015 年上海合作组织成员国政府首脑理事会第十四次会议在郑成功举办；2016 年先后承办了中欧政党高层论坛经贸对话会、中国（郑州）国际旅游城市市长论坛、中国（郑州）第二届国际创新创业大会暨跨国技术转移大会等会议；2017 年全球跨境电商大会在郑州召开并确定今后每年 5 月 10 日将在郑州举办。在外事服务方面，欧盟中国经济文化委员会（EUCNC）河南代表处落户郑州，成为其在中国设立的第一家代表处；2017 年 6 月河南与卢森堡签订了开展便利业务的备忘录，市民有望在家门口办理申根签证；与日本琦玉市、美国里士满市、德国什未林市等 11 个城市建立了国际友好城市关系。在文化旅游交流方面，开展了国际少林武术节、黄帝故里拜祖大典等国际性活动，组派艺术团先后赴法、美、德等多个国家开展文化交流，参加了德国、意大利、俄罗斯、印度等国举办

---

① 安智贸协议即中欧安全智能贸易航线试点计划，是一项中欧海关的合作项目，旨在完善亚欧之间贸易供应链安全与便利的规则。

的中国“文化年”“艺术节”“文化节”等大型文化交流活动。在科研交流合作方面，郑州市卫计委与国际应急管理学会医学委员会签订战略合作协议，郑州多家医院还分别与美国、澳大利亚、德国等多个国家和地区多家世界一流医疗和研究中心建立了合作关系，将在人才培养、科技研发、国际交流等方面开展深入合作，等等。

一系列的人文社会合作交流，有力地提升了郑州的国际化功能、国际形象和国际知名度。然而，郑州与武汉、成都、南京、西安等城市相比还存在较大差距。比如：2016 年，郑州接待国际游客的规模为 47.3 万人，远低于西安（近 200 万人）、武汉（150 万人）、成都（300 万人）。在郑国际人士数量和留学生规模相对较小，这与郑州的科技教育水平和城市环境有较大关系。郑州与武汉、成都等城市在国际友好城市数量、外事机构、外事服务等方面相比也存在不小差距（见表 10-3），领事馆片区尚处在规划设计阶段，服务对象和服务业较少。截止到 2017 年 6 月，郑州仅承办过两个国际性组织的会议，外事服务能力相对较弱。可见，郑州在人才、科技、文化、旅游等方面的国际交流合作还不高，城市现代化水平、国际化程度也还具有极大的提升潜力和发展空间。郑州不仅要在交通物流、对外贸易、国际产能合作等方面加大对外开放力度，还要不断加强人文国际交流与合作，打造国际化的城市环境，努力提升城市的对外交往能力和国际知名度，树立良好的国际形象，为实现人才、资本、科技等国内外各种要素资源的有效集聚提供有力支撑。

表 10-2　各城市对外交往和外事服务情况比较

城市	国际友好城市数量（个）	总领事馆（个）	72 小时过境免签服务
武汉	25	5	有
成都	33	16	有
南京	16	0	有
西安	29	5	有
郑州	11	0	无

资料来源：根据各城市外事侨务办公室网站资料整理。

二、加强文化旅游宣传和推介

打造享誉海内外的文化名片。郑州要深挖历史文化资源，以国际文化创意产业园、文化旅游专业园区、历史文化街区等重点文化园区为载体，突出“少林文化”“黄帝文化”“商都文化”等特色，加快发展动漫游戏、演艺娱乐、影视制作、广告会展、创意设计、文化旅游等大文化创意行业，提升郑州的文化软实力和人文美誉度。加大《风中少林》《水月洛神》《禅宗少林·音乐大典》等原创演艺品牌的市场化推广，培育郑州演艺品牌。搭建国际一流的文化交流平台，积极参与“丝绸之路文化之旅”，在重点国家（地区）开展具有国际影响力的文化交流活动。引进和创办具有国际影响力的国际文化交流及文化演艺活动，促进郑州文化与国际文化的频繁交流与互动，培育海外文化传播平台和文化产品出口示范基地，提升中原文化影响力及其与世界文化的融合度。

建设具有国际影响力的旅游综合体。以国际旅游目的地建设为目标，依靠黄帝文化、少林文化、黄河文化等国际性旅游资源，加快开发具有郑州特色的国际旅游精品。突出郑州“古、河、拳、根”的旅游特色，完善“天地之中，功夫之都”的品牌形象，推出“古都游”“黄河游”“寻根游”“功夫游”等一批独具特色的系列旅游产品。充分发挥郑州国际航空网络优势，拓展郑州与国际重要旅游客源地的国际航线，主动与国外城市、国内其他省市联手打造国际旅游重要中转站。加强与世界旅游组织（WTO）、亚太旅游协会、亚太地区旅游城市振兴机构（TPO）等国际旅游组织的合作交流，引进国际旅游合作机构入驻，扩大与俄罗斯等国家旅游界的交流合作，提高郑州旅游国际知名度和影响力。

加强城市形象国际化宣传。以塑造郑州城市国际化形象为重点，以文化旅游活动为载体，实施系统化的城市整体国际营销战略。借鉴成都等城市的经验，公开征集和邀请国内外知名导演为郑州拍摄郑州城市形象宣传片和文化旅游宣传片，让个性鲜明、形象饱满、富有内涵的郑州形象通过多种形式和途径进入国际公众视野并留下深刻印象。加强与电视、广播、报纸、杂志、网络等权威媒体合作，发挥举办各类重大国际活动的交流和传播作用，开展形式多样的国际营销公关和全球推介活动，持续打造国际化商都城市形象，扩大郑州的国际辨识度。

三、推动人才科技教育交流合作

完善人才引进和培养机制。突出“高精尖缺”导向，加快实施“智汇郑州”计划，出台更具吸引力的奖励和优惠政策，破除人才在身份、类别、编制等方面的壁垒，瞄准重点产业、领域和优势学科加快海内外人才引进力度。鼓励高校、科研院所建立“人才驿站”，强化院士工作站、重点实验室、创新园区、引智实验区、产业技术联盟等招才引智平台建设，提高研发平台覆盖率和科技成果转化率，真正发挥其聚才用才的主体作用。建立跨专业、跨区域人才培育平台，探索由企业、行业、院校、科研机构共建具有特色优势的应用技术型学科、学院和研发中心，推动高校面向国际市场创新人才培养体系。

打造对外开放的科技合作创新平台。支持大连理工大学、华中科技大学、中科院等国内外一流高校、科研院所和世界500强、国内500强企业在郑州设立或共建分支机构、研发机构及科教平台，在用地、资金等方面优先予以保障。推动有条件的科技创新主体走出去，通过海外技术并购等方式建立海外研发机构、联合研发中心，鼓励企业、科研机构和高校参加国际大科学计划和大科学工程，联合搭建尖端科技创新平台，推进科技创新国际合作。建设一批国际技术转移机构、国际科技合作基地、国际联合实验室等开放创新平台，主动承接技术转移，利用外部科技创新平台的交流合作优势，提升郑州的科技创新水平。

加快推进教育国际化。突出开放式、国际化导向，加快整合科教资源，加强与加拿大温哥华、韩国晋州市、新加坡等国家、地区和城市构建教育国际交流与合作的平台，优化教育外事交流合作项目，规划建设中国国际教育示范区，吸引国内外一流大学来郑共建高水平大学。支持在郑学者到沿线国家进行访学、合作研究和参加高水平学术活动，鼓励高校及研究机构合作共同设立研究组织和合作课题。加强与新加坡淡马锡基金会、英国驻华使馆文化教育处、英国文化教育交流协会等组织的交流与合作，提升与促进对外教育交流与合作能力，开展教师交流与合作，建设适应教育国际化的教师队伍。

健全和完善相关的配套机制。建立人才引进“绿色通道”，完善人才入境、成果转化、落户安置、社会保障等人才配套措施，保障引进人才的各项待遇。构建与国际接轨的知识产权保护体系，发展技术创新中介组织，规范中介组织行为，引导知识产权中介服务机构开展国际交流与合作，增强技术创新社会化服务功能和处理涉外知识产权事务的能力。提高科技金融服务水平，探索设立创新创业投资引导基金，吸引境内外创投机构以及相关投资服务机构来郑州开展创新创业投资服务。

四、优化对外交往的载体平台

打造国际性高端会展品牌。加快推进郑州新国际会展中心等项目及周边配套设施建设，推动会展设施达到国际化水平。打造本土高端会展品牌，提升郑州全国商品交易会等展会国际化程度。培育引进一批国际性的品牌展会和会展企业，支持本地会展企业与国际知名会展企业合作，形成会展集团或联合体，提高本土会展企业国际化运作水平。加强与国际展览业协会、国际大会及会议协会、国际展览与项目协会等国际会展机构联系，加强国际交流合作。加强与中国东盟商务理事会的合作，筹备设立中国（东盟）会展合作委员会，借助东盟地区会展资源，服务郑州的会展经济发展。

举办对外学术交流活动和国际性赛事。依托高校、企业、科研院所和民间团体，全方位开展国际性、区域性的文化学术交流活动，努力将嵩山论坛打造成郑州与世界文明对话和文化交流的重要平台，举办相关国际性、行业性、学术性交流活动，以学术交流活动推动推动经济、政治、文化等各个方面的交流合作。依托郑州资源优势，积极与建设国家中心城市及郑州航空港经济综合试验区等发展战略相衔接，引进一批国际知名度高、品牌影响力大的国际体育赛事和大型文化活动，筹备举办郑州国际少林武术节、世界象棋锦标赛、国际马拉松赛等国际性赛事活动，通过赛事活动提升郑州国际知名度。

构建对外交流合作的官方平台。积极争取国际机构及组织在郑州举办大型活动，邀请更多政府首脑、国际组织要员、国际名人等国外政治经济文化界的高层人士来郑考察访问，利用其国际影响力和社会资源扩大郑州影响力。围绕欧美、大洋洲、“一带一路”沿线国家及郑欧班列沿线城市和中欧区域政策合作示范城市，推动与法国、奥地利、立陶宛、瑞士、希腊等国家的相关城市发展友好关系，开展多方面的交流合作。积极争取外交部将郑州纳入外国领事机构设置城市，吸引外国领事机构或国际组织机构入驻，开展高水平的国际交流。

五、打造国际化的人居环境

加强国际性功能配套设施建设。按照国际化大都市标准，在城市规划和建设中注重打造城市天际线，并对城市基础设施进行扩容提质。引入国际化理念，统筹优化城市空间，推进国际化功能区建设，高标准谋划国际领事馆区建设，培育、引进一批国际化学校、国际化医院、国际化社区和国际化商圈，重点要在经开区、航空港实验区等地规划建设国际化生活社区，完善配套服务设施，创新涉外服务方式，使国际社区的服务管理、文化氛围、教育医疗服务、宗教等场所能够满足需要，营造国际化生活氛围，以国际品质的环境吸引境外人才、企业、项目等高端资源。

提高公共服务的国际化水平。推动建设国际交流中心作为一站式涉外综合服务专门场所，整合公安、外事等外籍人口服务项目建立统一的外籍人口服务窗口，提升涉外政务服务便利化水平。积极争取机场落地签和外国人 72 小时过境免签政策，提高外国游客入境便利化程度。推进主要商圈、城市街区和重点旅游场所、公共交通、城市道路设施等基本公共设施的双语标识全覆盖。完善涉外教育、医疗服务体系，建设一批教育国际化窗口学校和具有国际资格认证的国际学校，提供完全与国际接轨的基础教育。完善境外就业人员就业管理服务和社会保障服务体系，保护境外就业人员的合法权益。建立与国际接轨的地方法规体系，健全国际法律咨询机制，为境外人士提供国际化的法律咨询、法律服务。

打造绿色生态宜居城市。良好的城市环境对于提升城市形象和吸引力同样具有重要作用，郑州应该借鉴国外先进的环境保护与生态建设方面的经验与成果，加快改善城市生态环境，加强水、土、大气环境综合治理，提高城市垃圾无害化处理与利用水平，建设绿化带和公园绿地、人工湿地，提升城市生态系统的质量，形成生态优美的绿色城市空间，使天蓝、地绿、水清成为常态，提升城市环境品质和可持续发展能力。

第十一章　郑州建设国家中心城市的新型城市发展战略

郑州建设国家中心城市，引领中原发展、支撑中部崛起、服务全国大局，这对郑州发展提出了更高的要求，也带来了更大的挑战。未来郑州应当顺应现代城市发展新趋势，全面实施新型城市发展战略，通过建设节约型城市、生态宜居城市、智慧城市和人文城市，着力推动城市实现绿色发展，提高智能化水平，增强历史文化魅力，从而切实提升城市内在品质和综合承载能力，为建设国家中心城市，承载更多功能、发挥更大作用奠定坚实的基础。

第一节　建设节约型城市

一、节约型城市的基本内涵

“节约”的含义，既包括了量上的节约，要求在经济运行中减少对资源消耗的浪费；又包括质上的提升，要求在发展中提高对资源的利用效率。要实现这一目标，同时要求理顺体制机制，通过改革创新降低制度安排方面的机会成本。因此，从“节约”一词的基本意义出发，节约型城市应当包括三个层面的含义：一是通过在生产、流通、分配和消费等领域构建和完善一定的管理制度和引导政策，在保障城市社会经济正常、有序运行的前提下，通过一系列综合性措施，实现资源的集约节约利用，从而降低城市运行和发展过程中对资源的消耗。二是引导城市产业和城市建设通过结构调整、模式转变，提升城市建设和产业发展水平，提高城市运行综合质量和产业发展的综合效益。三是通过综合的体制机制创新，加快制度改革，降低城市运行的综合成本。综上所述，建设节约型城市，是对城市建设和城市发展的综合要求，以提高资源利用效率为核心，以能源、水资源和土地资源等的集约节约利用为主要内容，通过加强资源综合利用和发展循环经济，促进资源高效使用和循环利用、降低资源消耗和环境污染，从而实现城市经济社会的可持续发展。

二、郑州建设节约型城市的必要性与紧迫性

（一）资源严重不足

在所有资源中，与城市发展最为密切相关的是水资源和土地资源。郑州市属于水资源严重匮乏地区，人均水资源占有量仅为 178 立方米，不足全省人均水平的 1/2，更不足全国人均水平的 1/10，水资源短缺形势严峻。尽管南水北调中线工程通水暂时在一定程度上缓解了郑州目前的水供需矛盾，但多出的南水北调水主要是还生态用水、局部超采地下水的“旧账”。根据郑州市水供需平衡分析，如果不大幅度提高用水效率，预计到 2020 年后，郑州将出现新一轮的水资源严重短缺的局面①。土地资源方面，中房智库研究员根据住建部披露的《2015 年城市建设统计年鉴》的相关数据，以单位城区土地面积上的人口数量进行计算排名发布了城市城区人口密度 TOP50 榜单，郑州以 15055 人/平方公里成为我国人口密度最大的城市。而河南省第二次全省土地调查结果显示郑州的耕地后备资源已近枯竭。由此可见，郑州土地资源也是严重不足。

（二）环境负荷压力过大

近年来，郑州市积极推进环境保护工作，但随着工业化、城镇化的加快推进，城区面积不断扩大，城市人口快速集聚，环境污染、生态系统退化的趋势还没有得到根本改变，环境负荷压力极大，其中最为显著的是空气和水污染。2016 年郑州市大气重污染现状依然严重，强雾霾天气的影响深度和持续程度进一步加大，对生产和生活造成了很大的影响。2016 年河南省 18 个省辖市空气质量按月排名中，郑州因空气质量较差排名始终偏后

---

① 张渝．郑州水务局长：不提高效率 2020 年水资源将严重短缺［N］．大河报，2015-3-21.

(见表11-1)。2017年1~5月，全国74个重点城市空气质量排名中，郑州排在倒数第4位①。除了空气问题，郑州的水环境污染、水生态退化问题也十分突出。城市污水排放总量逐年增加，但污水收集系统尚未完善，污水处理厂处理能力不足，部分污水未经处理就直接排放到河库，这进一步增加了水污染的治理难度，全市水环境总体状况没有根本好转，河库仍普遍存在水量小、水面窄、水体功能退化等问题；且自20世纪80年代以来，郑州市城区地下水位逐年下降，尽管通过治理下降趋势基本得到遏制，但地下水回升的任务仍十分艰巨。

表11-1　2016年1~12份郑州市环境空气质量在全省排名（综合指数法）

1月	2月	3月	4月	5月	6月	7月	8月	9月	10月	11月	12月
13	12	13	17	18	17	14	16	16	14	12	14

数据来源：河南省环境保护厅网站.

（三）人口集聚趋势不减

从2011—2016年的5年中，郑州净流入人口达185万人，比深圳仅少1万人，在全国各大城市中排第7位②。但是从2016年的数据来看，河南省常住人口9480万人，而郑州市是956.9万人，人口占全省比重仅为10.1%，这个数据在全国省会城市里是倒数第2位，可以说郑州的首位度与其他省会城市相比仍然非常低。未来，郑州建设国家中心城市，制造业内移给郑州奠定的产业基础，这都将吸引更多人口流入郑州，特别是河南作为我国人口第一大省，有上亿人的庞大人口基数。人口的进一步聚集带来经济社会活动的进一步集聚，郑州亟须通过节约型城市建设来提升自身的资源环境承载能力。

三、郑州建设节约型城市的重点任务

（一）强化资源集约节约利用

按照郑州市的实际情况，实现土地资源和水资源的集约节约利用是郑

① 张弛.5月全国74城空气质量排名出炉郑州倒数第五［N］.东方今报，2017-06-19.

② 李肖肖.过去5年郑州净流入人口达185万全国各大城市排第七［N］.河南商报，2016-10-19.

州市建设节约型城市最为紧要的工作。在土地资源利用方面，郑州按照《河南省新型城镇化规划（2014—2020年）》要求，需要通过调整优化城市用地布局，提高建设用地开发强度和投资强度，确保郑州的城市土地资源利用到2020年达到人均用地国家规定标准的水平。在水资源利用方面，一是要从技术层面上改进对水资源利用模式，继续加快推广普及先进适用的节水工艺、技术和器具，到2020年城镇生活节水器具普及率达到95%以上；二是加强对水资源的循环利用，建设海绵城市，尽快实施中水回用和雨水再利用工程，使城镇再生水综合利用率到2020年达到污水处理量的35%；三是要建立和健全阶梯水价制度，通过合理的经济机制提高水资源集约节约利用水平。四是要严格城区自备井管理，要求公共供水管网覆盖范围内不得新建自备井，逐步关停原有自备井。

（二）加快推进节能降耗

调整产业发展结构，加快工业节能改造。严格控制高耗能、高排放行业发展，实施工业节能综合改造和重大节能技术装备产业化示范项目，到2020年，万元生产总值能耗控制在国家下达的指标内。调整能源利用结构，大力发展城市集中供热、热电联产，推动分布式能源应用，提高新能源和可再生能源利用比例，到2020年使非化石能源占能源消耗总量的比重达到8%以上。切实推广高效节能惠民产品，帮助居民转变能源消费模式。

（三）大力发展循环经济

对各产业集聚区实施循环化改造，实现能量梯级利用、资源综合利用、废水循环利用和污染物集中处理，创建一批循环经济示范园区和企业。推动工业固体废弃物资源化利用，以大宗工业废弃物综合利用为重点，开展大宗固废、生活垃圾、建筑垃圾、污泥等综合利用技术开发和示范，开展国家级城市矿产示范基地创建活动。到2020年，工业固体废弃物综合利用率力争达到80%以上，郑州经济技术开发区、高新技术开发区和省级产业集聚区要建成循环型园区。

（四）积极推进建筑节能和推广绿色建筑

坚持全面推进建筑节能和推广绿色建筑同步发展，逐步提高绿色建筑的比重。继续加强建筑节能体制机制建设，落实新建建筑节能管理相关措施，依法加强建筑节能的监督管理，稳步推进郑州市供热体制改革和既有居住建筑供热计量及节能改造，加强机关办公建筑和大型公共建筑建设及运行节能管理，推进可再生能源在建筑中规模化应用，促进建筑用能结构调整。大力实施绿色建筑行动计划，严格绿色建筑标准，推广应用绿色建材，建设一批绿色建筑示范项目，推进建筑工业化，力争到2020年绿色建筑占城镇新建建筑比例达到50%以上。

四、郑州建设节约型城市的对策建议

（一）完善节约型城市建设政策引导体系

建设节约型城市需要充分发挥政府引导作用，通过规划、建设、管理和财政税收等一系列经济和行政管理手段，加快节约型城市建设体制机制创新，构建和完善节约型城市建设政策体系。在规划方面，加强产业规划和土地规划、城乡建设规划及其专项规划的科学性和合理性，促进水资源和能源的循环利用，提高土地资源集约节约利用水平；在建设和管理方面，加快资源集约节约利用和环境保护基础设施建设，加强城市道路交通和污染排放管理，提高城市公共资源利用效率，降低污染排放强度。在财政税收方面，将财政投入向资源节约利用产品倾斜，向能够促进资源集约节约利用的公共交通等基础设施和公共服务产品合理倾斜。在行政管理和行政监督方面，进一步简政放权，推进政府发展战略、规划、政策、标准等制定和落实，加强社会服务的能力、队伍和制度建设。

（二）建立资源节约型经济体系

建设节约型城市，政府的引导作用很重要，但关键还需要发挥市场在资源配置中的决定性作用，推动经济和社会转型发展，构建和完善资源节约型产业体系、经济机制，形成资源节约型经济体系。一是按照中央部署适时推动自然资源及其产品价格改革，建立起全面反映市场供求、资源稀缺程度、生态环境损害成本和修复效益的资源价格形成机制。二是建立环境有偿使用和市场调节机制，发展环境保护市场，推行节能降耗、碳排放权、排污权、水权交易制度，建立吸引社会资本投入生态环境保护的市场化机制。三是在资源价格和环境使用机制构建和完善的过程中，推动经济结构和社会资源消费结构转变。大力推动传统优势产业转型升级和新型战略成长性产业发展，大力发展第三产业特别是生产性服务业，推动产业结构调整，形成资源集约节约利用产业体系，降低经济增长对资源消耗的依赖性。四是加快社会转型，推进城镇化发展，通过人口适度有序集聚和消费结构转变，促进资源集约节约利用和服务业健康稳定快速发展，降低消费需求对资源环境压力。

（三）强化技术创新和平台载体建设

建设节约型社会需要依靠科技创新推动，依赖于各类社会平台的载体建设。郑州市应该建立起以专门科研机构、高等院校和企业研发中心为主体的多样化资源节约技术创新和理论研究平台，通过进一步深入开展节约型园区、节约型企业（单位）、节约型社区建设，加强节约型城市技术研发队伍和社会服务队伍两支队伍建设，进一步完善节约型城市技术创新平台和创建载体两大平台载体建设。

（四）营造全民共识的社会环境

建设节约型城市要靠制度保障，同时也需要全社会节约意识的全面提高，创建节约型社会环境。郑州市还需要在当前基础上进一步修订和完善资源集约节约利用的法律法规，建立起相应的技术标准和工作规范，加强节约型城市建设的动态监测和行政监督。在制度完善的基础上，进一步加强节约教育，在学校、企事业单位和社区扎实开展节水、节电、垃圾分类回收以及其他绿色生产、绿色生活教育，形成全社会自觉节约利用资源、关注生态环境保护的社会环境。

第二节　建设生态宜居城市

一、关于生态宜居城市的基本认识

关于生态城市，1971 年联合国教科文组织发起的“人与生物圈”计划，首次提出了生态城市的概念，即“借鉴生态系统的运行方式，加强城市系统内部的循环与优化，实现物质与能量的高效利用，尽可能地节约资源与能源，减少对自然界的侵害。同时，充分利用与城市相依的自然力，创造可持续发展的、社会和谐的、经济高效的、生态良性循环的人类居住区形式，形成自然、城市与人融为有机整体的互惠共生的结构。”由此可见，生态城市从内涵上来说，应是一个经济高度发达、社会繁荣昌盛、人民安居乐业、生态良性循环四者保持高度和谐，城市环境及人居环境清洁、优美、舒适、安全，失业率低、社会保障体系完善，技术与自然达到充分融合，最大限度地发挥人的创造力和生产力，打造文明程度较高，稳定、协调、持续发展的人工复合生态系统。

关于宜居城市。宜居包括关于人类居住体验的多个方面的内容：良好的居住和空间环境、人文社会环境、生态与自然环境以及清洁高效的生产环境。1996 年联合国第二次人居大会提出了城市应当是适宜居住的人类居住地的概念，此概念成为 21 世纪新的城市观。中国在 2005 年国务院批复的《北京城市总体规划》中首次提到“宜居城市”。当前社会普遍认为“宜居城市”应在社会文明度、经济富裕度、环境优美度、资源承载度、生活便宜度、公共安全度等方面具有较高的宜居指数。城市综合宜居指数在 80 以上且没有否定条件的城市称为“宜居城市”；城市综合宜居指数在 60 以上、80 以下的城市，称为“较宜居城市”；城市综合宜居指数在 60 以下的城市，称为“宜居预警城市”。

因此，生态城市和宜居城市从内涵上讲是交融互通的，生态的才是宜居的，或者说宜居的城市必然是生态良好的城市。综合国内外研究现状，生态宜居城市可以概括为：尊重自然规律，坚持以人为本，建设人与自然、人与人、人与社会和谐相处、协调可持续发展的城市。这其中包含着经济、社会、文化、自然等方方面面的全面、协调、持续发展的含义，应按照生态学原理进行城市设计，建立高效、和谐、健康、可持续发展的人类聚居环境。

二、郑州建设生态宜居城市面临的挑战

（一）城市生态脆弱

与国内其他城市一样，郑州以往的城市建设只注重经济功能、经济效

益，对于城市生态环境甚少关注。比如：城市地面大量硬化，不透水面积日益扩大，导致地表和地下的自然水循环被人为切断，城市区域内水系紊乱，内涝频发，同时过度耗费地下水也导致地面发生沉降；城市绿地面积少，空间分布不均匀，植被种植注重景观作用而忽视生态功能；城区版图一扩再扩，房地产业飞速扩张，大量的田园、河流、湿地、森林被侵占。这导致整个城市生态系统变得脆弱，抗干扰能力以及受干扰后的恢复能力大大降低。

（二）污染排放量大

郑州的污染排放量较大，有以下几个原因，一是能源结构不尽合理，能源消费以煤炭为主，一年煤炭消耗量达到2800多万吨，而对比北京，其年煤炭消耗量已经降低到1000万吨以下[①]。二是机动车保有量大，总量已突破300万辆，在中部六省省会城市中名列第一，人均机动车保有量甚至高于北京、上海、广州等特大城市，且对机动车污染重视不够，全市仍有大量黄标车，油气回收治理工作相对滞后，油品质量监管不到位。三是产业结构仍需调整，电力、水泥等六大高耗能行业占比仍然较高，大气污染排放总量远远超出城市环境承载能力和大气环境容量。

（三）污染治理不到位

郑州在污染治理方面还不到位，工业点源污染、城市生活污染等较为严重。例如，目前郑州生态水系周边还有234个排污口没有彻底截污[②]，市中心城区建成污水处理能力145万吨/日，其中仅有65万吨/日的能力执行一级A排放标准，水环境改善任务艰巨[③]。郑州的煤炭消费中电力、热力行业的消费占比很高，大幅度削减燃煤的空间极其有限，但燃煤污染治理工作方案、燃煤削减和清洁能源建设工作方案，均未对入市煤质提出明确要求。此外，企业违法排污的情况较为普遍，甚至包括一些大型企业，

---

① 王磊，邵可强．战雾霾！河南省会郑州今年将重点调整能源结构［N］．大河报，2017-01-19.

② 彭俊杰．郑州建设国家中心城市筑牢生态屏障［N］．河南日报，2017-05-24.

③ 王磊，朱琨．环保部约谈郑州市——提出郑州环境存在的七大问题［N］．大河报，2015-07-30.

亟须政府加强监督管理。

（四）大城市病凸显

近十年来郑州城市人口快速膨胀，但是郑州的城市建设与管理没有满足这种迅速增长的需求，各类城市基础设施的供给滞后于城市人口的增长，导致能源资源变得匮乏、交通拥挤不堪、环境污染严重、公共服务不完善等诸多社会问题并出现连锁反应，这些矛盾在郑州市表现得越来越明显。例如，郑州的交通拥堵情况已经比肩国内一线城市；小学入学难，班额人数过大每年都是倍受关注的民生问题；城市中的工业三废、交通尾气排放等导致空气污染，雾霾围城，严重破坏人居环境。

三、郑州建设生态宜居城市的总体思路

（一）加强城市生态系统建设

合理划定并严守生态保护红线，科学规划生态功能区，扩大城市生态空间。突出西部山地、黄河沿岸等生态空间主体功能，加强黄河湿地保护修复。优化生产、生活、生态空间布局，着力构建森林、湿地、流域、农田和城市五大生态系统，打造主城区绿色生活圈、城市周边生态隔离圈、外围森林防护圈。推进生态廊道建设，打造彰显绿城特色的生态网络，改善城市人居环境。

（二）狠抓城市环境治理

优先保护饮用水水源地水质，实施城市河流清洁行动计划，加大城区河道环境综合整治。继续实施蓝天工程，以可吸入颗粒物和细颗粒物为重点，强化大气污染综合防治，实行城市间大气污染治理联防联控，增加空气质量优良天数。加快污水处理厂和垃圾处理场扩容升级改造。积极推广生物质能、太阳能等清洁能源在城市建设和居民生活中的应用。坚持开展战略环评和规划环评工作，以规划环评推动战略环评，从源头上遏制生态环境破坏。加大环境保护的执法力度，建立起政府主导、市场推进、执法监督、公众参与的环境保护新机制。

（三）大力发展绿色交通

坚持以提高能效、降低排放、保护生态为核心，大力发展以“三低三高”（低消耗、低排放、低污染、高效能、高效率、高效益）为特征的绿色交通。改善城市交通结构，从合理分配城市空间资源入手，改变私人小汽车和高架桥领先发展的模式，将城市交通优先安排的层次进行倒置，城市综合交通规划按照步行、自行车、公共运输工具、共乘车、私人轿车的优先顺序进行发展，充分发挥城市规划分配交通资源的作用，构筑节能、方便、高效的绿色交通体系。积极推广绿色交通工具，如：新能源汽车、天然气汽车、电动汽车以及无轨电车、有轨电车、轻轨、地铁等。

（四）提高生态产业发展水平

对工业项目进行筛选，大力发展资源节约型产业、高科技产业，无污染或少污染的产业，对已有的工业项目要认真抓好环保工作，积极改造升级传统优势产业。全面发展现代服务业，一方面通过创新管理模式，提高科技含量、发展先进业态等手段，推动住宿餐饮、商贸流通、交通运输等传统服务业扩大规模、提升层次、塑造品牌，提升传统服务业质量；另一方面，推动金融、物流、会展、贸易、信息、旅游、文化服务等现代服务业加快发展、做大做强，加速提升城市的功能质量。大力发展高效生态农业，主要针对城市近郊的农业发展，增加对农业的投入，引导农民加大蔬菜、水果、花卉等的培育和种植，增加对城市的供应。

（五）完善城市综合服务功能

按照市政基础设施建设适度超前的原则，加大水、电、气、路网等基础设施建设力度；强化教育、医疗卫生、文化、体育等公共服务设施建设；重点解决垃圾、污水治理等城市要素的短板问题，提高郑州城市基础支撑能力和载体承载能力。构建体系化的公共服务网络，推动公共服务均等化，继续扩大社会保险覆盖面，提高社会保障水平；加大教育投入力度，提高教育质量，促进教育均衡，确保进城农民子女和新增居民的受教育权益；提高城乡居民基本公共卫生服务享有的公平性；租售并举，加大公共租赁房供给力度，全面提高城市住房保障能力；将防灾意识贯彻到城市全部建设与管理当中，加强硬件设施建设，同时建立与完善城市公共安全日常管理体系和应急处置机制。

四、郑州建设生态宜居城市的推进举措

（一）强化社会各界的生态环境保护意识

促进社会各界转变思想，强化其环保和生态意识。把领导干部任期内对环境和生态保护的功与过作为绩效考核内容之一，促使城市管理者从追求单一的经济高效率转向追求经济、生态合并的高效率。通过各种媒介大力宣传倡导人与人、人与自然和谐的生态价值观，引导公众以适度消费代替过度消费，树立起“绿色消费”观念，营造社会公德大环境，规范不合格的环境行为，使公众成为城市生态环境建设的积极参与者。

（二）建立城市生态环境保护机制

政府应成为生态宜居城市建设的主导力量，加大力度、有效地引导、规范、维护、激励整个社会保护和建设生态环境的行为，强化执法监督，制定一套完整、严密、可操作的适应城市生态化发展的法律法规综合体系，使城市生态化发展法律化、制度化；在政府中设置生态宜居城市建设和管理的协调机构，负责政府各部门间管理职能的协调和监控，以推动建设计划的实施；制订和实施相关政策。将环境保护引入价值观念建立和推广市场机制，通过税、费和环境产权的手段明确人与自然的关系、企业与自然的关系，以达到遏止环境滥用，降低资源消耗和减少污染的目的。政府应通过政策调控市场价格，既要达到环境保护的目的，又要照顾到公众的承受力。在环境决策、环境监督、环境投资和个人环境行为等方面积极创造条件确保公众参与，培育与生态环境保护相适应的社会机制。

（三）制定好城市建设规划设计

强化规划的前瞻性，充分认识城市的资源承载能力和环境容纳能力，将生态宜居的理念纳入城市发展规划，认真处理好生态需求与经济需求、产业调整与环境保护、物质产品与文化产品等关系问题，使规划的指导作用和可操作性更强。强化规划的针对性，把生态建设、生态恢复、生态平

衡作为强制性内容，进一步做好城市规划“加减法”，使规划有的放矢。强化规划的制度性，贯彻落实国家、省、市有关城市规划制度，健全城市规划过程程序，强调专家论证的科学性和独立性，以避免“拍脑袋工程”“政绩工程”和“长官意志”。

（四）加大科技投入力度

加大科技投入力度，依靠科技促进产业结构的优化调整，促进清洁生产的实施，对于发展高新技术的产业和产品给予政策优惠和资金支持。让产业结构调整与清洁生产、企业管理与环境综合整治、节能降耗与资源综合利用有机结合起来，体现环境、社会、经济效益的优越性和市场竞争力，形成经济与环境保护的集聚优势，实现保护生态环境的目标。建立专项基金，支持科技和制度创新，建立完善的激励机制，促进科技人员的技术创新。依靠科技进步，提高工程的技术含量，加强新技术、新设备的应用。建立生态监测和预警网络，增强生态环境监测能力，提高生态环境异常、生态灾害信息快速采集、分析及预报预警水平和应急能力。

（五）创新资金保障

积极争取国家和省、市政策性资金扶持，在公益型大项目上争取国家财政和政策支持，把利用建设项目争取资金作为生态宜居城市建设资金筹措的重要渠道。进一步改善投资环境，抓住国家经济结构调整的机遇，多渠道、多形式、多领域地引进外部资金。强化环保收费，在自然资源使用上，一律按照“谁开发、谁保护”的原则，足额、全面征收排污费和资源补偿金，建立自然资源和生态环境破坏补偿资金。政府在财力紧张的情况下，也要尽量对环保、科技、教育、绿化等事业加大投入，对企业发展循环经济等有利于环保的项目加大支持。

第三节　建设智慧城市

一、智慧城市的概念及其特征

智慧城市概念最早由IBM（国际商业机器公司）提出，IBM在《智慧的城市在中国》白皮书中把智慧城市定义为："能够充分运用信息和通信技术手段感测、分析、整合城市运行核心系统的各项关键信息，从而对于包括民生、环保、公共安全、城市服务、工商业活动在内的各种需求做出智能的响应，为人类创造更美好的城市生活"。目前，关于智慧城市也还没有一个统一的概念，概括来说，智慧城市就是利用新一代的信息技术，把互联网、通信网与装有传感器的各种设备物件普遍链接起来，形成史无前例的物联网，再使用先进技术整合巨量的数据和信息，进行深入分析和复杂计算，最终实现城市的智慧运行和管理。

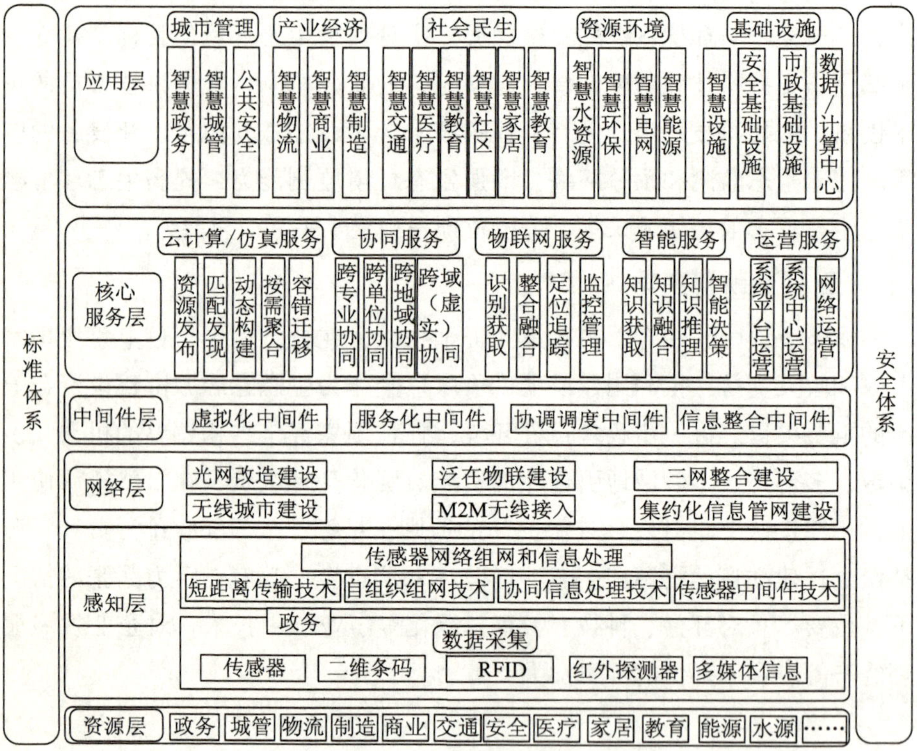

图 11-1 智慧城市架构

图片来源：http：//www. dachengit. com/new. asp？id=39。

智慧城市的特征可以总结为以下几个方面：一是高度智慧化。能够对城市的海量信息和数据进行实时收集与存储，从而构建个人信息、法人信息、地理信息、统计信息、重大基础设施智慧监测信息、治安与道路实时监测信息等城市数据库，为现代城市精细化管理运营提供不可或缺的信息基础。二是高度互联互通。通过城市的固定网络、无线网络、移动通信网络，帮助城市管理部门从全局的角度分析并实时解决问题，使得工作任务通过多方协作远程操作成为可能。三是高度交换共享。通过身份认证、目录交换、结算清分、信用评估等技术平台建设，使分布在城市不同角落的海量数据能够不断进行流转、交换、共享、比对，极大地推动城市治理运营进入良性循环，即主动发现问题→功能自协调→及时处理问题。四是高度协作。在互联互通网络、数据交换与共享基础上，政府、企业和个人可以进行高度的交互协作，政府协同办公、城市协同治理，使智慧城市聚合各方智慧，为城市管理与运营提供更智能的决策支持系统和管理服务手段。

二、郑州智慧城市建设的进展回顾

（一）发展历程

2013 年 1 月 28 日，国家住建部确定郑州市为创建国家智慧城市第一批试点。同时，国家工信部、国家旅游局、国家测绘地理信息局也先后确定郑州市为智慧城市相关试点创建城市。同年 5 月 3 日，郑州市人民政府研究通过了《郑州市人民政府关于加快建设智慧城市的实施意见》（郑政文〔2013〕180 号）。5 月 21 日，郑州市规划委员会审议通过《郑州市智慧城市建设总体规划（2013—2020）》。建设总体规划和指导实施意见为郑州智慧城市建设指明了发展方向，规划了路径，按照既定的战略部署，郑州市开始积极探索智慧城市建设，围绕这一中心，在设施建设、政策支持、资金保障、管理协调以及与知名企业开展战略合作等方面做了大量的工作。

（二）取得的成效

在多方努力下，郑州智慧城市建设呈现良好的发展态势。2016 年 12 月 27 日，在北京举行的 2016 中国“新型智慧城市”峰会上，主办方——

中国互联网协会、新华网、“蚂蚁金服”联合发布《中国新型智慧城市·蚂蚁模式》白皮书，同时发布全国335个城市“互联网+”社会服务指数排名。这个指标体系包含“互联网+益民服务”和“互联网+便捷交通”两个一级指标，以及政府管理和服务新模式、在线医疗新模式、新型教育服务、大数据交通治理等6个分项指数。郑州在“互联网+政务服务”方面表现出色，以339.18分位居全国第2位①。在支付宝的“城市服务”项目端口，郑州共提供了43项服务，累计服务约1500万人次。而且，郑州是中部地区第一家开通支付宝城市服务购买单程票和全线TVM扫码购票的城市，自上线支付宝购票以来，已售出近300万张票，服务市民出行350万人次以上，为郑州市民提供一站式的智慧交通出行服务。特别是郑州车主通过授权，用支付宝与本人名下车辆绑定，一键就能完成罚款及处罚决定书的缴纳，是全国首创。

（三）存在的问题

尽管取得了一定的成效，但是郑州智慧城市建设目前仍然处于起步和探索阶段，建设过程中还存在不少问题：一是基础设施仍然较为薄弱。信息基础设施是智慧城市建设的基础，郑州市在信息基础设施建设上目前还缺乏合理的规划和有效的管理。比如，电信、广电、互联网各自为政，没有统一规划，没有实现共同管道建设，“三网融合”进展缓慢，重复建设较多。道路、交通、供水、排水、燃气、热力、园林、环卫等大部分市政基础设施的智能化升级改造还远不到位，对城市精准化运行管理的支撑力度有限。二是智慧城市架构体系尚未形成。智慧城市建设是一项复杂的系统工程，包括基于传感器技术的信息基础设施建设，基于下一代通信网络、物联网、三网融合等的网络体系建设，涵盖城市规划、建设、管理和服务的各类业务应用系统建设，以及标准规范、运维、安全体系等信息化支撑体系建设。目前郑州智慧城市建设关注更多的是建设过程中所需用到的技术和所需建设的基础设施，尚未形成统一的智慧城市架构体系，相关标准和法规缺失，各自为政、信息孤岛等城市信息化建设的一系列问题依

① “互联网+政务服务”郑州全国排名第二［N］．郑州日报，2016-12-28.

然凸显。三是资金来源渠道单一。智慧城市建设还没有形成多元化的投融资机制，过分依赖政府投资，社会力量参与较少。有些智慧产业带动效果也不明显，缺乏自我造血功能，从而导致财政压力加大，资金投入出现“无底洞”现象，长期收益并不乐观，如不改变这一现状，智慧城市建设会难以为继，不可持续。

三、郑州智慧城市建设的未来展望

（一）打造智慧交通系统

交通运输是国民经济生产和社会生活的命脉，关系国计民生。智慧交通把现代信息技术融入交通运输业的自主创新、产业发展、公共服务等领域，有利于加快现代物流转型升级，有利于提高综合交通的科学管理和组织服务水平，有利于提高人民群众出行效率，是破解大城市“出行难”的有效方法和模式。郑州建设国家中心城市，其中最为重要的功能之一就是要建设贯通南北、连接东西的现代立体交通网络和现代物流体系，提升内陆开放门户地位，深化与中原、沿海地区的联动，形成新亚欧大陆桥经济走廊区域互动合作的重要平台。因此，适应信息时代的需要，打造智慧交通体系，将“智慧交通”建设纳入交通运输和现代物流行业是郑州建设国家中心城市、完善城市功能一项极为重要的内容。

打造智慧交通系统，一是要建设智慧交通路网体系，加大基础设施感应设备配置力度，完善交通信息采集发布系统。二是要建设智慧交通装备体系，大力发展智能化车辆，建立自动化立体仓储系统，不断提高仓储管理效率。三是要建设智慧交通出行体系，构建公众出行服务平台，依托交通联网售票系统、智能交通诱导系统、电子地图等，逐步增加出行信息的服务项目、提升服务质量。四是要建设智慧交通物流体系，提升物流节点信息化水平，发展物流信息平台，实现供应链全过程的定位、跟踪、监控和管理。五是要建设智慧交通管理体系，深化 GPS 监控平台、视频监控平台以及移动执法系统三大平台建设，并加强与相关部门的数据交换和业务联动，提高应急事件的快速综合处理能力，全面提高道路运输管理的决策、调控和服务水平。

（二）完善智慧政务系统

打造智慧政务系统，就是依靠信息技术，通过感知、整合、分析及智能化响应等方式，将政府管理和服务职能通过资源整合优化，从而实现公共管理高效精准、公共服务便捷惠民的目标。建设智慧政务系统有助于创新行政管理方式，减少行政成本，提升城市系统的运行效率，为城市转型升级、经济社会发展带来更大的内驱力，而“智慧政府”的先行建设，也有助于带动经济、社会领域的智慧体系建设。

打造智慧政务系统，一是要建设政务云数据中心，通过政务信息资源整合、扩展、完善，推行基础设施共享服务、平台共享服务、应用共享服务，实现技术资源整合共享。二是要建设全市机关统一的政务物联网数据中心，为各业务部门和管理部门集中提供网络通信、数据存储、信息处理及系统运行服务。三是要建设全市统一的涉密信息传输管理平台，整合各部门涉密网络，严格按照信息系统分级保护要求，完善以病毒防范、漏洞管理、入侵防范、信息加密、访问控制等为重点的安全防护体系，落实安全保密措施，完善身份鉴别、访问控制、责任认定体系。四是要建设移动电子政务平台，规划建设移动政务安全接入平台和应用服务平台，形成有线无线互为补充、安全可靠、统建统管、充分共享的移动电子政务平台。

（三）发展壮大智慧产业

智慧产业的主要内容包括智慧应用技术研发、智慧装备制造、物联网、大数据、云计算、新一代通信网络、高端智能、智能处理等。智慧城市建设所产生的巨大需求，是发展壮大智慧产业的重大契机。而智慧产业作为城市战略性新兴产业的重要组成部分，是知识技术密集、物质资源消耗少、成长潜力大、综合效益好的产业，发展壮大智慧产业必将对郑州产业转型升级，构建现代产业体系以及经济社会全局和长远发展等产生重大引领带动作用。

发展壮大智慧产业，一是要积极探索智慧产业发展规律，发挥企业主体作用，加大政策扶持力度，深化体制机制改革，着力营造良好环境。二是要建设智慧产业基地，培育智慧装备和产品研发制造基地以及软件研发推广产业基地，大力推进一批新一代信息技术推广应用效果比较好的智慧服务业和智慧农业示范推广基地、智慧物流产业园等建设。三是要加快开放合作，积极开展以智慧城市建设为主题的国际国内合作交流活动，以重大智慧应用体系建设为载体，着力加强与国内外知名IT企业的合作，努力做到“开发一个系统，引进一个团队，推出一批产品，培育一个产业”。充分发挥政府财政资金的引导作用，着力引进有影响力的重点合作项目。四是要加强信息安全体系建设，主动应对智慧城市发展的新情况，着力完善信息安全协调管理体系、信息安全测评体系、信息安全保障体系，切实提升信息安全保障能力。

（四）建设智慧社区

智慧社区是指充分利用物联网、云计算、移动互联网等新一代信息技术的集成应用，为社区居民提供一个安全、舒适、便利的现代化、智慧化生活环境，从而形成基于信息化、智能化社会管理与服务的一种新的管理形态的社区。智慧社区由高度发达的“邻里中心”服务、高级别的安防保障以及智能的社区控制构成，是智慧城市的“细胞”。

建设智慧社区，主要包括以下几个方面的内容：一是智慧物业管理，针对智慧化社区的特点，集成物业管理的相关系统，例如：停车场管理、闭路监控管理、门禁系统、智能消费、电梯管理、保安巡逻、远程抄表，自动喷淋等相关社区物业的智能化管理，实现社区各独立应用子系统的融合，进行集中运营管理。二是电子商务服务，即在社区内的商业贸易活动中，实现消费者的网上购物、商户之间的网上交易和在线电子支付以及各种商务活动、交易活动、金融活动和相关的综合服务活动，社区居民无须出门即可无阻碍地完成绝大部分生活必需品的采购。三是智慧养老服务，利用物联网技术，通过各类传感器，使老人的日常生活处于远程监控状态，其宗旨是使得老人有安全保障，子女可以放心工作，政府方便管理。四是智慧家居，即以住宅为平台，兼备建筑、网络通信、信息家电、设备自动化，集系统、结构、服务、管理为一体的高效、舒适、安全、便利、环保的居住环境。

四、郑州智慧城市建设的保障措施

（一）完善顶层设计

智慧城市建设关系城市的长远发展，必须从全局出发做好顶层设计，才能整合各部门力量，引领智慧城市建设。顶层设计方案要突出以人为本，深化重点领域的智慧化应用，提供更加便捷、高效、低成本的社会服务；要明确智慧城市建设的目标和路径，制定信息资源共享和社会化开发利用、保障信息准确可靠、强化信息安全、完善法规标准等方面的具体措施；要加强与国民经济和社会发展总体规划、主体功能区规划、产业集聚区发展规划、城乡规划以及有关专项规划的衔接，做好统筹城乡发展布局。

（二）健全组织领导机制

智慧城市建设是一项系统工程，涉及面广，需要协调多个部门，整合多种资源，因此必须有一个高效的组织领导机制。智慧城市建设要建立由政府主要领导挂帅、各相关部门主要负责领导参加，组成智慧城市建设领导小组，统筹协调建设过程中的重大问题，负责确定智慧城市建设发展战略规划和政策，制订智慧城市建设总体规划和年度实施方案，扶持和实施一批重点项目，建立智慧城市建设评估考核体系，定期对智慧城市建设按责任分解要求进行评估，检查和督导智慧城市建设规划方案和年度计划的落实情况，形成统一、高效、畅通的议事协调推进机制。

（三）创新智慧城市投资运行模式

建设智慧城市单纯依靠政府财力远远不够，还需要依靠市场力量，探索多种投融资模式。国内外现有的智慧城市开发运作模式有公私合作、政企联盟等模式，郑州智慧城市在先期试点的过程中，可采用“政府主导投资管理，国内外多家城市开发公司、多家智慧城市方案提供商合作规划开发”的模式，由政府成立智慧城市建设开发公司，通过财政拨款、发行债券等手段广泛地利用多元化资金来源进行投资建设，并可以通过股份合作模式与国内外其他企业合作开发，以此实现投资多元化、技术完善化。但在智慧城市建设过程中，要确立国内智慧城市方案提供商的主导地位，确保城市信息安全。

（四）提高公众参与度

智慧城市建设离不开公众的参与，提高公众的信息素养是智慧城市建设的一个重要方面。智慧城市建设应该通过政府、非政府组织、社区和志愿者等多方面的协作，广泛开展对公众，特别是社会弱势群体的信息素养教育，以提高公众的信息素养。在此基础上，通过其他相关的培训，提升公众对信息技术所带来的环境变化的认识，提高公众获取信息和处理信息、支配信息、创造信息的能力，从而提升公众对智慧城市各应用领域的互动参与能力。

第四节 建设人文城市

一、关于人文城市的理解和认知

中央城镇化工作会议提出“要传承文化，发展有历史记忆、地域特色、民族特点的美丽城镇”，《国家新型城镇化规划（2014—2020 年）》也明确提出“注重人文城市建设”的新要求，人文城市成为当前新型城镇化的应有之义。现代意义上的“人文”，可以从两个方面来理解，一个方面为“人本”，即以人为本，按照现代城市发展理论，人是城市的根本，是城市存在和发展的依据，所以城市片面发展所带来的各种问题，根本还是“人本”的问题；另一个方面为“文化”，“城不可无文化。无文而不化，谓之土围。无文少质，物欲横流，则人终将溺毙”，这句话言简意赅地道出了文化在城市建设中的作用，即“人文美”才是城市美的核心与目标。

由此，人文城市可以这样理解，就是指具有独特人文风格，能充分体现人文精神的城市，具体应当包括以下几点内容：一是以人为核心，城市的建设、布局和功能都是围绕和服务于城市居民，充分体现人性化和人文关怀；二是尊重历史文化传统，城市的发展既要“承旧”，又要“立新”，是历史文化遗存和现代建筑的充分融合；三是良好的人文素养，城市的发展应关注人的全面发展，城市居民的人文素养和道德品质是城市品位和形象的基础；四是人与自然的和谐相处，良好的自然生态环境、人与自然生态系统在城市内的和谐共存是人文城市建设的基础。

二、郑州人文城市建设存在的问题

（一）建设理念认知不足

多年以来，在以 GDP 为核心的政绩观导向下，城市承担了过多的经济功能，政府部门作为城市的管理者和建设者忙于搞经济建设，对城市发展规律理解不够深刻，对人文城市概念认识严重不足。同时受制于经济、社会和城市发展阶段的限制，负责城市规划与建设的管理者和从业者也都比较缺乏对人文城市的学习和关注。而且在现行的城市管理体制下，即使有很好的城市规划，也存在不能全面贯彻落实的情况。

（二）城市特色文化缺失

不同的城市由于地理环境、气候特征以及历史文化的差异，城市人文环境也存在着很大的差异。但是包括郑州在内的国内大多数城市，在进行城市规划建设时都没有结合当地自然和社会条件，不注重体现地域特色和历史文化内涵，而是盲目模仿其他城市的景观，特别是对西方建筑盲目崇拜，导致目前千城一面的现象，趋同化严重。

（三）历史文化遗存保护不够

历史文化遗存是不同时代的文化艺术珍品以建筑或各种实物形式积淀下来的，是城市记忆的载体，其中蕴含着城市独特的人文、风情、风俗等有别于其他城市的人文精神特质，是城市最为宝贵的财富。但是，在当前城镇化快速发展过程中，特别是郑州对旧城改造的过程中没有很好的保护历史文化遗存，很多富有文化底蕴、地方特色和历史典故的老建筑、旧街区、老地名在快速消失。

（四）城市生态环境破坏较为严重

随着工业化和城镇化进程的推进，特别是近年来数量巨大的人口快速向郑州聚集，郑州的自然生态系统受到人类活动的严重干扰，再加上“贪大求洋”等错误城市建设理念的影响，对城市肌理造成了极大的破坏，城市变成钢筋水泥森林，水体污染严重，曾经的“绿城”郑州变成了如今的中原“雾都”，给郑州的可持续发展带来巨大的压力和挑战。

三、郑州人文城市建设的着力点

（一）贯彻落实“以人为本”理念

中央城市工作会议提出，要“坚持以人民为中心的发展思想，坚持人民城市为人民”。城市的核心是人，人文城市建设首要的原则就是贯彻落实“以人为本”的理念，在城市工作中充分体现人性化和人文关怀。人们进入城市，是为了更好地生活，城市工作就应致力于满足这一朴素但不容忽视的诉求。要通过城市规划、建设、管理、服务等的全面升级，让人们在城市生活得更方便、更舒心、更美好。从创造优良人居环境，到推进教育、医疗、住房保障等领域配套改革，只有切实在城市工作的各个方面彰显“人”的价值，真正解决各项民生问题，让人们安居乐业，城市才会更有温度，也才能够获得持续发展的动力。这应是人文城市最核心、最本质的内容。

（二）形成开放包容的城市精神

现代社会已经进入一个多元开放的时代，城市建设也应适应文化多样化发展的需求，促进传统文化与现代文化的交融、本土文化与外来文化交融，形成开放包容的现代城市精神。郑州地处中原，连南接北、承东启西，这样的地理区位优势本身就有助于形成文化吸纳优势，而建设国家中心城市，更需要郑州能够不断地吸纳和集聚相当范围内的人才、文化、资金等资源要素。因此，一定要克服原有的封闭意识，打开胸襟，寻找差距，放宽视野，彻底消除人文偏见和排外思想，对各种进步文化兼收并蓄，对各种进步观念和生活方式给予充分的尊重和接纳，将开放包容的精神根植于郑州城市发展始终，建设开明的服务型政府、营造开通的政策环境，向外界充分展现出创新、创业、开放、包容的郑州新风貌。

（三）传承历史文化和地域特色

一个城市所具有的历史文化和地域特色是城市人文魅力中极为重要的组成部分，在城市的规划和建设过程中必须充分了解一个城市已有的真正人文特色。充分考虑城市所处地区的自然地理环境、社会文化、历史遗存以及经济发展阶段等地域特征，传承城市的历史文化和地域特色。郑州是国务院认定的第三批国家历史文化名城，在仰韶文化时期，郑州已经筑建城邑，为黄帝时期的一大政治中心，还曾为夏、商都城，管、郑、韩等藩国的首府，在隋、唐、五代、宋、金、元、明、清 8 代为州，历史悠久，又具有革命传统精神，古代文物和近现代文物星罗棋布，承载着郑州的历史文脉，是城市发展的见证，亦是构成城市特色的一部分。郑州建设人文城市，必须牢牢把握体现本地历史文化和地域特色的原则，加强对历史文化遗存和文化生态的保护，传承和弘扬古都文化、功夫文化、根亲文化和儒释道文化。强化城市文化设计，塑造具有中原文化特色、传统与现代交相辉映的城市形象，加快建设商都历史文化区、二砂文化创意园、百年德化文化复兴工程等一批历史文化街区，铸造以开放包容为主题的中原文化魅力。

（四）维护人与自然关系和谐

生态环境的好坏是人文城市建设成功与否的重要因素，因此保证城市及所在区域的生态平衡就显得尤为重要。由于城市在空间及自然资源量上的有限性，城市自然生态环境的保护与各种开发活动、甚至人们的居住需求、休闲旅游、景观增值等功能之间存在冲突不可避免。郑州未来的城市规划建设，必须充分认识并重视城市生态环境保护与各种开发目标之间的矛盾冲突，以生态保护优先为原则在这些相互冲突的目标之间找到保护与开发的平衡点，维护人与自然关系和谐。

（五）强化城市公共文化服务功能

哲学家施本格勒在《西方的没落》中所言："人类所有伟大文化都是由城市产生的"。可以说，人、城市与文化，三者在互相影响中共同发展。因此，一方面，强化文化服务功能是人文城市建设的内在要求，同时拥有较高的文化品质也是人文城市的基本特征；另一方面，随着新公共管理时代的到来，民众的文化渴望度越来越高，文化服务成为市民社会的一种基本需求。而郑州建设国家中心城市，也应当承担其在区域社会文化发展中所应有的责任，成为区域公共文化服务中心，强化城市公共文化服务功能，加快完善文化管理体制和文化生产经营机制，建立健全现代公共文化服务体系、现代文化市场体系，满足公众的各类文化需求同时也增强自身的竞争力。

四、郑州人文城市建设的具体途径

（一）切实做好规划引导

人文城市作为一个崭新的概念，在推广建设过程中，一定避免盲目一拥而上的破坏性建设，要更加理性、更加注重规划的引导作用。规划应做到坚持以人为本，充分考虑人文精神和人文关怀，满足人们物质、文化、艺术和审美等多方面的需求，统筹安排居住、工作、医疗、教育、休闲等多种功能，真正为居民创造宜居宜业、人文人本的城市空间环境。尤其是要克服目前粗放式城市建设用地开发方式，集约节约利用有限而珍贵的土地资源，在规划中牢固树立生态文明的发展理念，并将其贯彻人文城市规划建设的各环节和全过程。要高度重视城市文化，制定文化艺术总体规划和实施方案，配备主要负责城市文化艺术建设的总规划师，城市规划部门都应增设环境与建筑艺术科室，大力扶持建筑艺术产业，培养建筑和环境艺术人才，财政应有专门预算，注重引入市场机制，保证城市文化艺术建设得到长久实施。

（二）优化城市管理

城市规划建设是打造硬件设施，城市管理是打造软环境。郑州建设人本、开放、包容的人文城市，还必须优化城市管理。建设服务型政府，围绕人本思想，以提高政府部门的服务意识和行政效率为重点，加强行政管理机制创新，为企业和居民提供良好的政府服务。践行社会主义核心价值观，将其融入城市管理，制定人性化的城市管理规范，严格实施，确保城市运行的良好秩序。从教育、文化等多方面着手，努力提高城市居民的素养，提升市民的文化层次，形成崇尚人文精神的共同价值观，培育城市独特的文化传承，提炼城市精神。

（三）加强历史文化遗产保护

制定科学合理的法律制度，规范和加强历史文化遗产的保护，为人文城市建设提供法律保障，就像“建新”需要规划审批把关一样，对“拆旧”也应建立一种评议把关限制机制，对拟拆除建筑物要进行综合评议，只要不是危房，只要不是已明显影响城市发展的，原则上不允许拆除。正确处理历史文化遗产保护与开发利用的关系，在保护的前提下才能进行开发利用。历史文化遗存保护的模式应当依据周围环境的肌理多样化、特色化。比如，对于空间结构传承完整的古代遗存可以实施整体保护方案，而对于一些散落在城市当中的旧建筑，不必劳民伤财，可以让旧式建筑与现代建筑共生共存，体现传统文化与现代文化的融合。加强宣传，引导全民共同参与历史文化遗产的保护工作，全民加深对历史文化遗产价值的认识，树立正确的文化遗产保护价值观。

（四）增加公共文化产品供给

抓好城市公共文化产品的供给，政府管理者应当将公共文化建设作为提高人民群众福利水平和城市发展的长期战略来抓，将城市公共文化建设项目列入城市发展规划，将所需资金投入纳入政府财政预算。经常开展面向公众的文化、科普、艺术、学术活动。完善城市文化硬件设备，如图书馆、美术馆以及展览馆、俱乐部以及体育馆和学校等，培养高素质的市民。公共文化设施应当高密度、小型化、社区化、亲民化，让居民能够方便享用。把社区作为人文城市建设的落脚点，规划建设遍布全市社区的图书室、阅览室，努力建设学习型社区、阅读型社区。把人文城市建设与绿城、智慧之城建设结合起来，搞好城市水系和街区绿化美化体系建设，优化城市生态，增加城市生态休闲公园、文化休闲街区、休闲步道、城郊休憩带等项目建设。

（五）促进城市文化产业发展

完善城市文化管理体制，鼓励社会资本和企业多方参与城市公共文化服务产业，促进城市公共文化服务产业发展壮大，构建现代公共文化服务体系、现代文化市场体系。经营性文化产品开发过程中要加强对企业社会责任的引导，打造与城市人文精神相吻合的企业文化。未来，进一步发展壮大文化创意产业，将其培育为城市经济的支柱产业。深化对外文化交流，提升嵩山论坛影响力，打造中华文明与世界文明对话交流的重要平台，培育一批知名文化品牌。

第十二章　郑州建设国家中心城市的治理能力现代化战略

城市治理能力现代化是国家治理能力现代化的重要内容，已经成为国家治理体系最重要的组成部分。未来城市之间的竞争，不仅仅是经济实力的竞争，更是城市治理能力和水平的综合竞争。随着郑州建设国家中心城市战略的不断推进，城市的人口、空间规模将持续增加和扩张，信息化、网络化的快速发展和各种新技术的不断应用，也会使城市运行系统越来越复杂，这些都会对郑州的城市治理提出更高的要求。当前，郑州的城市治理仍处在粗放型发展阶段，城市治理的重要性并没有得到各级党委政府、科研机构和社会各界足够的重视，资源短缺、环境污染、交通拥堵、看病难、上学难、住房难等问题仍然存在，城市治理能力水平还不能达到与国家中心城市相匹配的要求。因此，郑州市亟须在未来的发展中更新观念，改变方法，创新城市治理体制机制，树立以人为本、关注民生、公众参与、共同治理的理念，形成符合城市发展方向和市民生活需求的城市治理能力现代化模式，把郑州建成广大市民快乐健康生活的和谐家园，真正实现城市让生活更美好。

第一节　城市治理能力现代化的内涵及意义

一、城市治理的内涵

所谓城市治理，是指在城市党委、政府的主导下，政府部门、专业机构、企事业单位、社会组织和城市市民等主体依照国家法律和相关规则共同参与城市公共事务管理的过程。

城市治理的具体内容主要包括经济、社会、环境、应急治理等方面。其中，城市经济运行治理是指城市政府根据中央政府的经济调控目标，针对城市经济运行中出现的问题，确定适度的经济发展速度，调整城市的经济结构和空间布局，维护正常的市场经济秩序，提高城市财政收入。城市社会治理是指通过城市分配关系的调整与改善、城市治安的整顿与维护、城市社区组织的重构与创新等政策措施来促使城市社会问题减少。城市环境治理主要包括城市污染、城市公共交通等硬环境的治理以及营造良好的城市发展软环境。城市应急治理就是针对城市所发生的各种危及城市公共利益的灾害危机，采取及时有效的手段，防止危机的发生或减轻危机的损害程度，保护城市公共利益，主要包括减灾、备灾、响应和恢复等方面。在城市治理过程中，党委、政府的领导是否到位，政府部门的服务管理是否完善，专业机构的资质、数量和服务水平是否满足需要，企事业单位、社会组织和城市市民等在城市治理中的作用是否得到充分发挥，城市治理的法律法规是否完善等，都会影响甚至制约城市治理的成效。

从城市管理走向城市治理，是国内外城市管理发展的共同趋势。转型时期的中国城市社会，硬件越建越完善，软件服务却越来越力不从心，急切需要城市管理模式的创新。传统的中国城市管理，管理者、被管理者的角色区分明显，管理者就是政府，而市民则是被管理者。随着城市规模扩大，社会公共事务日趋多样和复杂，利益和需求多元化，只靠单一行政的力量不足以管好一个庞大城市的方方面面。政府必须动员社会力量一起参与管理，变城市管理为城市治理。城市治理和城市管理最主要的差别就是主体的变化，城市管理只有政府一个主体，而城市治理是多主体的，城市治理强调的是社会力量广泛参与管理。城市管理向城市治理转型是城市管理向前推进的必由之路。

二、城市治理能力现代化的内涵

城市治理能力的现代化就是在城市党委、政府的主导下，由政府部门、专业机构、企事业单位、社会组织和城市市民等构成的城市治理主体，利用现代信息技术、方法和手段，根据相关城市治理的政策、法规和条例，按照各自职责在城市政治、经济、文化、社会、生态等各领域依法行使城市治理权利，引领城市健康可持续发展，全面推进城市治理现代化。

城市治理能力的现代化是一个综合体系，它要求城市治理主体不仅要有现代思维，还要有与时俱进的手段与措施来引领和促进现代城市社会发展，并及时高效地解决向现代社会转型发展过程中出现的各种问题。因此，城市治理能力的现代化主要体现在城市治理思维现代化、城市治理手段和方法现代化、城市治理效能现代化三个方面。

一是城市治理思维现代化。城市治理思维现代化是指城市治理主体要具备了解、驾驭、引领现代社会发展的思维能力。城市治理思维现代化，首先要有现代发展意识，要能够放弃以经济为中心时代的发展观念与管理理念，能够对现代城市社会的发展状况及发展趋势有清醒、科学的宏观认识，对现代城市治理的主、客体及城市发展资源的优劣有理性而全面的认知，对城市发展的阶段目标与长远目标有准确而合理的认定。在此基础上，才能围绕城市既定的发展方向与目标，进行科学合理的规划与部署，整合利用各种资源，引领城市向前发展。城市治理思维现代化，还要有主体责任意识和现代担当意识。作为城市治理主体，必须要有把城市治理好的决心，踏踏实实并勇于创新地工作，担当城市治理的责任，保障城市治理的成效。只有这样，才有可能保证城市发展规划具体有效的落实和规章制度的有效执行。近年来，有些城市职能部门腐败现象屡禁不止，都说明了在一些政府部门、官员等城市治理主体执行者缺乏责任意识与担当意识。城市治理思维现代化，也要有现代效能意识。城市治理的目标是达到一定的治理效果，城市治理主体必须坚持无功即是过的绩效评价标准，无论是有作为无绩效、还是不作为，都应该视作缺乏现代治理能力。有魄力、求发展、敢担当、重绩效是治理思维现代化的主要表现。

二是城市治理手段和方法现代化。城市治理手段和方法现代化是指城市治理主体运用现代管理手段和现代化的科学技术，有效地利用各类管理资源和公共管理资源，及时发现并综合解决城市发展的各种问题。城市治理手段和方法现代化要求城市治理手段与方法恰当、科学、及时、有效，主要表现为以下几个方面。

首先，城市治理手段和方法现代化要严格依法行政。城市政府是实施法律法规的主体，在城市治理过程中，依法治理是基本要求也是必然要求，越权、违规、人治均为缺乏现代治理能力的表现。严格执行法律，在法律赋予的范围和法律许可的前提下行使城市治理权力，维护公共利益、人民权益和社会秩序，是衡量城市治理现代化的重要标准之一。其次，城市治理手段和方法现代化要广泛发扬民主。当今社会，民主已成为不可逆转的社会价值和政治价值取向。公民的利益诉求表达、公民对政府的监督等不仅要确立制度，还要保证表达与监督渠道的畅通。在依法行政和法治的前提下，探求多种形式的民主参与方式，是现代城市治理的必然要求，缺少民主的城市治理无论效能多高，都不是现代城市治理。因此，民主协商、公众参与等民主方式已成为城市治理现代化的重要手段。再次，城市治理手段和方法现代化要重视与社会互动。城市治理的重要内容是城市社会治理，而城市社会治理的目的是通过积极的参与、沟通、协调、激励、规范和约束，使城市社会形成一种遵循正确的价值取向、朝向一定目标的良好秩序和状态。当前，随着城市工业化、信息化、市场化、国际化进程的不断加快，城市社会活力显著增强的同时也积累了许多社会矛盾与问题，过去自上而下的、集中单一的城市管理理念、制度、手段与方法都已经不适合时代发展的需要。现代城市社会治理要求立足于城市社会发展变化的基础，适应现代城市社会发展的需要和公众诉求，既能够维护已经深刻变化的社会秩序、化解可预见的社会风险、处理突发的社会危机，又能够激发社会活力，治理的手段与方法必须具有科学性、灵活性、多样性、敏捷性和适应性，因此，与社会互动、求得社会认同、与社会大众和社会组织平等互助既是达到城市治理效果的必然要求，也是实现引领服务群众、反映群众诉求、化解社会矛盾的有效路径。最后，城市治理手段和方法现代化要运用现代化科学技术。城市治理必须适应信息时代的状况与要求，只有充分利用现代信息化技术和手段，才能解决信息社会下的各种问题，因此，互联网、物联网、物流网等已成为现代城市治理的重要媒介，电子政务也成为现代城市治理的重要路径与手段，现代化科学技术的运用已成为城市现代治理化的基本要求。

三是城市治理效能现代化。城市治理效能现代化是指在城市治理过程中，城市治理主体能及时有效地解决经济与社会发展过程中的各类问题，协调各种利益矛盾，引领城市社会顺利实现预期发展目标。城市治理效能现代化可以用社会稳定、政府高效、社会高质量协调发展、社会清廉等主要指标去衡量。社会稳定就是通过城市治理，社会形成解决问题的正常路径与渠道，反映与解决问题的制度健全、渠道畅通、成效显著，不同阶层之间的利益冲突得到有效协调，绝大多数社会矛盾得到及时化解，一系列社会问题得到妥善解决，城市社会形成秩序平稳、暴力少发、各阶层和谐共处的局面。政府高效是指在城市治理过程中政府高效运转和提供高效率、高质量的服务，且运转与服务的成本低，实现“行政廉价”或“廉价政府”。目前清理公共用车、用房等举措就是降低行政成本、促进行政效能提高的重要举措。社会高质量协调发展是指具有现代治理能力的政府通过对城市发展规划的制定、对城市发展目标的引导与发展过程的监督，使城市形成可持续发展的综合能力。这样的发展不再是单单追求经济发展，而是经济与整个社会的协调发展、可持续发展。社会清廉是指能够在城市社会形成预防与惩治腐败的体制和氛围，腐败现象少发。腐败是实现城市治理现代化必须要克服的障碍，能否控制腐败也是衡量城市治理效能的一个重要指标。

三、城市治理能力现代化的重要意义

党的十八届三中全会提出全面深化改革的总目标，是完善和发展中国特色社会主义制度、推进国家治理体系和治理能力现代化。城市治理是国家治理的重要组成部分，郑州作为中部地区国家中心城市和河南1亿人口大省的省会城市，研究推进城市治理体系和治理能力现代化，建设现代化、国际化的先进城市，是新时期历史使命。

首先，城市治理能力现代化是国家治理能力现代化的基础。城市对于国家具有举足轻重的地位。城市是国家政治、经济、文化中心，现代工业革命以来，人口不断向城市聚集，2016年我国城镇化率已达57.35%，未来将有超过3/4的人口在城市居住，现代产业也向城市集中，城市经济占到国家经济总量的65%~90%。伴随人口和产业的集中，社会问题和矛盾也向城市集中，所以，提高城市治理能力日益重要。城市治理是国家治理体系的重要内容。城市治理包括经济治理、社会治理、生态治理等，涵盖了国家治理体系的主要方面，是国家治理的重要单元，是国家治理体系在基层的具体体现，决定了国家治理的成败。城市治理水平决定了国家治理能力。随着城市在国家社会经济发展中的枢纽作用越来越突出，城市治理体系和治理能力直接体现了国家治理体系和治理能力。

其次，城市治理能力现代化是积极应对经济社会“新常态”的客观需要。我国经济在经历30多年高速增长之后，目前正处在“三期叠加”的新阶段，经济发展面临新的挑战，社会矛盾日益凸显，对治理体系、治理能力、治理方式提出了新要求。经济“新常态”对提高宏观经济治理能力提出了新要求。经济增速从两位数高速增长逐步过渡到7%~8%的中高速增长，要避免落入“中等收入陷阱”、越过高收入之墙，城市管理者必须提高宏观经济治理能力，做到把握大局、超前谋划、综合施策、精准发力，确保宏观经济在合理区间内平稳运行。社会“新常态”对创新社会治理方式提出了新要求。随着我国经济社会发展和国民收入水平提高，社会结构和思想意识都在发生深刻变化，利益主体更加多元化，利益诉求和意见表达渠道更加多样化，社会主体之间的利益博弈、社会摩擦大量产生的社会新常态正逐渐形成，亟须创新社会治理思路和方式。依法治国的“新常态”对治理方式提出了新要求。全面实施依法治国，这是国家治理体系和治理能力现代化的顶层设计。依法治理将成为国家治理方式的新常态，城市治理就要在这种新常态下探索新的治理方式、治理手段、治理模式。

最后，城市治理能力现代化是郑州建设国家中心城市的必然要求。郑州经过改革开放以来40年的发展，已经从一个县级市发展成为一个建成区常住人口超过600万人的特大城市。城市规模扩大、人口急剧膨胀对城市治理能力提出了现代化的要求。城市现代化既包括经济发展、城市建设、城市功能的现代化，也包括城市治理的现代化。城市治理能力构成城市营商环境的重要指标，是城市竞争力和软实力的重要组成部分。通过正式或非正式的传统力量和制度方式，建立一个政府、市场、社会相结合的现代城市治理结构，已成为提升城市竞争力的关键环节。郑州要建设国家中心城市，就要提升发展境界，用新的理念引领城市发展，提高城市治理能力，不断提升可持续发展水平、生态环境质量、人民生活质量和城市竞争力，走内涵集约发展的新路子，建设和谐宜居之城。

第二节　当前郑州城市治理中存在的主要问题

一、城市治理的思维和观念没有真正改变

郑州城市治理的思维和观念还没有从传统的模式里彻底扭转。十八届三中全会明确提出了“全面深化改革的总目标是完善和发展中国特色社会主义制度，推进国家治理体系和治理能力现代化”。城市治理作为国家治理的重要内容，无疑是全面深化改革的重点领域。但郑州市一些政府职能管理部门还受过去重经济、轻民生，重建设、轻管理的思维惯性影响，对城市基础设施建设和经济发展比较重视，但对城市的管理服务特别是城市治理的战略性地位重视不够，对其研究、设计、决策、指导、投入和监督也不够。在处理城市问题上还习惯“管制思维”的行政管理方式，缺乏社会协同和公众参与，在城市规划、城市污染治理等重大决策上社会组织的专业参与和民意参与不足，直接影响和制约了郑州城市品质的提升。

二、城市治理的基础支撑能力薄弱

城市的资源承载力、环境承载力、生态系统承载力和基础设施承载力是城市治理的基础，郑州当前的城市承载压力不断扩大，硬件设施不堪重负，也是影响和制约城市治理能力提升的重要因素。近年来，郑州城市人口急速膨胀，人口密度大。2016 年底，郑州建成区常住人口达 600 多万人。过去 5 年，郑州净流入人口达 185 万人，比深圳仅少 1 万人，在全国

各大城市中排第 7 位。目前，郑州市仍然是人口净流入城市。郑州市市常住人口和流动人口的不断增加给城市发展和治理带来巨大的压力，郑州市一些基础设施已经不能满足城市发展的需求，道路、水体、公园绿地等一些基础工程设施承受着巨大的负担，致使交通拥挤、环境噪声污染、温室气体大量排放等，破坏了社会经济与生态环境的和谐共存。

三、城市治理的精细化程度不高

郑州作为一个有 600 多万常住人口的大城市，社会高度分化，既有外来人口与本地居民之间的分化，也有不同社会阶层之间和不同年龄群体之间的分化，每个阶层、每个群体都有不同的利益，城市利益主体的复杂性要求城市治理必须精细化。但郑州目前城市治理精细化程度远远不够，不能及时应对城市快速发展和城市人口特别是流动人口快速增长的形势，影响广大市民对政府部门的认同感和信任感。城市精细化治理程度不高，一方面是由于处于主导地位的政府管理部门管理者的知识储备不足，另一方面还在于城市治理的技术手段和方法没有及时改进升级，互联网、物联网、云计算、移动互联网、大数据等新一代信息技术在交通、医疗、教育、安防等城市治理领域的作用还没有得到充分发挥。

四、城市治理的法规制度体系不完善

完善的法规制度体系是城市依法治理的依据，没有明确的法规制度体系做坚强后盾，城市治理就会陷入低效率困境。郑州目前还没有出台关于城市治理的地方性综合法规条例，而南京市在 2013 年就出台了《南京市城市治理条例》。在城市规划治理上，缺乏法制方面的保障，已有规划常常会随意发生变更。在城中村改造、治污减霾和市容环境治理中存在整治措施欠缺、方式方法单一等现实问题，容易导致治理矛盾升级。一些群众法制观念淡薄，加上部分舆论媒体片面报道城管执法，导致群众产生误解，并对城管工作在舆论上进行施压，也给执法工作带来了负面消极影响。

五、城市治理的文明习惯还没有完全养成

城市治理的核心是人，市民的文明素养和城市治理水平相辅相成、相互影响。郑州的城市治理既要重视硬件设施不断升级的要求，同时也不能忽视对社会生活方式、市民公共行为方式的优化和管理。比如：郑州最明显的交通拥堵问题，除了车多、人多等原因，一个不容忽视的共性原因，主要还是道路文明习惯尚未完全养成。并线抢道、乱闯红灯，车不让人、人不让车，结果大家的速度都慢了下来。诸如此类的问题还有很多，乱丢垃圾、排队加塞、随意涂鸦、牛皮癣广告等或多或少遭遇执行难，很大原因也出在“人”上。一部分城市居民缺乏城市意识、规范意识、法制意识、卫生意识、交通意识，对城市管理产生一些不理解、不配合、不支持。另外对不文明行为的告诫和惩罚缺乏震撼作用，人们对不文明行为也就产生了无所谓的态度。市民文明素养程度低也在一定程度上制约了郑州的城市治理水平。

第三节　郑州推进城市治理能力现代化的关键环节

一、提升城市硬件建设水平

推进城市治理现代化，需要由城市硬件建设作为基础支撑。城市硬件设施建设要坚持科学调研、合理建设、逐步完善的原则，根据城市治理要求对照标准增设硬件建设，对不符合要求的硬件及时拆除清理。在治理过程中既要甩开膀子也要科学合理，既要增设硬件也要拆除“废件”，既要着眼当前也要预见未来。

加强城市硬件建设，要着力解决“马路拉链”问题，大力推进城市地下综合管廊建设，城市新区、各类园区、成片开发区域新建道路同步建设地下综合管廊，老城区要结合地铁建设、河道治理、道路整治、旧城更新、棚户区改造等逐步推进建设。着力解决“逢雨必涝”问题，加快建设自然蓄积、自然渗透、自然净化的“海绵城市”。着力解决交通拥堵问题，

优化街区路网结构，树立“窄马路、密路网”的城市道路布局理念，提高公共交通分担率。加快构建由航空、高架、高速、高铁、环城快速路、轨道交通等组成的立体现代交通网络，提高道路通行效率。加大停车场建设，规划更多停车位，解决停车难问题。着力解决“垃圾围城”问题，加强垃圾处理设施和回收再生资源体系建设，推进垃圾减量化、资源化、无害化。稳步实施城中村改造，有序推进老旧住宅小区综合整治、危房和非成套住房改造，加快相关配套基础设施建设。加快推广绿色建筑，增加装配式建筑比例，提高工程质量和建筑节能水平。

二、坚持不懈治理城市生态环境

全面推进生态建设与环境治理，积极顺应省会人民对美好生态的热切期盼，加快补齐生态环保突出短板。牢固树立“创新、协调、绿色、开放、共享”发展理念，按照“大生态、大环保、大格局、大统筹”的要求，坚持“治”“建”并举，着力构建与国家中心城市相适应的“森林、流域、湿地、农田、城市”五大生态系统，打造天蓝地绿水净、宜居宜业宜游的生态文明美丽郑州。

坚持全面推进，优化生态环境。以大气和污水治理为重点，以改善环境质量为主攻方向，打好环境治理的攻坚战、持久战，多出群众看得见、摸得着、能受益的治理成果，增强全社会的信心。坚决打赢大气污染防治攻坚战。推进全民治污、依法治污、科学治污、精准治污，推动防治工作从末端治理向源头减排转变。坚决淘汰落后产能，推进钢铁、水泥、化工等重点行业清洁生产。实施第五阶段国家机动车污染物排放标准，完成黄标车和老旧车辆淘汰任务，加快市政环卫车辆、燃油公交车更新为新能源或清洁能源汽车步伐；严格工作标准，全面遏制工地、道路、黄土（垃圾）裸露和渣土车沿途遗撒等扬尘污染。不断强化餐饮油烟、垃圾和“小散乱污”治理。持续做好秸秆禁烧和烟花爆竹禁放工作。完善重污染天气应急应对机制，依据预警等级，迅速启动应急预案，落实应急措施。坚决打好水污染防治攻坚战。以贾鲁河、双洎河等流域为整治重点，坚持“全域水系、循环水系”理念，全面实施“碧水工程”。加强土壤污染防治，全面整治尾矿等固体废物的堆存场所。严格执法监管，筑牢生态屏障。严格落实《党政领导干部生态环境损害责任追究办法（试行）》，严肃考核问责，确保生态环保目标任务落实到位。

三、不断完善城市公共服务

公共服务是现代政府的一项重要职能，提高公共服务质量水平是城市治理的重要内容。要把改善社会民生放在更加突出位置，建立和完善公共服务体系，拓展公共服务领域，提高公共产品和服务质量，让改革发展成果惠及全市人民。

坚持不懈地解决社会关注的住房、教育、医疗、养老等热点难点问题，深入研究城市化、老龄化不断带来的新情况、新需求，全力推进供给侧结构性改革，提高供给结构对需求变化的适应性和灵活性。坚持统筹城乡发展，促进基础设施和公共服务均衡配置，深入推进基本公共服务人群全覆盖。推动共建共享，努力让农民工、新市民融入城市。加快建设政府住房租赁业务管理和服务平台，明确租购同权，赋予符合条件的承租人子女享有就近入学等公共服务权益，切实推进建立购租并举的住房制度。要居安思危，形成全天候、系统性、现代化的城市运行安全保障体系。贯彻落实“实用、经济、绿色、美观”的建筑方针，切实提高建筑标准和工程质量。统筹谋划交通治理和发展，坚持建、管、限并举，降低机动车使用强度，提高交通服务的整体水平。

四、提高城市精细化治理水平

郑州城市发展日新月异，对精细化治理提出了更高要求。充分发挥城市管理部门的协调管理作用，通过与住建、交通、国土、城管、园林、环保、食药、工商等部门力量的联合，构建联动机制，对城市进行长效、精细、规范管理。

精心打造市容市貌，着力提升城市宜居度。维护街面秩序，严控占道停车，规范占道经营摊位（贩）管理，全面清理城市道路附属设施，规范或拆除设置不合理和已废弃的电线杆及其他各类废弃道路附着设施，加强城市“牛皮癣”整治，遏制乱搭建、乱设置、乱堆放、乱吊挂、乱张贴、乱刻画、乱涂写、乱发卡片等现象。规范户外广告和店招店牌设置，整治建筑物外立面。保持市容环境卫生，进一步提高主、次干道环卫作业精细化水平，加大机械化清扫和高压冲洗作业频率，加强环卫设施管理，加大公厕、垃圾中转站、垃圾收集站（箱、桶）、果皮箱及垃圾运输车辆等设施的维护管理力度，有效杜绝二次污染，保持环卫设施整洁常态化。消除城市治理的盲区。背街小巷、老旧社区及城乡结合部进行综合治理，对违法违规建设、乱停乱放车辆、“开墙打洞”经营、脏乱等方面的问题切实加大治理力度。

五、做好预防和提高处置突发事件能力

突发事件考验城市危机应对能力。在郑州城市治理工作中，安全工作一直是重中之重，环境安全、工作安全、城市运行安全牵扯面广，方方面面随时都有突发事件发生，这要求城市管理部门不仅要做好预防突发事件的发生，还要积极应对和处置突发事件，减少灾后损失，保障公共安全，维护经济与社会的可持续发展。

建立高效的危机事件预警与处置预案。通过信息技术广泛地收集各种信息资料，并对其加以整理与总结，识别各种萌芽阶段的危机事件，对危机事件发生的机率与后果加以科学的分析与判断，针对易激化矛盾的问题要做出风险评估，明确采取措施，科学评估治理中存在的问题，做好处置预案。在出现苗头性事态时，要及时介入并控制，减少正面的矛盾冲突，同时做好工作人员自身安全防护。做好突发事件信息发布，及时回应社会关切。在应对重大安全事件、重大突发事件、重大自然灾害事件中，领导干部必须深入一线、靠前指挥，及时协调解决突出问题，保持信息畅通，做好舆情引导工作，同时做好善后安抚等工作。强化社会的公共危机意识。民众的公共安全意识与防范能力的高低影响城市的公共安全治理。应加强公民的公共安全意识教育与突发事件的应对策略，通过媒体宣传、学校教育等途径提高公众的安全意识、危机意识，从而提高城市整体的危机应对能力。

第四节　郑州推进城市治理能力现代化的对策建议

一、提高政府工作人员思想认识，增强城市管理能力

未来城市之间的竞争，不仅仅是经济实力的竞争，更是城市治理能力和水平的综合竞争。未来哪个城市能在城市治理领域取得突破性进展，该城市也就可能会在城市竞争中取得先机。

要提升城市治理水平，首先要提高政府工作人员的思想认识。要用新发展理念引领城市发展，改变过去重经济、轻民生、重物质、轻精神、重速度、轻效益等片面性问题，坚持创新、协调、绿色、开放、共享发展理念，自觉把新发展理念当作引领城市发展的“指挥棒”，用新发展理念检视各项工作，努力推动新发展理念成为普遍实践。从上到下思想层面要形成共识，要把郑州城市治理工作真正放在城市工作的重要位置，列入城市各级党委、政府的重要议事日程，仔细梳理可能存在的问题和薄弱环节，主动研究城市治理规划和政策，加强对城市治理工作的保障和支持，引导政府部门和社会各界切实提高重视程度和投入力度。

其次，应遵循城市发展规律。既要深刻认识城市发展的一般规律，努力推动遵循经济规律的科学发展、遵循自然规律的可持续发展、遵循社会规律的包容性发展，又要更好把握郑州作为中部地区国家中心城市和人口大省省会城市的个性特征，探索符合郑州实际的城市发展新路。要深刻认识国家战略对郑州要求与郑州自身发展、郑州发展与区域发展、郑州城市发展与经济发展以及城市建设与城市管理等重大关系，不断提高运用辩证唯物主义和历史唯物主义分析解决问题的本领，在顺应规律过程中体现创造性，不断补齐郑州发展短板，增强区域中心城市的核心功能，激发城市发展活力，提高城市工作的质量与效益。

再次，要增强城市管理工作能力。从事郑州城市管理工作各级领导干部要加强学习，解决好不会为、不善为的问题，激发敢于担当、敢于碰硬的勇气。要学懂弄懂城市管理这门科学，努力成为推动郑州城市发展的

“行家里手”。要进一步开阔视野，坚持在干中学、学中干，坚持理论联系实际，在处理郑州城市发展的各种复杂问题中积累经验、增长才干。要研究把握郑州城市管理工作的宣传规律和特点，加强城市规划建设管理部门同宣传部门的工作联动，创新与社会各界和市民互动交流的平台，提升舆论引导水平，营造良好社会环境。

二、引导公众积极参与，构建主体多元的城市治理体系

郑州城市治理不是政府部门的独角戏，需要全社会的参与和支持。多元化的城市治理体系主要包括政府、市场、社会力量和公民四个方面，激发这四个方面参与城市治理的热情，提高市民参与城市治理的自觉，在全社会形成一种强大的合力，才能真正提高城市治理水平。

政府方面。要明确界定城市政府在郑州治理现代化中的角色和责任，其主要责任一是提供公共服务。城市政府应该加大在城市治理中的公共服务力度，通过向市场和社会分权，促进社会组织主体间社会提供公共产品，全方位、多层次的扩大公共服务的深度与广度。二是对城市治理工作进行有效监管。政府应该加强市场监管，降低交易费用，提高资源配置效率，完善市场中的法律法规，加强依法行政和制度化建设，积极引导企业与各社会组织承担社会责任，提高各主体的公共意识和责任意识。

市场方面。市场是城市公共物品供给当中最高效的生产者。除了发挥市场在公共物品生产领域的优势外，还需要市场主体主动承担起城市公共责任。企业作为市场主体，追求利润最大化是其本能。但企业家身上也应该流淌着道德的血液。企业拥有市场主体和治理主体的双重身份，企业在追求利润最大化的同时，也应该承担起其应有的公共责任。现代化的城市治理是法治化的城市治理，企业要在法律的规范下运行，不能为了利益不择手段，触犯法律。

社会力量方面。社会力量主要包括非政府组织、非营利机构以及志愿团体等，社会力量能够弥补政府和市场的不足，完成政府和市场不能完成的社会职能。发挥社会力量的治理主体作用，一是要积极培育社会组织。

郑州市要为社会组织的发展提供一个良好的制度环境，给予社会组织引进人才优惠政策，推进民间组织自治化的发展。二是要充分发挥社会组织的作用。可以支持社会组织建立太阳村、智障儿童学校等公益性服务和学术型社会组织，既能够满足城市居民多元化的需求，又可以参与城市公共事务的决策，减少政府与公众之间的矛盾冲突。

公民方面。积极的公民参与能够有效促进郑州城市治理公共决策的民主化，因此，郑州城市治理现代化需要公民参与和自主治理。提高公众参与度，首先要提高居民文明素养，培养文明习惯，使居民身体力行，做城市治理的参与者、文明的维护者，而不是淡漠的旁观者。其次，加强政府和居民之间的互动，建立健全信息沟通渠道和信息反馈机制，使居民可以通过媒体、微信、微博、电话、信箱等多种形式广泛参与社会治理。再次，提高政府的政务公开性、透明性及回应性。及时有效回应公众的问题及需求，才能激发公众参与郑州城市事务的热情。最后，积极推进社区自治，提升城市社区自我管理、自我发展的能力。

三、创新城市管理体制机制，提高城市治理效能

郑州城市发展特别是城市管理中的一些问题，必须通过深化体制机制改革来解决。围绕创新城市工作体制机制，研究提出涉及规划、国土、城市管理和执法的机构改革意见，有利于进一步整合职能，解决部门职能交叉、管理分散等问题，构建科学合理、精干高效的城市管理体系，提高城市治理效能。

一是充分发挥规划引领控制作用。把握郑州城市发展大趋势、大方向，注重提高规划的前瞻性、预见性、科学性，高水平完成城市总体规划修编工作。推进规划、国土机构合并，从管理职能上实现“两规合一”，促进城市规划转型与土地利用方式转变相融合，使空间规划与土地利用规划更一致。要创新规划实施机制，将规划管理纳入法治化轨道，守住红线、把住底线，保证规划意图有效实现。

二是形成城市管理合力。调整城市管理的部门职责，形成综合管理与专业管理相结合、多部门共同履行城市管理职责的格局。各有关部门要深

化认识、统一思想，把有利于城市管理履行职责的职能归并好，形成和强化城市管理的合力，实现管理全覆盖。郑州各区都要牢固树立抓管理就是抓发展的思想，更加注重管理服务，更加注重解决具体问题，更加注重精细化管理，让人民群众生活得更方便、更舒心、更美好。

三是加强和改进城市管理执法。进一步加强队伍建设，确保执法公信力，维护公共利益、人民群众权益和社会秩序，从源头上预防和减少违法违规问题。对郑州市政公用事业领域的企业，也要通过改革考评机制，推动企业与城市综合管理部门形成工作合力。深化城市管理体制改革，要夯实城市管理的基层基础，关键是把街道做实，真正实现权随事走、人随事调、费随事转，让属地管理的权与责有机统一起来，增强街道在城市治理中的基础地位和统筹职能。

四、整合利用大数据，提升城市治理的信息化水平

大数据是海量数据的处理方法和应用模式，这种先进技术、模式的运用成为城市管理结构改善，管理方式变革的强大助推力和有效工具。运用这种管理工具，以需求为导向，利用现代化信息技术对城市治理理念、组织架构、制度保障等方面进行创新，建立协作配合、精干高效、便民利民的治理机制，构建适合郑州社会发展所需要的城市治理组织形态。

一是加大大数据应用。加快建设郑州城市公共数据库和公共信息平台，建立和完善土地（地理信息）、人口、商业和公共安全四大数据中心，对已有部门或业务系统中的数据进行清洗、比对、关联和链接，实现政府不同数据库的有效融合。加强对大数据的开发应用，要对这些数据进行可视化，开发交通、健康、教育等多种 APP 应用，鼓励和促进公众使用数据，加强共建共享与互联互通，挖掘城市基础信息潜能，提高公共数据应用价值等。

二是优化数据共享和开放的软环境。基于大数据的城市治理，可能涉及众多的参与主体，除了城市领导强有力的支持，还需要政府数据公开、隐私保护等法律法规方面的制度保障。一方面，政府部门之间要破除数据

分割的壁垒，实现城市数据的共享和融合，另一方面，实现政府数据向社会公众开放，为社会共治提供基础。

三是引进大数据人才。城市大数据治理过程涉及数据采集、数据融合、业务理解和建模分析，需要既懂业务又懂技术的复合型人才。因此，为了促进大数据在城市治理中的应用，郑州城市管理部门需要重视数据科学学科建设和数据科学人才培养，借鉴发达地区城市的经验做法，引进具有丰富经验的大数据高级技术和管理人才。同时要加强教育和宣传，不断提高公众数据信息意识和素质。

五、完善城市法规的立法执法，推进城市治理的法制建设

在城市治理过程中，坚持依法治理是城市治理的根本，依法行政、文明执法也是行政部门和执法部门的基本要求，任何部门在开展城市治理工作中都要在法治的框架下进行。

一是聚焦短板，努力建设跟上郑州发展服务需要的法规体系。郑州城市发展速度较快，城市治理领域的新情况新问题不断出现，因此，郑州市党委、政府、人大要按照党的十八届四中全会关于全面推进依法治国的要求和部署，大力加强对城市治理领域法制建设进展的调查研究，全面掌握郑州市城市治理法制建设的短板和薄弱环节，有针对地对现有城市治理领域的地方法规进行修改完善。

二是突破执法瓶颈，改进和完善行政执法的体制机制。全面实行行政执法责任制。健全责任体系，建立常态化的责任追究机制，着力解决有法不依、执法不严、违法不纠的问题。建立责、权相适的行政执法体制，加强一线执法，解决看得见的管不了、管得了的看不见的问题。实行属地管理，责任下移，权力下放、力量下沉，增强街道的治理能力。坚持专业执法与综合执法相结合，重点研究在多部门参与或部门职责交叉时执法缝隙的衔接处理，在制度设计上避免各自为政、相互推诿，提高执法效能。

三是优化执法环境，为行政执法提供有力支撑。着力营造依法治市的社会共识和舆论环境。法律的权威源自于人民的内心拥护和真诚信仰，随

地吐痰、乱丢垃圾、乱贴小广告、乱摆摊设点及违法建设等各种乱象和无序，归根结底在于人们对公序良俗的冷漠、对法的无视。因此，应更加重视法治教育，增强人们对法的敬畏，推动全市人民树立法治意识。更加重视舆论引导，及时回应社会关切，明法析理，营造理性、积极的舆论环境，凝聚依法治市、有法必依、违法必究的社会共识。

参考文献

［1］蔡如鹏．国家中心城市争夺战［J］．中国新闻周刊，总第 796 期．

［2］周阳．国家中心城市：概念、特征、功能及其评价［J］．城市观察，2012 年第 1 期．

［3］田美玲，方世明．国家中心城市研究综述［J］．国际城市规划，2015（2）．

［4］赵朔．郑州大都市区综合交通一体化发展的对策建议［J］．决策探索（下半月），2017（4）．

［5］马艺枫，胡碧玉．浅析郑汴一体化的原因及影响［J］．科技和产业，2008（6）．

［6］刘明．培育壮大中原城市群研究［J］．华北水利水电大学学报，2016（6）．

［7］管荣伟．郑州航空港实验区跨境电商贸易创新创业人才培养模式研究［J］．当代经济，2017（2）．

［8］杨宁．郑汴金融同城发展现状及问题研究［J］．合作经济与科技，2015（3）．

［9］董晨甦．郑州航空港经济综合试验区发展总部经济的建议［J］．港口经济，2013（7）．

［10］栾姗，杨凌．郑州建设国家中心城市定位明确［N］．河南日报，2017-01-25.

［11］王新涛．基于国家中心城市识别标准的郑州发展能力提升研究［J］．区域经济评论．

［12］王建国．发挥优势推进郑州国家中心城市建设［N］．河南日报，2017-07-07.

［13］赵书茂．用新发展理念建设郑州国家中心城市［N］．河南日报，2017-07-19.

［14］王新涛．以联动发展思维推进郑州国家中心城市建设［N］．河南日报，2017-04-12.

［15］王建国，等．郑州大都市区建设研究［M］．北京：社会科学文献出版社，2017.

［16］贾康．“十三五”时期的供给侧改革［J］．国家行政学院学报，2015（6）．

［17］喻新安，郭小燕，王新涛．区域发展新棋局与中部崛起新机遇［J］．区域经济评论，2014（4）．

［18］张占仓，王建国．《河南城市发展报告（2017）》［M］．北京：社科文献出版社，2017.

［19］王凯，徐辉．建设国家中心城市的意义和布局思考［J］．城市规划学刊，2012（3）．

［20］田美玲，方世明．国家中心城市的内涵与判别［J］．热带地理，2015，35（3）．

［21］谭志贵，姜洁．关于沈阳市创建国家中心城市的思考［J］．沈阳干部学刊，2014（3）：58-61.

［22］郁鹏，安树伟．以供给侧改革引领区域发展新常态［J］．城市，2016（2）．

［23］王廉．国家中心城市分层规划的相关对策［J］．城市观察，2009（2）．

［24］朱媛媛，曾菊新．中国中部地区六个中心城市功能优化研究［J］．地理与地理信息科学，2013，29（6）．

［25］陈来卿．建设国家中心城市以功能论输赢［J］．城市观察，2009（2）．

［26］刘修岩，李松林，秦蒙．城市空间结构与地区经济效率——兼论中国城镇化发展道路的模式选择［J］．管理世界，2017（1）．

［27］张鹏．论中国超大城市的国际资源整合能力［J］．国际观察，2017（1）．

［28］王陶涛．郑州航空港经济综合实验区与中原城市群关系研究［J］．经济经纬，2016（2）．

［29］贺正楚，王娇．基于对比的长沙国家中心城市建设研究［J］．湖南社会科学，2017（4）．

［30］由雷．国家中心城市的产业特征研究［D］．沈阳理工大学，2013.

［31］李春香．武汉建设国家中心城市的比较与思考［J］．2011（17）．

［32］彭丽敏．武汉建设国家中心城市的思考——以城市功能和国家战略的动态耦合为线索［J］．城市发展研究，2013（1）．

［33］田美玲，刘嗣明，朱媛媛．国家中心城市评价指标体系与实证［J］．统计与决策，2014（9）．

［34］陈江生，郑智星．国家中心城市的发展瓶颈及解决思路——以东京、伦敦等国际中心城市为例［J］．城市观察，2009（2）．

［35］郭岚．国家中心城市建设的路径与战略研究［M］．上海：上海社会科学出版社，2013.

［36］刘志彦．国家中心城市怎样引领区域发展［J］．人民论坛，2017（20）．

［37］肖林．未来 30 年上海迈向全球城市的发展动力及战略举措［J］．科学发展，2015.

［38］刘波，白志刚．伦敦世界城市建设的特征及对我国城市发展的启示［J］．城市观察，2012（5）：134-141.

［39］刘治彦．世界城市的建设经验与北京发展策略［J］．企业经济，2010（10）：107-112.

［40］王兆宇．世界城市服务业发展的结构特征与经验借鉴［J］．城市发展研究，2015（12）：5-8.

［41］王兰．纽约的全球城市发展战略与规划［J］．国际城市规划，2015（04）：18-23.

［42］王志平．上海：迈向国际经济中心城市［M］．上海：上海人民出版社，2007年10月．

［43］李伟．借鉴世界城市经验论北京都市圈空间发展格局［A］．多元与包容——2012中国城市规划年会论文集［C］．2012.

［44］田美玲．国家中心城市竞争力的提升机制研究——以武汉市为例［J］．湖北农业科学，2016（1）：242-247.

［45］陈浩．国内外都市圈建设的经验及对宁波的启示［J］．政策瞭望，2017（3）．

［46］张婷麟，孙斌栋．全球城市的制造业企业部门布局及其启示——纽约、伦敦、东京和上海［J］．城市发展研究，2014（4）：17-22.

［47］姚毅．成都城市空间治理若干问题［J］．开放导报，2016（6）：33-36.

［48］仝德，戴筱頔，李贵才．打造全球城市——区域的国际经验与借鉴［J］．国际城市规划，2014，29（2）：83-88.

［49］李江帆．国家中心城市现代产业体系的构建［J］．城市观察，2009（2）．

［50］赵娴，林楠．中国国家中心城市经济辐射力分析与评价［J］．经济与管理研究，2013（12）．

［51］王琳．国家中心城市文化软实力评价研究——以港京沪津穗城市为例［J］．城市观察，2009（3）．

［52］李林，赵文丹．国家中心城市的选择与功能定位［J］．学术交流，2012（4）．

［53］王国恩，王建军，周素红，等．基于国家中心城市定位的广州

核心职能研究［J］. 城市规划，2009（2）.

［54］路洪卫. 推动武汉建设国家中心城市的战略突破口研究［J］. 湖北社会科学，2012（4）.

［55］廖元和. 重庆建设国家中心城市的战略目标与战略突破［J］. 重庆理工大学学报. 社会科学，2011，25（1）.

［56］程郁，陈雪. 创新驱动的经济增长——高新区全要素生产率增长的分解［J］. 中国软科学，2013，(11)：26-39.

［57］王兰英，杨帆. 创新驱动发展战略与中国的未来城镇化建设［J］. 中国人口. 资源与环境，2014，24（09）：163-169.

［58］洪银兴. 关于创新驱动和协同创新的若干重要概念［J］. 经济理论与经济管理，2013，(05)：5-12.

［59］刘俊杰，白雪冰. 创新驱动区域发展：研究现状与展望［J］. 区域经济评论，2017，(02)：154-159.

［60］梅姝娥，仲伟俊. 产业链视角创新驱动发展战略实施路径研究［J］. 科技与经济，2017，30（01）：1-5.

［61］彭俊杰. 坚持以创新驱动"一招上水平"［N］. 河南日报，2015-02-13（009）.

［62］中共郑州市委郑州市人民政府关于贯彻落实《国家创新驱动发展战略纲要》的实施意见，2016-08-26.

［63］郑州市人民政府办公厅关于印发《郑州市"十三五"科技创新发展规划》，2016-10-10.

［64］中共河南省委、河南省人民政府印发《郑洛新国家自主创新示范区建设实施方案》，2016-05-26.

［65］裴小革. 论创新驱动——马克思主义政治经济学的分析视角［J］. 经济研究，2016，51（06）：17-29.

［66］樊杰，刘汉初. "十三五"时期科技创新驱动对我国区域发展格局变化的影响与适应［J］. 经济地理，2016，36（01）：1-9.

［67］章文光，Ji Lu，Laurette Dubé. 融合创新及其对中国创新驱动发

展的意义［J］．管理世界，2016，（06）：1-9.

［68］欧江波．中心城市产业布局调整与优化研究——以广州市为例［J］．特区经济，2012（7）：36-39.

［69］张璇．武汉：建设国家中心城市的产业结构调整［J］．开放导报，2016（1）：30-34.

［70］王新涛．中心城区生产性服务业选择及集群发展——以郑州市为例［J］．长江大学学报（社会科学版），2012（5）：81-83.

［71］张艳，程遥，刘婧．中心城市发展与城市群产业整合——以郑州及中原城市群为例［J］．经济地理，2010（4）：579-584.

［72］鄂冰，袁丽静．中心城市产业结构优化与升级理论研究［J］．城市发展研究，2012（4）：60-64.

［73］易雪琴．国际经验与郑州建设国家中心城市研究［J］．郑州航空工业管理学院学报，2017（5）．

［74］肖林，周国平．卓越的全球城市：不确定未来中的战略与治理［M］．上海：上海人民出版社，2017 年第 1 版．

［75］中国公路交通史编审委员会．中国古代道路交通史［M］．北京：人民交通出版社，1994，734.

［76］河南省地方史志编纂委员会．河南省志铁路交通志民用航空志 37［M］．郑州：河南人民出版社，1991.

［77］李雪．今年河南新开工高速公路项目 20 个．2017-03-01［2017-08-16］http：//news. zynews. com/2017-03/01/content_ 10939384. htm.

［78］2016 年全市交通运输工作报告吴耀田 2016-03-10［2017-08-16］http：//public. zhengzhou_ . gov. cn/02JB/305319. jhtml.

［79］郑州市地方史志办公室．郑州年鉴（2016）［M］．郑州：中州古籍出版社，2017，516.

［80］李伟．枢纽经济［J］．中国海关，2014，（01）：36-37.

［81］张大卫．郑州航空港经济综合实验区——经济全球化时代推动发展方式转变的探索与实践［J］．区域经济评论，2013，（03）：5-15.

[82] 方瑜垠，周清扬，李政新．建设郑州全国综合交通枢纽问题研究［J］．决策探索（下半月），2010，(02)：19-21.

[83] 高传华．郑州航空港枢纽经济演化发展路径［J］．中国国情国力，2017，(08)：44-47. 2017-09-05.

[84] 莫祖英．郑州航空港区建设融入“一带一路”战略研究［J］．创新科技，2016，(02)：7-9.

[85] 郝爱民．河南发展航空经济的效应、目标和政策措施［J］．区域经济评论，2014，(06)：75-81.

[86] 李春舫．综合交通枢纽与城市交通体系的整合［J］．铁道经济研究，2013，(06)：47-52.

[87] 杨贝妮，王兆萍．郑州城市发展的定位分析——以亚欧大陆桥上的中心城市为视角［J］．河南商业高等专科学校学报，2011，24（05）：32-35.

[88] 陈蒙果．郑欧班列——铁路物流的SWOT分析［J］．当代经济，2016（23）：26-27.

[89] 林备战．“一带一路”战略下中欧班列发展现状与建议［J］．港口经济，2017（04）：27-30.

[90] 李庚香，王喜成．新“丝绸之路经济带”的战略特点与河南的积极融入［J］．区域经济评论，2014（06）：44-52.

[91] 何枭吟．“一带一路”建设中内陆节点城市临空经济发展建议［J］．经济纵横，2015（9）：13-16.

[92] 崔艳萍，武靖宇．利用亚欧铁路运输通道提升中欧班列运行品质的研究［J］．铁道运输与经济，2017（5）：68-72.

[93] 夏先良．构筑“一带一路”国际产能合作体制机制与政策体系［J］．国际贸易，2015（11）：26-33.

[94] 廖萌．“一带一路”建设背景下我国企业“走出去”的机遇与挑战［J］．经济纵横，2015（9）：30-33.

[95] 张述存．境外资源开发与国际产能合作转型升级研究—基于全

球产业链的视角［J］．山东社会科学，2016（7）：135-141.

［96］张璐超，杨莉．郑州口岸在“一带一路”建设中的机遇与挑战［J］．国际经济合作，2016（1）：56-59.

［97］杨继瑞，薛晓．“一带一路”口岸经济要素协同机制构建研究［J］．经济纵横，2016（12）：53-58.

［98］郭永泉．论口岸部门合作和大通关建设［J］．开放导报，2016（6）：70-74.

［99］安晓明．“一带一路”背景下我国内陆节点城市功能优化研究［J］．城市与环境研究，2016（4）：67-80.

［100］倪伟俊．推进城市国际化值得关注的几对关系［J］．政策瞭望，2016（4）：48-50.

［101］河南省社会科学院课题组．郑州建设国家中心城市的三大历史使命［N］．河南日报，2017年6月21日第8版．

［102］奚建武，徐丙奎．节约型城市［M］．北京：中国时代经济出版社，2005.

［103］姚峰．建设资源节约型城市的战略思考［J］．生态经济·学术版，2010（1）．

［104］李芸．建设节约型城市的战略切入点［J］．学海，2007（6）．

［105］郭霞，刘中文，张克．资源节约型城市建设问题与思考［J］．特区经济，2007（9）．

［106］毛卉．资源节约型城市的评价及影响因素研究［D］．重庆大学，2007.

［107］牛文元．中国可持续发展总论［M］．北京：科学出版社，2007.

［108］黄光宇，陈勇．生态宜居城市理论与规划设计方法［M］．北京：科学出版社，2002.

［109］王祥荣．生态建设论——中外城市生态建设比较分析［M］．

南京：东南大学出版社，2004.

［110］逄金玉．“智慧城市”——中国特大城市发展的必然选择［J］．经济与管理研究，2011（12）．

［111］张陶新，杨英，喻理．智慧城市的理论与实践研究［J］．湖南工业大学学报（社会科学版），2012（1）．

［112］郑朋涛，崔晓鑫，马苗苗．河南省智慧城市建设存在的问题及对策［J］．河南科技，2013（2）．

［113］李建明．智慧城市发展综述［J］．中国电子科学研究院学报，2014（3）．

［114］刘道兴．从“经济城市”到“人文城市”［J］．河南科学，2014（6）．

［115］刘士林．中国城市化的“文化挑战”与回应［J］．天津社会科学，2014（5）．

［116］陈宇飞．人文城市理念的中国化实践［J］．中共中央党校学报，2011（5）．

［117］梅华．浅析中原文化视角下的人文城市建设对策——基于郑州市的发展［J］．现代经济信息，2014（22）．

［118］耿静．我国城市治理能力现代化的问题和走向——基于发达国家城市治理经验的启示［J］．天水行政学院学报，2014（4）．

［119］吴思康．推进城市治理体系与治理能力现代化意义重大［J］．中国社会科学报，2014-11-17 第 B02 版．

［120］倪翠兰．“治理能力现代化”内涵探析［J］．社科纵横，2015（5）．

［121］计永超，焦德武．城市治理现代化：理念、价值与路径构想［J］．江淮论坛，2015（6）．

［122］杨杨．新常态下政府城市治理能力建设研究——以城管执法为例［J］．黑龙江生态工程职业学院学报，2016（3）．

［123］王翔．在法治轨道上推进城市治理能力建设［J］．北京观察，

2016（5）.

［124］杨雪锋．理解城市治理现代化［J］．经济社会体制比较（双月刊），2016（6）.

［125］杨坚桢．多中心治理：我国城市治理现代化的路径探析［J］．湖北工程学院学报，2017（1）.

［126］陈志成，王锐．大数据提升城市治理能力的国际经验及其启示［J］．电子政务，2017（6）.

［127］谭翀．强化公共服务质量 提升城市治理能力［N］．深圳特区报，2017-6-13 第 B09 版.

后 记

“不谋全局者，不足以谋一隅”。随着经济全球化的日益深化和城镇化的不断推进，全球城市体系业已形成，城市在管理和创新中的地位愈加凸显，国家或区域之间的竞争正日益演变为城市与城市之间的竞争。在城市体系中，国家中心城市作为塔尖城市，是国家或区域参与国内外竞争与合作的重要载体，是国家或区域核心竞争力的集中体现。2016 年 12 月，经国务院正式批复，国家发改委发布《促进中部地区崛起“十三五”规划》，明确提出支持郑州建设国家中心城市，这是国家根据全国区域格局和城市发展潜力所做出的战略部署，其战略意图是通过国家中心城市的建设，在中原地区构建核心增长极，推动中原城市群成为我国对外开放的门户、参与国际竞争的平台、转型发展的引擎、引领新型城镇化发展的载体。

国家支持郑州建设国家中心城市，引发了社会各界的广泛关注，也引起了学者们的深入讨论。有些学者认为郑州存在若干短板，尚且不具备成为国家中心城市的综合经济实力和辐射带动能力；有些学者认为这标志着郑州已经成为国家中心城市，未来将发挥国家中心城市的引领作用；有些学者也从学理的视角积极探讨国家中心城市的内涵、特征和识别标准，以期科学地对郑州是否具备国家中心城市的实力和潜力做出判断。本书尝试着从国家中心城市应该承担的国家战略任务、贯彻的国家战略意图、实现的国家战略目标的角度，对郑州建设成为国家中心城市的现实基础条件、历史地位认可、功能作用发挥、优势短板分析等方面进行研究，并思考了郑州建设国家中心城市的路径和政策支持体系。由于关于国家中心城市的内涵、特征和功能等还未形成一个系统的理论体系，也缺乏一个明确的判别标准，关于我国当前国家中心城市的数量，党委政府、专家学者和各介媒体也存在一定的争议，本书所进行的探索也权且作为一家之言。

后记

本书由河南省社会科学院城市与环境研究所所长王建国研究员担任主编，具体写作分工如下：第一章，王建国；第二章，郭志远；第三章，王新涛；第四章，郭志远；第五章，易雪琴；第六章，王新涛；第七章，彭俊杰；第八章，左雯；第九章，韩鹏；第十章，易雪琴；第十一章，柏程豫；第十二章，李建华。王建国主编负责拟定撰写大纲，进行全书通稿工作和最后修改审定书稿的工作。由于各章作者的学术背景、学术水平等所限，加上写作时间紧，全书难免存在不足，在此也恳请各位读者批评指正。

在本书付梓之际，本人向河南省社会科学院领导及相关处所和部门对本书撰写出版的支持表示由衷的感谢，也衷心感谢中国经济出版社编辑的热情帮助。

笔者

2018 年元月